17.5.
28./5.
15.
Feldzug 1914-15.

Editorial

Die in diesem Band präsentierten Bilder habe ich im Laufe der Jahre privat für das Archiv der Konejung Stiftung: Kultur zur Geschichte des Rheinlands im 20. Jahrhundert, zusammengetragen. Sie bilden einen kleinen Teil des mittlerweile auf mehrere tausend Exemplare angewachsenen Bestandes des Archivs.

Die Bilder haben die letzten 90, 100 oder sogar 110 Jahre in Schubläden, Kartons, auf Dachböden, in Kellern oder in Familienalben die Stürme des gewalttätigen 20. Jahrhunderts überlebt. Sie tragen die Spuren der Zeit, deshalb wurden sie für dieses Buch nach Möglichkeit nicht digital nachgearbeitet.

Ich habe sie bei Freunden und Verwandten gefunden, in Antiquariaten und bei Händlern weltweit. Neben dem deutschen Raum stammen viele der Bilder aus Frankreich und Belgien, manche aus Rumänien, Kroatien oder den USA.

Bei den Bildlegenden waren die verblichene Sütterlinschrift oder ein blasser Poststempel oft die einzigen Hinweise, um die Geschichte des Bildes nachzuverfolgen – wann und wo und von wem es aufgenommen wurde, was es zeigt und welche Aussage dahinter steht.

Für die ergänzenden Hinweise in den Bildlegenden standen mir die gutsortierte Bibliothek der Stiftung und die hervorragende „Enzyklopädie Erster Weltkrieg" von Gerhard Hirschfeld, Gerd Krumeich und Irina Renz als weiterführende Quellen zur Seite. Bei der Erstellung der Chroniken waren die Informationen des Deutschen Historischen Museums und der deutschen Wikipedia äußerst hilfreich. Ich danke an dieser Stelle allen befreundeten Historikern und Wissenschaftlern sowie dem Vorstand und Beirat der Stiftung für ihre sachkundigen Auskünfte und Hilfen.

Warum ich aber überhaupt diese Bilder eines vergessenen Kapitels deutscher und rheinischer Geschichte zusammengetragen habe, sollen die vier hier erstmals erscheinenden Essays erläutern.

September 2013
Achim Konejung

▲ *Villa Colonia, ca. 1915*
„Die Köl'sche Junge im Feld". Propagandapostkarte. Rheinische Regimenter waren vor allem in der 14., 15. und 16. Infanterie-Division zusammen gefasst und bildeten aufgrund ihrer Grenznähe im August 1914 die Speerspitze des Angriffs auf Belgien und Frankreich. Rheinländer kämpften in Russland, Italien, Rumänien, an der Somme, in Verdun, in den Karpaten, auf Alpengipfeln, auf Hoher See und in vielen anderen Orten der Welt, die der Mensch zur Hölle machte.

Achim Konejung

Das Rheinland und der Erste Weltkrieg

Aufmarschgebiet – Heimatfront – Besatzungszone

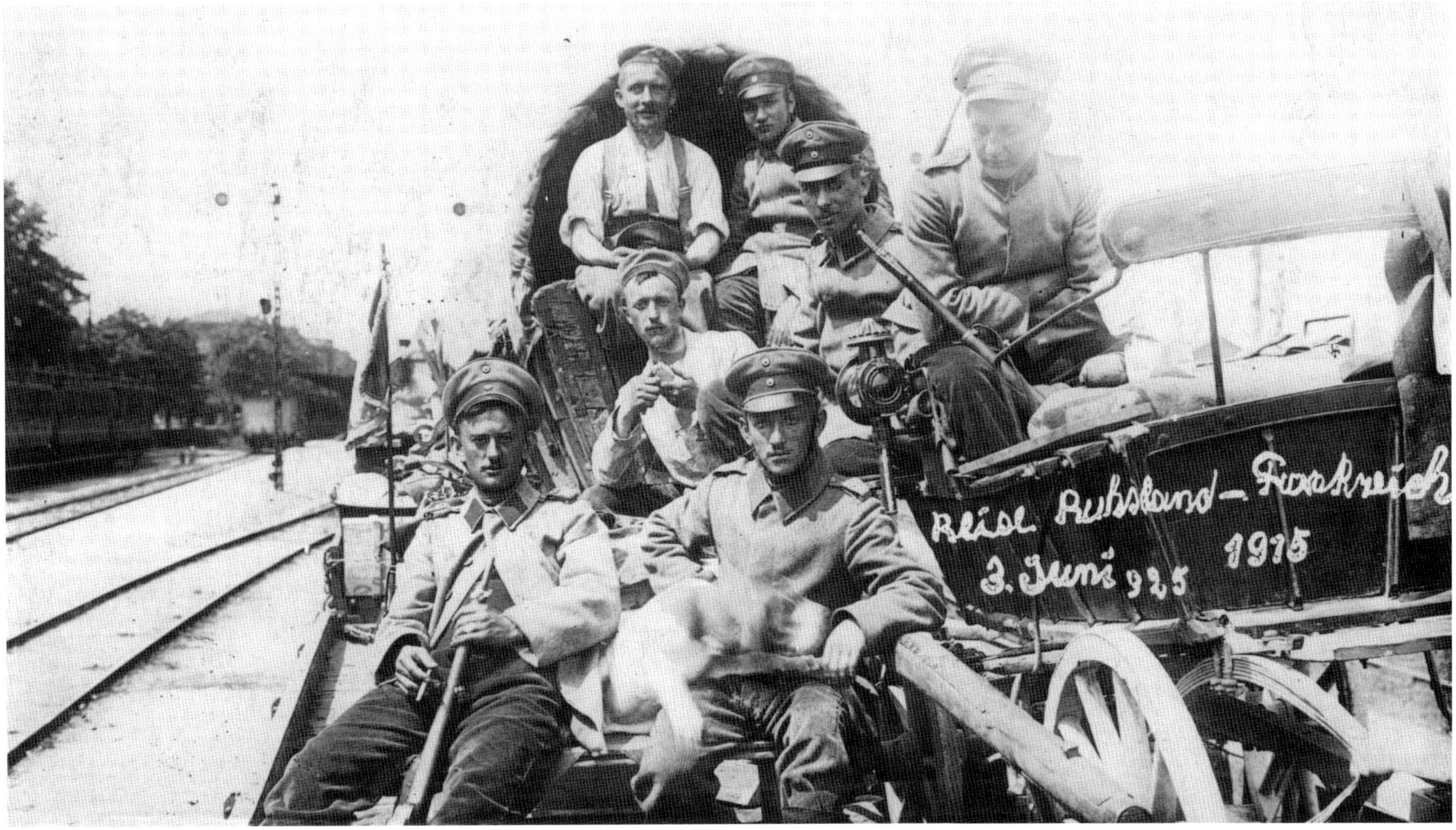

REGIONALIA
VERLAG

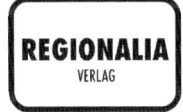

Karl Konejung gewidmet

Achim Konejung, Das Rheinland und der Erste Weltkrieg.
Aufmarschgebiet – Heimatfront – Besatzungszone
Copyright © 2013 Regionalia Verlag GmbH, Rheinbach
Alle Rechte vorbehalten.

Dieses Buch entstand im Rahmen der Projektreihe
1914-2014 – Das Rheinland und der Erste Weltkrieg
in Zusammenarbeit mit der Konejung Stiftung: Kultur

KONEJUNG STIFTUNG: KULTUR

Copyright der Abbildungen: Die in diesem Buch abgedruckten
zeitgenössischen Farbfotografien stammen von Achim Konejung. Die historischen Fotografien, Postkarten und Drucke wurden – soweit nicht gesondert angegeben – von Achim Konejung zusammengetragen und dem Archiv der Konejung Stiftung: Kultur zur weiteren Nutzung zur Verfügung gestellt.

Bild auf Seite 182: LVR-Zentrum für Medien und Bildung,
Düsseldorf / Julius Söhn

Layout und Satz: Andreas Paqué, Ebergötzen, www.paque.de

Einbandgestaltung: Alexander Aspropoulos † und Lydia Muhr
für agilmedien, Niederkassel

Copyright © Coverbild: Bundesarchiv (Bild 102-08810, Georg
Pahl) – Koblenz, Ehrenbreitstein, 1929. Französische Truppen
nehmen Abschied von Koblenz.

Bild Rückseite: siehe Seite 50-51 in diesem Buch

Bild auf den ersten beiden Vorsatzseiten: siehe Seite 60 in
diesem Buch

Printed in Italy 2013

ISBN 978-3-939722-90-8

www.regionalia-verlag.de

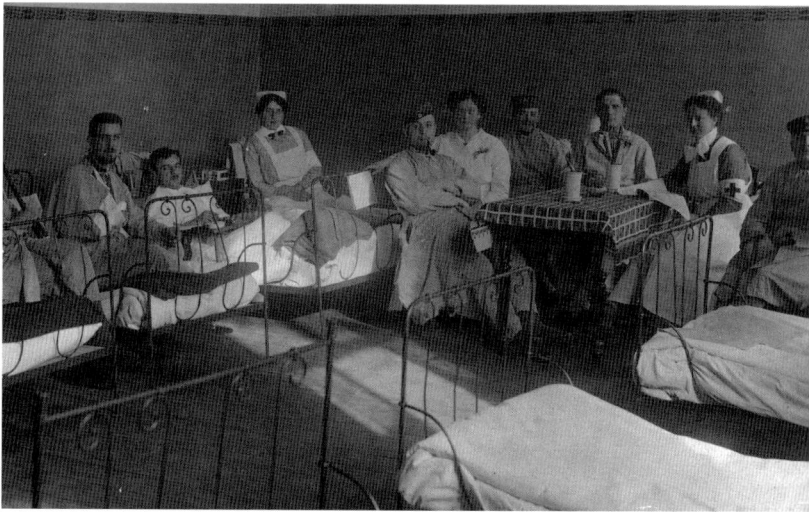

▲ *Reserve Lazarett II, Krefeld, 1915*
Lazarett Girmesdyk, Saal VII, Februar 1915. Seit Kriegsbeginn sehen die Rheinländer nicht nur unzählige Soldaten an die Front marschieren, sondern auch immer mehr Verwundete, die in die grenznahen Lazarette gebracht werden. Die Verwundeten auf diesem Bild sind in den Klassenzimmern einer Volksschule untergebracht.

◄ *(Seite 1) Truppentransport, Rheinland, 2. Juni 1915*
Verlegungen zwischen den Fronten sind an der Tagesordnung und überlange Militärzüge an rheinischen Bahnhöfen sind auch nach den Augusttagen ein gewohntes Bild. Dieser Zug passiert einen Zivilbahnhof auf der Fahrt von Russland nach Frankreich. Der linke Soldat hat sich an der Ostfront bereits die russische Art, Mützen zu tragen, angeeignet.

▲ *Brückenmanöver bei St. Goarshausen, 1926*
Die l'armée d'occupation du Rhin ist auf dem Höhepunkt der Ruhrbesetzung fast eine Viertelmillion Mann stark und zeigt bis zum Abzug 1930 militärische Präsenz und Stärke, wie bei diesem Manöver am Rhein. Im Hintergrund der Raddampfer Loreley.

Inhalt

▲ *Propaganda-Postkarte, ca. 1916*
„Denkt an unsere Kriegerwaisen". „Nur immer kräftig durch Grad' so wie
Hindenburg!" Herausgegeben vom Deutschen Verein für Kinder-Asyle E.V.
  *Generalfeldmarschall Hindenburg, der „Sieger von Tannenberg", wird zu
einer überlebensgroßen Vaterfigur im Deutschen Reich, die selbst Kaiser
Wilhelm in den Schatten stellt. Die ausführende Person hinter Hindenburg
ist jedoch Erich Ludendorff, der erste Quartiermeister der Obersten Heeres-
leitung. Beide Feldmarschälle werden nach dem Krieg zum Wegbereiter ei-
nes einfachen Gefreiten zum Diktator.*
  *Bei Beginn des Zweiten Weltkriegs wird der auf dem Bild abgebildete
Waisenjunge Ende 20 sein.*

Zum Geleit
Sich ein Bild machen

Einhundert Jahre sind eine lange Zeit, mehr als ein Menschenleben. Und im kollektiven Gedächtnis der Bundesrepublik Deutschland ist der Erste Weltkrieg durch den auf ihn folgenden Krieg überlagert. Was soll man da schon von ihm halten?! Dass er wie der Zweite von Deutschland begonnen und verloren wurde? Dass er im Kaiserreich begann und in einer ungeliebten Republik endete? Dass er zur Vorgeschichte des Vernichtungskrieges zählt?

Unterhalb der Oberfläche dieses ebenso rudimentären wie distanzierten Wissens gibt es ein Eigenleben von Bildern. Es sind diffuse Bilder von diesem in Frankreich und Belgien bis heute als „Grande Guerre" lebhaft in Erinnerung gebliebenen Schlachtfeld-und-Schützengraben-*Ersten Weltkrieg*. Die ersten Vorstellungen entstehen durch Erzählungen der Großelterngeneration, die ihre eigenen Erfahrungen oder die ihrer Vorfahren vermitteln. Dann fügen sich die Bilder hinzu, die in Geschichtsbüchern, ob als Fotografien, Quellen oder Sachtexte, überliefert sind. Schließlich drängt sich die Kunst in Form von Gemälden und Denkmalen, Filmen und Literatur auf die Bildfläche. So vergessen er zunächst auch scheinen mag: Es gibt einen gehörigen und hartnäckigen Bildervorrat zum *Ersten Weltkrieg*.

Erinnerte Erzählung, bildliche Repräsentation und vorherrschende Deutung ergeben zusammen ein Geschichtsbild, das meist nicht hinterfragt wird. „Sich ein Bild machen" aber heißt, sich mit eigenen Augen etwas anzusehen, um es zu überprüfen. „Sich ein Bild machen" heißt auch, sich zu informieren, um sich eine eigene Meinung zu bilden. „Sich ein Bild machen" – das ist es, was Achim Konejung mit diesem Band unternimmt. Sein Vorgehen ist dabei von einer außerordentlichen Gründlichkeit geprägt. Er erinnert, sammelt, liest, sortiert. Er ruft die eigenen Bilder hervor, überprüft sie, vergleicht, verwirft. Er fragt, zweifelt und sucht weiter. Und er geht in die Landschaft hinein, um die Hinterlassenschaften des Krieges aufzufinden.

Der Krieg ist dadurch kein historisches Kapitel mehr, er rückt näher. Er lässt sich räumlich verorten, und zwar vor der eigenen Haustüre. Mögen die großen Schlachtfelder weit im Westen, Osten oder Süden gelegen haben: Hier im Rheinland wurde der Krieg mit vorbereitet, hier stand die Heimatfront, und hier waren die Folgen der Niederlage durch die Besatzungstruppen besonders lange präsent.

Diese weit über das Fronterlebnis „14/18" herausgreifende Dimension des *Ersten Weltkrieges* wird in dem Band besonders

▲ *Französische Kriegsgefangene, Uerdingen, 1914–15*
Diese französischen Kriegsgefangenen aus dem Lager Friedrichsfeld bei Wesel arbeiten in der Waggonfabrik Uerdingen. Der rechts stehende Gefangene hält das Bild seines Sohnes in die Kamera. Die Karte wird über das Rote Kreuz in Genf an seine Familie in Belfort, Frankreich, weitergeleitet.

deutlich. In drei Kapiteln sortiert, können Vorkriegs-, Kriegs- und Nachkriegszeit durchblättert werden. Doch erst bei einer intensiveren Betrachtung lässt sich erahnen, wie durchgreifend die deutsche Gesellschaft von dem Kriegserlebnis geprägt und auch verändert wurde. Den wohlgeordneten Militärparaden der Vorkriegszeit, etwa auf dem Kölner Neumarkt, stehen der tumultartige Aufbruch der Rekruten am Essener Bahnhof im August 1914 oder das 1923 verwüstete Aachener Rathaus ge-

▲ *Drei Kriegergenerationen, Köln, 1915*
Bei Kriegsbeginn steht der glorreiche Sieg über Frankreich von 1870/71 als Vorbild für den neuerlichen Sieg über den „Erbfeind", doch bereits im Herbst 1914 ist klar, dass ein Sieg wie seinerzeit bei Sedan in weite Ferne gerückt ist.

Um sich ein Bild machen zu können, muss man sich auf diese Fotografien einlassen. Nur wenige Abbildungen sind als Alltagsszenen zu erkennen, scheinen etwas wiederzugeben, was sich so ereignet haben mag, wie die Szene mit den belgischen Zivilisten, die im August 1914 verängstigt den Einmarsch deutscher Truppen betrachten, oder die mit den Schaulustigen, die im Sommer 1918 vor einem Haus in Köln zusammengelaufen sind, um sich die Folgen eines Bombenangriffs anzusehen. Hier spiegelt sich in den Gesichtern der Menschen ganz unmittelbar das Kriegserlebnis wider.

Von zweifelhafterem Charakter sind die Gruppenportraits der Soldaten. Sie wirken durch ihre Anordnung und Uniformierung kämpferisch, manchmal sogar martialisch, zumal dann, wenn sie mit Kriegsparolen versehen sind. Sie haben sich aufgestellt, um sich gegenseitig der Richtigkeit und Bedeutung ihres Tuns zu vergewissern. Hier formieren sich Männerbünde als Schicksalsgemeinschaft, um zu töten oder getötet zu werden. Gibt es einen Unterschied zwischen solchen Aufnahmen aus der Zeit des Spätsommers 1914 und denen der späteren Kriegsjahre? Welche Spuren hinterlässt der Krieg auf den Gesichtern der Männer, die eine bis dahin nicht gekannte Form der Gewalt ausgeübt und erfahren haben?

Auch die friedvoll wirkenden Lazarettaufnahmen, die grotesken Kostümierungen in Kriegsgefangenenlagern oder das kameradschaftliche Beisammensein im Schützengraben scheinen trügerisch. War das der Krieg? Gab es nicht Millionen Tote und noch viel mehr Verwundete? Gab es nicht diejenigen, die über die Grausamkeit des Krieges ihren Verstand verloren? Und die, die körperlich so entstellt waren, dass man sie am liebsten für immer weggesperrt hätte?

Achim Konejung misstraut wohl deshalb den Bildern. Er lässt sie nicht für sich stehen, sondern rekonstruiert ihre Kontexte und kommentiert sie. So entsteht aus der Sammlung von Fotografien eine in Fotografien erzählte Geschichte des *Ersten Weltkriegs*. Diese Geschichte hält manche Überraschung bereit: ungewöhnliche Motive ebenso wie interessante Details. In seinen kurzen Erzählungen legt er außerdem seinen biographisch motivierten Zugang offen. Damit lädt er dazu ein, sich selbst durch eine individuelle Suche ein eigenes Bild von jenem Krieg zu machen, ohne den alles das, was dann kam, nicht zu verstehen ist.

Sommer 2013
Dr. Karola Fings, Köln

genüber. Die Krefelder Ehrendamen, die in weißen Roben 1902 für seine kaiserliche Majestät posieren, werden von den fünf jungen Frauen konterkariert, die in einer Munitionsfabrik 1917/18 ihren Beitrag für die Rüstung leisten. Und der nationalistische Schlachtruf vom „freien deutschen Rhein" ist längst verhallt, als sich die französischen Offiziere in Düsseldorf im Sommer 1922 überaus elegant vor dem Bismarck-Denkmal ablichten lassen.

Zum Geleit
Kriegsbilder im Frieden betrachtet

▶ *Das Attentat von Hochfeld, Duisburg, 30. Juni 1923*
Während der Ruhrbesetzung kommt es zu Sprengstoffanschlägen auf Brücken und Züge. Bei der Detonation einer Zeitzünderbombe in einem belgischen Militärzug kommen auf der Hochfelder Brücke bei Duisburg acht belgische Soldaten zu Tode.

Krieg – Soldat – Kampf, das ist die Ausnahme. Die Ausnahme für uns heutzutage, die die Regel bestätigt. Das habe ich jedenfalls gedacht, bis ich die Sammlung von Kriegsbildern rund um den 1. Weltkrieg ein Jahrhundert später betrachtet habe. Zunächst erstaunt mich die Vielfalt von Motiven, Requisiten, von Regie und Dramaturgie in diesen Bildern. Wenn ein Jahrhundert später solche Fülle vorhanden ist, wie muss es zu Lebzeiten des Krieges erst gewesen sein mit dieser visuellen Propagandaschlacht?

Für die abgelichteten Menschen scheinen es normale Situationen zu sein. Sie schauen souverän in die Kamera, meistens aufgereiht nach der gängigen Ikonografie von Gruppenbildern, vorne breiter, oft niedriger, nach hinten schmaler und ansteigend. In ihren Blicken und Gesten scheint man bisweilen mehr als das Selbstverständliche zu erblicken, nämlich fast eine Sucht, fotografiert und erinnert zu werden. Vielleicht ahnen sie, dass es keine wirkliche Erinnerung gibt in diesem ersten modernen Massenkrieg mit Massensterben und Massengräbern.

Sie schauen so selbstverständlich und gelassen wie Handwerker, Arbeiter, eben Werktätige, selten aber mit ihrem Werkzeug und nie mit ihren Produkten. Es gibt nämlich fast keine Toten, nur ein oder zweimal und dann als Ausnahme von der legalen Form des Tötens im Krieg: Opfer eines Attentats oder einer Rache. Und dieses Handwerk zeigt die Kriegsarbeiter kurz nach der Haager Landkriegsordnung und lange vor der Genfer Konvention. Obschon, es gibt doch Tote, allerdings unsichtbar, in Gräbern, versteckt unter einem Modus der Erinnerung oder eingekleidet ins rituelle Vergessen.

Zur Normalität dieser Bilder gehört auch die Sehnsucht nach Normalität, der Versuch, möglichst viel Alltag ins Ungewöhnliche zu transportieren. Die Schilder und Sprüche und Hoffnung verheißenden Botschaften, die Straßen- und Hüttennamen nach ihrer Heimat, Villa Colonia, Kölsche Hütte, der Esperantokurs und die Unterhaltungsshow, Kartoffelschäler oder Biertrinker. Ein Accessoire fast aller Fotos – bemerkt durch einen heute noch verschärften Blick – ist die Zigarette, oder auch Pfeife, bisweilen die Zigarre, jedenfalls Tabak. Selbstverständlich gehörte das Rauchen viel mehr als heute zum männlichen Alltag. Damit aber ist jede Zigarette auch ein Hinweis auf den Alltag und das Gewöhnliche, den Genuss, die Ruhe, vielleicht

sogar die Sucht. Es gibt andere Accessoires, Musikinstrumente, Geschirr, eine Bratpfanne, die ähnliches bedeuten, die aber längst nicht so eindeutig und vor allem nicht so häufig sind.

Dazu gehören, und das sticht ins Auge, die Männer. Klar, es gibt Frauen, aber nur in Ausnahmen als Krankenschwestern und vor allem – die übliche weibliche Rolle im Krieg – auch als Trauernde, zwischendurch mal als Blumenmädchen, als Ehrendame oder als Truppenbetreuerin. Von der häufigsten Rolle der Frauen, als Prostituierte, Opfer, Geschändete gibt es typischerweise keine Bilder. Diese Realität ist ausgeblendet – im Wortsinn.

Manche der Bilder legen auch Zeugnis davon ab, dass der moderne Massentourismus einen Ursprung im Krieg hat. Jedenfalls für die Masse der Männer war ein Feldzug häufig die erste Gelegenheit, fremde Länder zu sehen, andere Sprachen zu hören, fremde Kulturen … ja, weniger wahr zu nehmen, als zu zerstören. Und es ist sicher kein Zufall, dass einen Krieg später das wichtigste Fortbewegungsmittel dafür der Kübelwagen wurde, aus dem der Volkswagen entstand und dass die vormaligen Kriegsgebiete – bis auf die Länder des Ostblocks, die aus ideologischen Gründen verschlossen blieben – zu neuen Reisezielen avancierten. Von diesen zivilen Abenteuern ist allerdings noch nichts zu sehen, vielleicht zu spüren.

Diesen Männern haftet im Gegenteil kein bisschen Zivilleben an, sie stehen und schauen – und selbst, wenn sie fast nichts mehr anhaben und im Krankenkittel, Arbeitsrock oder Anzug auftreten … sie stehen und schauen, als hätten sie für immer die Uniform an.

Sommer 2013
Martin Stankowski, Köln

▶ *Räumung des Rheinlands, Köln, November 1918*
Kriegerwitwen, frierende Kinder und Soldaten an einer Gulaschkanone vor dem Kölner Dom. Die äußerst harten Waffenstillstandsbedingungen, unterschrieben im Eisenbahnwaggon von Compiegne am 11. November 1918, verlangen eine sofortige Räumung des Rheinlands bis zu einer Demarkationslinie 50 Kilometer östlich des Flusses innerhalb von 14 Tagen. Zu diesem Zeitpunkt stehen viele Einheiten noch weit in Frankreich und Belgien.

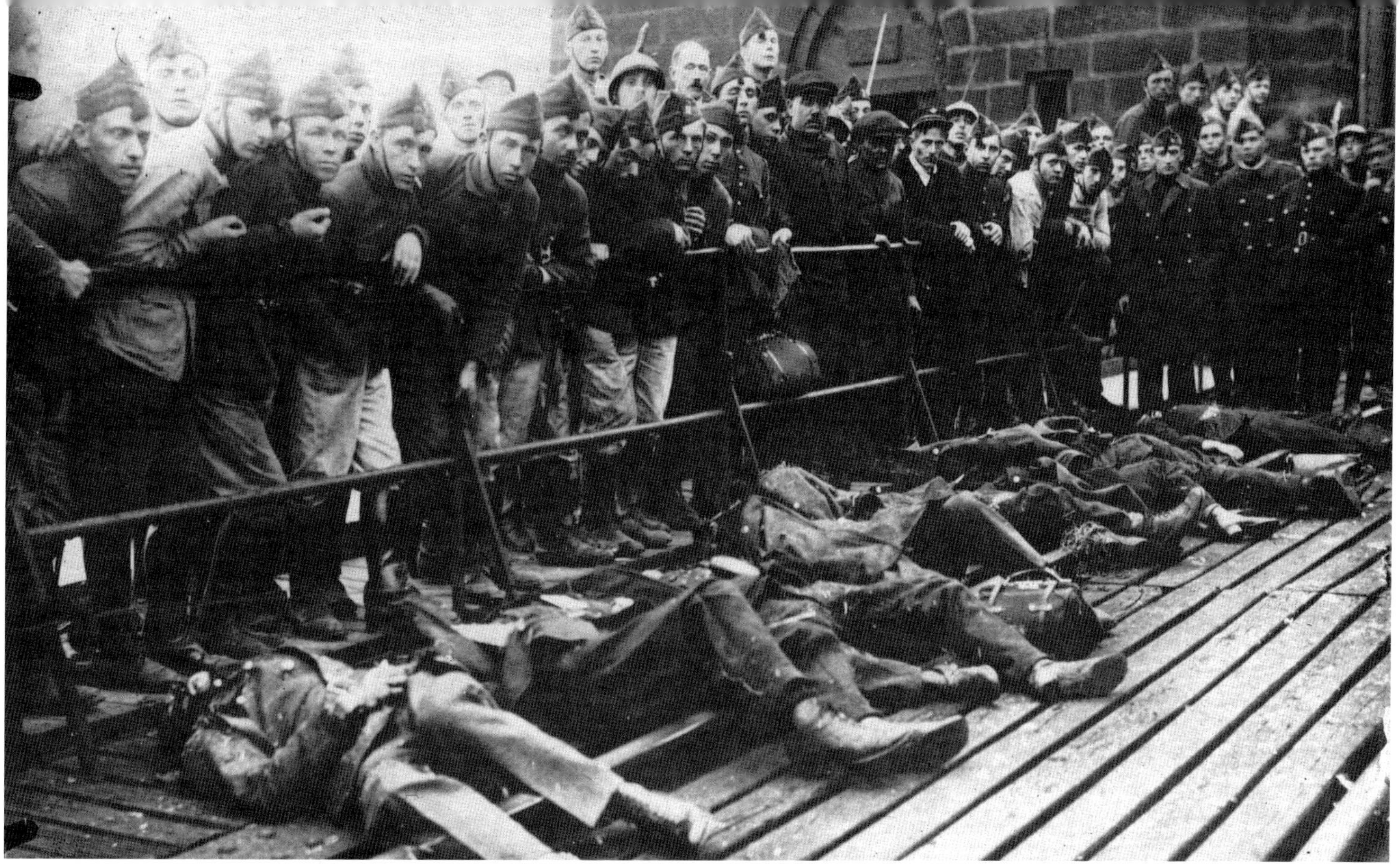

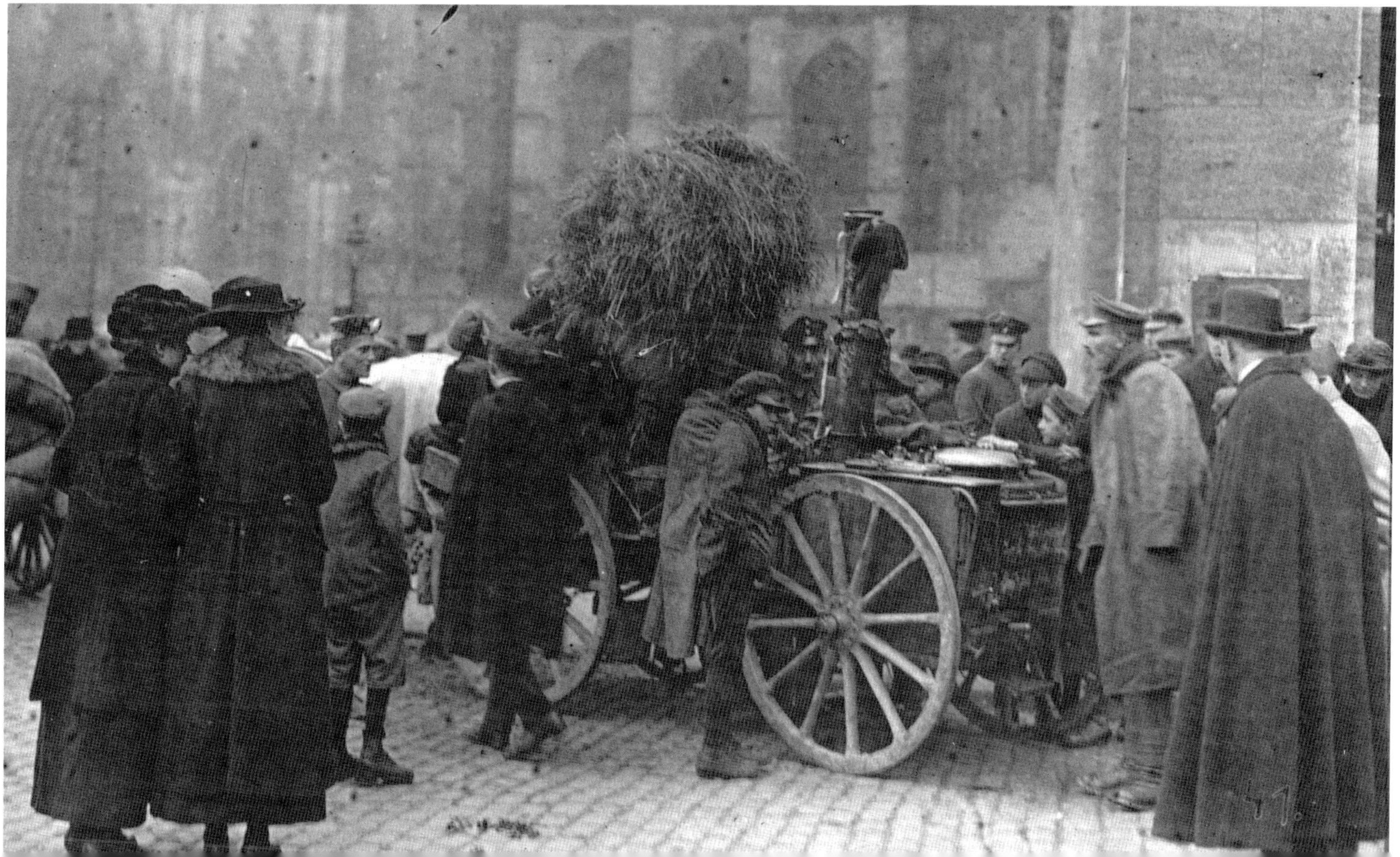

Einleitung
Das Glasauge

Der Erste Weltkrieg schaute mich an in Gestalt meines Großvaters, da war ich vier Jahre alt. Sein linkes Auge konnte mich warm, nett, freundlich und auch streng anschauen. Das andere, rechte, aber war starr, kalt und grausam. Ich begann zu fragen, warum mein Großvater so anders aussah als die übrigen Menschen und warum mich sein rechtes Auge so kalt und still musterte. Ich hatte Angst vor diesem Auge, es verfolgte mich, in meinen Träumen, meinen Fantasien und in meiner Kindheit. Ich fragte die Erwachsenen solange, bis sie mir eine Antwort gaben.

„Das kommt vom Krieg", sagten sie mir.

Krieg, aha, das war dieses Ereignis, dass alle großen Menschen, Onkel und Tanten, in den Köpfen hatten und das sonntäglich nach dem familiären Mittagessen regelmäßig zu erregten Diskussionen der Männer führten. Man klärte mich aber auf, dass das rechte Auge meines Großvaters, das eben gar kein echtes Auge, sondern ein Glasauge sei, mit diesem Krieg, der vor 14 Jahren zu Ende gegangen sei – was natürlich für mich als Kind eine ewige Zeitspanne darstellte, wer konnte sich schon vorstellen, wie lange es dauern würde, endlich vierzehn und konfirmiert zu werden – nichts zu tun habe. Das wäre aus einem anderen Krieg, der aber lange, lange vorüber sei.

Ob dieser Krieg etwas mit den zerstörten Nachbarhäusern zu tun habe, fragte ich. Und was denn mein Großvater mit diesem besonderen Auge, dem Glasauge, sehen könne? Ob es ein magisches Auge sei, mit dem er alle meine Verfehlungen sehen könne? Und warum er überhaupt rechts dieses Glasauge habe und wo das andere sei, das echte?

„Er hat es verloren", sagten mir die Erwachsenen.

„Wo?", fragte ich.

„In den Alpen."

Mehr bekam ich nicht aus ihnen heraus. Diese Erwachsenen waren zum Verzweifeln. Man wurde von ihnen ständig ermahnt und belehrt, stellte man aber berechtigte Fragen, stieß man auf eine Mauer des Schweigens. Ich beschloss also, der Sache nachzugehen.

Sah ich aus meinem Krefelder Kinderzimmer auf die Lohstraße, so blickte ich in die ausgebrannte Ruine des Hauses gegenüber. Unten war ein Geschäft, ja, es war sogar ein Juwelier, der Gold verkaufte. Gold war etwas Wertvolles. Vielleicht etwas, für das es sich lohnte Krieg zu führen. Vielleicht hatten böse, ausländische Feinde versucht, das Gold des benachbarten Juweliers zu rauben? Und dann war es doch berechtigt, sich zu wehren und im Zuge des Abwehrkampfes – das Wort hatte ich schon mal bei einem dieser nächtlichen Runden, bei denen Ströme von Alkohol flossen, belauscht – war das Nachbarhaus in Flammen aufgegangen. Und viele Häuser in der Stadt auch. Gemeine Feinde, die aber jetzt, so hatte ich aufgeschnappt, sehr nett waren und mit denen mein Vater Geschäfte machte.

Aber was hatte mein Großvater, der Opi, dann in den Alpen zu suchen? Wieso hatte er da sein Auge verloren? Sah es hinter dem Glasauge so leer und ausgebrannt aus, wie hinter den Fensterhöhlen der Kriegsruine? Auf nichts bekam ich eine befriedigende Antwort, weil ich eben ein Kind war. Meine Mutter begann sich die Haare zu raufen, wenn nur das Wort Krieg erwähnt wurde. Sie meinte, ich sei doch ein kleiner Junge, viel zu sensibel dafür, und schnitt jedem, der auch nur ansatzweise etwas erklären wollte, das Wort ab. Mein Großvater schwieg zu der ganzen Sache. Meine Großmutter schwieg auch zu der ganzen Sache. Mein Vater sagte nichts. Dann zogen wir nach Siegen, und ich begann die Sache zu vergessen.

Als ich sechs Jahre alt wurde, zogen wir zu den gemeinen Feinden, die aber jetzt unsere Freunde waren. Ich stand verloren auf dem Hof eines Antwerpener Kindergartens, heulte und verstand kein Wort. Ein Mädchen umarmte mich und hielt mir die Hand, auch sie heulte. Sie war Wallonin und verstand kein Wort. Ich wollte etwas sagen, sie auch, aber wir beide verstanden nichts. Sie sprach französisch, ich deutsch, und die Kinder der gemeinen Feinde, die jetzt unsere Freunde waren, sprachen etwas, dass sich flämisch nannte. So begann mein erster Tag in meiner neuen Heimat in Belgien.

Vier Wochen später trat ich, in einer blauen Uniform, mit einer schweren Aktentasche in der rechten und einer Schultüte in der linken, meinen ersten Schulweg an. Vor der Schule angekommen, gab es ein riesiges Gelächter über diesen komischen, falsch herum gehaltenen Hexenhut, den ich in der Hand hatte. Ich beschloss, Kulturarbeit zu leisten, klärte die flämischen Kinder radebrechend über diesen deutschen Brauch auf und verteilte zum Beweis die in der Tüte enthaltenen Süßigkeiten an meine zukünftigen Klassenkameraden. Das waren allesamt

▶ *Karl Konejung, Gräfrath bei Solingen, 1915*
Mit verträumtem Blick schaut der Großvater des Autors in die Welt. Er ist Kriegsfreiwilliger und wird Leutnant der Reserve im Reserve-Jäger-Bataillon Nr. 20. Mit dieser Einheit kämpft er bis zu seiner schweren Verwundung im Dezember 1917 in Galizien, in den Karpaten, am Isonzo und in den venezianischen Alpen. Nach der Genesung wird er bis Kriegsende Adjutant des Bahnhofskommandanten des Bahnhofs Brüssel-Nord, der wichtigsten Eisenbahndrehscheibe der Westfront.

stämmige Jungs aus Hoboken und Söhne von Werftarbeitern, die so schnell nichts umwerfen konnte – außer eine deutsche Schultüte und ihr Inhalt. Wir wurden Freunde und ich in Moedertal, der flämischen Muttersprache, einer der Besten. Ich beschloss, ab sofort zuhause nur noch flämisch zu reden, und meine Mutter raufte sich wieder die Haare, weil sie von meinem imitierten Werftarbeiterdialekt nichts verstand. Wie soll der Junge nur wieder in Deutschland zurecht kommen?

Dann nahmen wir in der Schule die belgische Geschichte durch. Und da war er wieder: der Krieg. Wir besuchten die Antwerpener Forts, damals, als der Autobahnring noch nicht gebaut war, wir hörten von den Deutschen, den gemeinen Feinden, die in das neutrale, kleine Königreich Belgien eingefallen waren. Alle schauten mich an. Natürlich, sagte der Lehrer, sei dies alles lange her, und aus den Feinden seien nun Freunde geworden. Einige Werftarbeitersöhne wollten aber nicht glauben, dass nach soviel Unrecht man einfach wieder Freund sein könne. Wie lange das denn her sei?

„Das war 1914“, sagte der Lehrer.

„Aber die Besetzung, die hat mein Opa vier Jahre mitgemacht“, sagte einer der Jungs. „Und mein Vater war fünf Jahre in deutscher Kriegsgefangenschaft“, warf ein anderer ein.

Was war da los? Was sollte ich jetzt sagen? Die Angst schnürte mir die Kehle zu. Oder mehr noch: die Wut. Hier waren auf einmal wie ein Blitz aus heiterem Himmel die Antworten auf die Fragen, die ich in Krefeld gestellt hatte! 1914! Einmarsch! In meine neue Heimat, in der ich plötzlich als Paria da stand! Und dann: Wieso war der Vater von Jan in deutscher Kriegsgefangenschaft? Soviel konnte ich schon rechnen, dass das ja gar nicht möglich sein konnte.

„Du lügst!“, sagte ich ihm. „Er kann nicht dabei gewesen sein!“

„Dat was de tweede wereldoorlog, du moff!“

Da war es also gefallen, das Schimpfwort, das nur übertroffen wurde, wenn ein Franzose einen *Boche* nannte. (Das hatte ich nämlich auch bei einem der nächtlichen Kriegsgesprächen beim Familienkreis belauscht, als es darum ging, welche Schimpfworte diese „Froschfresser“, „Tommies“, „Amis“ und „Itakas“ uns gegeben hätten.).

Ich war ein Moff, ein Deutscher, ein Feind. Und ich hatte scheinbar keine Ahnung von dem, was hier passiert war. Dass die Kriegsruinen nicht nur in Deutschland standen, sondern in vielen Ländern Europas, dass nicht nur mein Großvater ein Glasauge hatte, sondern viele andere Männer gar keine Augen mehr, kein Gesicht, keine Arme, keine Beine hatten. Dass Millionen getötet worden waren. Dass der Krieg etwas Grausames war. Und dass es Schuldige gab. Ich fühlte mich schuldig. Ich war ein Deutscher, ein Moff. Ich ging nach Hause und verschloss mich, denn Antworten gab es eh keine. Ich beschloss, dem Thema aus dem Weg zu gehen und ein guter Belgier zu werden.

Beruflich ging es für meinen Vater mit den neuen Freunden gut voran. Das war eben die unergründliche Welt der Erwachsenen. Wenn wir Jungs verfeindet waren, dann auf immer und fürs Leben. Aber in der Welt der Großen konnte man sich eben noch Granaten an den Kopf werfen und wenige Jahre danach gute Geschäfte machen. Also blieben wir da, mein Vater kaufte ein Appartement in Middelkerke an der „Zee“ und meine Mutter meinte, das täte dem Jungen gut.

„Er muss wachsen!“ sagte sie. „Und er ist zu oft erkältet! Die gute Seeluft wird ihm guttun.“

Wir bezogen 1965 das frischgebaute Appartementhaus mit Lift und sieben Stockwerken auf dem Zeedijk 218 und ich wuchs bereits im ersten Sommer zehn Zentimeter. Die Sache wirkte also. Nur mit den Erkältungen ging es weiter. Was die rauhe („Das Jod!“) Seeluft Gutes bewirken sollte, machte die steife Nordseebrise mit Mandelentzündungen wieder hinfällig.

An stürmischen Tagen, wenn bei Flut die Brandung das salzige Meerwasser bis auf den Zeedijk spülte, gingen wir in die Dünen. Ich ging ungern barfuß. Wegen der spitzen Steine, die überall im Sand herumlagen. Die, so erfuhr ich aber bald von meinem neuen belgischen Freund, waren keine Steine, sondern Betonbrocken. Von den gesprengten Bunkern.

„Was für Bunker?“, fragte ich.

„Vom Atlantikwall.“, sagte Guido, mein neuer Freund. „Im Krieg.“

„Im Zweiten?“

„ Ja, die hier sind die gesprengten Reste vom Zweiten. Aber in Mariakerke steht noch eine ganze Küstenbatterie aus dem Ersten!“, sagte Guido.

Guido war der Neffe des Maklers, der meinem Vater das Appartement verkauft hatte. Er war Belgier, hatte aber eine deutsche Mutter und daher Verständnis für meine Lage. Und außerdem wusste er nichts von dem peinlichen Vorfall im Antwerpener Fort, was die Sache für mich angenehmer machte.

„Siehst du da hinten in der Ferne den Turm?“, fragte Guido.

Ich suchte den dunstigen Horizont über der flachen Landschaft ab, in der viele kleine Kirchtürme standen.

„Welchen?“

„Es ist der größte Turm, da ganz hinten.“

Ich tat, als hätte ich ihn gefunden.

„Hm, also der da. Gut.“

„Geh da nicht hin. Da sind böse Männer. Ich war schon mal mit meinem Onkel da. Bin froh, dass wir heil aus der Sache raus sind!“

„Was soll denn da sein?“, fragte ich.

„Du kennst den Dodengang nicht?“

„Totengang?“

„Ja, an der Yser. Vierzehn-Achtzehn. Ich sage dir, du willst es nicht sehen!“

▲ *In der Augenklinik, Innsbruck, Weihnachten 1917*
Durch seine schwere Verwundung auf dem Monte Spinuccia am Monte Grappa an der Piave-Front verliert Karl Konejung das rechte Auge und das rechte Gehör. Er wird das Trauma der Fronterlebnisse bis zu seinem Tod nicht überwinden.

Der Großvater des Autors ist der sechste von links in der zweiten Reihe. Für seinen Einsatz an der Isonzo-Front hat er das Eiserne Kreuz erster Klasse erhalten.

Das machte mich natürlich noch neugieriger. Hier war etwas, das mit dem Glasauge meines Großvaters zu tun hatte.

„Glaubst du, ich habe Angst?"

„Selbst ich habe es kaum ausgehalten", sagte Guido.

„Erzähl."

„Ist alles voller Toter, heute noch. Abends, wenn die Nebel über die Felder ziehen, kommen sie aus den Schützengräben. Und wenn du nicht aufpasst, packen sie dich und ziehen dich mit sich hinab. In ihre Totenwelt." Guido malte mit seinen Füßen ein Kreuz in den Sand.

„Papperlapapp."

„Ich kenne einen, der ist nicht mehr zurückgekommen. Aber wenn du willst, dann lass uns die Fahrräder nehmen und hinfahren."

„Ist zu spät, wird ja gleich dunkel. Muss zum Essen, weißt ja."

„Klar. Ich hab es ja erlebt. Aber du – du würdest es nicht aushalten."

Fortan schaute ich, wenn die Luft klar war, über die flandrischen Felder nach Süden. Da hinten war also Dixmuide, wie ich erfuhr, der Dodengang, der Ijser-Turm mit den bösen Männern, die sich da trafen. Und dahinter war eine Stadt, die hieß Ypern. Ich fragte meine Mutter, ob wir da nicht hin könnten, nach Ypern. Diesmal raufte sie sich nicht die Haare, sondern sagte nur: „Dein Großvater hat in Ypern gekämpft."

„Charlie?", fragte ich.

„Nein, Ludwig", sagte sie.

Ludwig war der Vater meiner Mutter und er war gestorben zwischen dem Ende des zweiten großen Krieges und dem Tag, an dem mein Leben begann.

Natürlich fuhr meine Mutter mit mir nicht nach Ypern, aber kurze Zeit später bekamen wir Besuch eines Freundes meines Vaters, der Vertreter einer großen rheinischen Papierfabrik war und sich beruflich in Westflandern aufhielt. Sein nächster Termin war bei einer Firma in Ypern. Natürlich fragte ich ihn sofort, ob ich mitkommen könnte. Ypern, das würde mich interessieren. Am nächsten Tag fuhren wir in der Frühe los, es war, als würde ich zu einem großen Ereignis aufbrechen, ja zu einer Schlacht. Ich war froh, einen großen, starken und erwachsenen Mann an meiner Seite zu haben. Und nicht Guido. Der konnte viele Geschichten erzählen, aber wenn eine Knochenhand aus der flandrischen Erde nach meinem Bein greifen würde? Pah! Dann wäre der wie der schnellste Hase über alle Dünen weg und würde mich meinem Schicksal überlassen. Bei dem steckte doch zu viel Belgier drin, dachte ich mir. Jetzt aber hatte ich einen Beschützer, den ich auf seine kommende Rolle vorbereitete. Guido hatte mich nämlich mittlerweile mit genügend Material über den *Oorlog* versorgt.

„Stell dir vor", sagte ich zu Günther, „vier Jahre haben sie dort gekämpft, es ist nichts mehr von übrig geblieben. Ypern ist nur noch ein Schutthaufen!"

„Ach was", sagte Günther, „und warum fahre ich dahin? Soll ich meine Geschäfte auf einem Schutthaufen machen? Junge! Dein Freund Guido hat dir da einen ganz schönen Bären aufgebunden! Das ist doch alles ganz lang her. Und so schlimm war das gar nicht. War eben Krieg. Da geht schon mal was kaputt."

Da war sie wieder, die ignorante Welt der Erwachsenen, die über den Krieg in einer komischen Art redeten, als wäre das ein Länderspiel gewesen, bei dem ein paar Schaufensterscheiben zu Bruch gegangen wären.

„Du wirst es sehen. Es ist pulverisiert. Total! Und nachts kommen die Toten aus den Gräbern."

„Junge, das gibt's doch nur im Kino. Da laufen gerade so Zombie-Filme. Du hast dir doch so was nicht heimlich angeschaut, oder?" Günther fuhr den Wagen zu schnell über die holprigen flandrischen Straßen und wir schossen wie ein deutscher Blitz durch die in voller Ernte stehenden Felder.

„Da!", konnte ich nur stammeln, ein riesiger Soldatenfriedhof war eben an uns vorbeigeflogen.

„Gräber, die gibt's überall. Krieg eben." Sagte Onkel Günther und hupte ein langsameres belgisches Auto aus dem Weg.

„Wer hat den eigentlich gewonnen?", versuchte ich erwachsen tuend einzuwerfen.

„Na, wir leider nicht."

„Beide nicht?"

„Beide nicht. Umringt von einer Welt von Feinden!"

„Dann hat Opa Charlie sein Auge umsonst verloren."

„Wenigstens sieht er noch mit dem anderen. Die da" – wieder flog ein Friedhof in Schallgeschwindigkeit vorbei – „die sehen auf jeden Fall nichts mehr. Außer die Radieschen von unten. Ha!" Er schien stolz auf diesen Witz und sonnte sich in seiner rheinischen Fröhlichkeit.

„Der Krieg ist schlimm", sagte ich. „Er zerstört alles. Du wirst es sehen, Ypern ist ein Ziegelhaufen!"

Wir bogen langsam von der Landstraße ab und näherten uns dem Zentrum der flandrischen Stadt. Die Vororte schienen den Krieg einigermaßen gut überstanden zu haben, oder waren erst nach ihm gebaut worden. Schließlich kamen wir auf dem schö-

---

▶ *Middelkerke, Belgien, ca. 1915*
Während der Ersten Flandernschlacht um Ypern im Oktober 1914 besetzen deutsche Marine-Infanterie-Regimenter die belgische Kanalküste, da die Oberste Heeresleitung eine Landung der Engländer in ihrem Rücken befürchtet. Bei einem von britischen Kriegsschiffen geführten Geschützangriff auf die deutschen Abwehrstellungen im Dezember des Jahres wird der kleine Badeort Middelkerke schwer zerstört. Unweit des Ortes kann man noch heute die 1915 vom Marinekorps errichtete „Batterie Aachen" besichtigen.

Während der Einkesselung von Dünkirchen 1940 wird der Ort ein zweites und im Jahre 1944 – im Zuge des Angriffs auf die Scheldemündung – ein drittes Mal zerstört.

nen, belebten und schmucken Marktplatz vor der Tuchhalle in Ypern an, umringt von Renaissance-Häusern.

„Schutthaufen, was?", sagte Günther mit einer Geste des Triumpfes und schnaubte durch die Nase.

Von einem Erwachsenen als junger, doofer Trottel vorgeführt zu werden, ist ekelhaft. Als er dann noch lapidar sagte: „Ich geb' dir mal ein Eis aus.", konnte meine Antwort nicht anders ausfallen als „mag kein Eis". Dabei liebte ich Eis. Aber nicht hier, nicht jetzt. Denn das hier war nicht wirklich, das konnte nicht sein. Hier war alles perfekt, Renaissance, ein altes Haus neben dem anderen. Aber Guido hatte mir doch Fotos gezeigt! Waren das Fälschungen? Wieso waren die Menschen hier freundlich, wenn sie doch unsäglich gelitten hatten?

„Siehst du, alles ganz in Ordnung. Kann schon nicht so schlimm gewesen sein."

Ich war geschockt und sagte nichts mehr. Wir gingen durch die Stadt. Hier war alles heil, nicht mal eine Fensterscheibe war kaputt. Und der Turm der Tuchhalle überragte die Stadt riesengroß.

Den Rest des Tages schwieg ich. Ich saß stumm im Büro der Firma, die Onkel Günther besuchte. Ich dachte nach. Zumindest die Toten waren ja da! Ich hatte die Friedhöfe gesehen, auch wenn sie nur vorbeigeflogen waren. Stundenlang saß ich da. Nichts ist langweiliger, als wenn man als Kind im Abstellraum einer Firma auf einen Erwachsenen warten muss. Und nichts einen begleitet als das monotone Surren einer fernen Maschine.

Endlich kam er, gutgelaunt. Günther hatte einen guten Abschluss gemacht.

„Das feiern wir, Junge! Mit guten belgischen Fritten!"

Wir fuhren also noch mal zum Ort meiner Niederlage, auf den Marktplatz vor der Tuchhalle. Es war ein spätsommerlicher Abend und die Stadt war voller Touristen. Wir hielten die spitzen Tüten mit den Fritten, die von einem großen Klecks Mayonnaise gekrönt waren, wie eine Fackel in der Hand und aßen sie im Gehen – die klassischste Art, belgische Fritten zu essen. Plötzlich setzte unter den Menschen eine merkwürdige Strömung ein. Alle gingen in eine Richtung, so als wäre ein Unfall passiert. Vielleicht wollte sich auch jemand aus dem Fenster stürzen, er traute sich aber nicht, und es gab eine schaulustige Menge, die ihn davon abhalten oder gar dazu auffordern wollte, es zu tun – so was geschah ja schon mal. Wir schlossen uns der Prozession an und gingen in Richtung der alten Stadtmauer. Ich hatte mir Mayonnaise auf die Hose gekleckert, denn mein Blick ging nur noch in die Richtung, in die die Menschen strömten.

Wir standen schließlich unter einem elfenbeinfarbigen Halbgewölbe eines wuchtigen Stadttores, das von außen mit hellroten Ziegeln verkleidet war. Englischer Stil, das erkannte ich sofort, denn ich war nur eine Woche vorher das erste Mal in London gewesen. Überhaupt sah dieses Stadttor aus, als könnte es in England stehen und nicht in Flandern. Die Menge war auf an die fünfhundert Menschen angestiegen. Unter dem Torbogen hörte es sich an wie unter einer Antwerpener Platane im Herbst, wenn die Stare einfielen. Ein zwitscherndes Stimmengewirr. Manchmal hörte ich Wortfetzen und erkannte englische, französische und flämische Wörter – aber kein deutsches. Von einem Unfall war nichts zu sehen, dies schien etwas anderes, geheimnisvolleres zu sein, in das jeder Anwesende außer uns eingeweiht war. Das hier, das wurde schnell klar, das hatte was mit der Brüderschaft unserer früheren Feinde zu tun, das hatte was mit dem Krieg zu tun. Ich beschloss, jetzt keine Fragen mehr zu stellen. Und fühlte mich mit der Frittentüte völlig fehl am Platz. Von außen drückte die Menge immer mehr nach und ich musste aufpassen, dass ich nicht einen der Menschen, sicherlich alles frühere Feinde, mit Mayonnaise beschmieren würde. Wenn rauskäme, dass ich Deutscher bin, wer weiß, was dann passieren würde.

Ich hatte den Gedanken nicht zu Ende gedacht, als es schlagartig ruhig wurde. Das fröhliche Gezwitscher war einer zeremoniellen Ruhe gewichen, vier Trompeter marschierten ein. Sie stellten sich in einer Reihe auf und begannen, eine Fanfare zu blasen. Nach der Fanfare kam ein Redner. Es wurde ein Kranz niedergelegt. In Erinnerung an die über 50.000 noch vermissten englischen Soldaten der Schlachten um Ypern, sagt der Sprecher. Unter dem Tonnengewölbe des Tores hallten der Sprecher und die Trompeter wie in einem Gottesdienst in einer großen Kathedrale. Ab und zu hörte man einen verhaltenen Huster, und auch das verstärkte nur die feierliche Stimmung. Ich verfluchte die Fritten in meiner Hand und hätte sie am liebsten verschwinden lassen, aber wohin? Was, wenn ich sie einfach zu Boden werfen würde? Es würde jemand drauf treten und ausrutschen, womöglich ein Kriegsveteran. Er würde verletzt werden. Und was dann los sein würde! Ich sah die Schlagzeilen: Deutscher Junge stört alliierte Totenzeremonie! Und meine Mutter hätte einen weiteren Grund, sich die Haare zu raufen. Also schob ich die fette Tüte unauffällig unter meine Windjacke und versuchte, ernst und würdevoll der Zeremonie zu folgen.

Als der letzte Trompetenstoß verhallt war, begann sich die Menschengruppe aufzulösen. Aber langsam, wie betäubt, zögerlich. Ein einzelner Huster, ein Wort, ein verhaltener Lacher, dann mehr werdend, und schließlich – als gehe die Sonne auf und die Vögel begännen ihren morgendlichen Gesang – setzte das Starengezwitscher nun noch lauter ein als vorher. Günther, der scheinbar vor nichts und niemand Angst hatte und schon gar nicht vor dem Krieg (an dem er vielleicht auch teilgenommen hatte, aber an welchem?), schnappte sich einen Belgier und fragte ihn nach Sinn und Zweck der Veranstaltung.

„Das ist der *Last Post* in Erinnerung an die tapferen englischen Soldaten, die hier im Ersten Weltkrieg starben und bei der die Stadt bis auf die Grundmauern zerstört wurde. Blieb nur ein Schutthaufen übrig. Nach dem Krieg haben wir die Stadt mit den deutschen Reparationen wieder aufgebaut. Und seitdem Ypern wieder steht, findet der *Last Post* statt. Jeden Abend um Acht, bei jedem Wetter", sagte der Belgier, der durchaus freundlich blieb.

▼ *Westende, Belgien, ca. 1915*
Nach der Öffnung der Schleusen bei Niewpoort Ende Oktober 1914 und der daraus resultierenden Überflutung ist die letzte Lücke der Westfront geschlossen, es beginnt ein mörderischer, jahrelanger Stellungskrieg.

Bei Westende, dem Nachbarort von Middelkerke, beginnt der hinterste Laufgraben des deutschen Stellungssystems. Wer hier vom Strand aus das Grabensystem betritt, kann theoretisch und ohne jemals die Oberfläche zu sehen bis zur Schweizer Grenze durchmarschieren. Wenn er es denn überlebt, denn an dieser Linie liegen Orte wie Dixmuide, Ypern, die Somme, der Chemin des Dames, die Champagne, Verdun, der Hartmannweilerkopf und viele andere unbekanntere Orte des tausendfachen Tötens und Sterbens.

„ Ach was. Jeden Abend? Seit dem Ersten Weltkrieg?" fragte Onkel Günther.

„Mit Ausnahme der Zeit der deutschen Besetzung von 1940 bis 1944, Monsieur", sagte der freundliche Belgier, der aber begann, Anzeichen von sich zu geben, die mich an Jan am Antwerpener Fort erinnerten. Ich zog Onkel Günther weg.

Wir gingen schweigend zum Wagen. Der Tag hatte mit einer Niederlage begonnen, aber jetzt hatte ich meine Trumpfkarte in der Hand. Bevor ich in das Auto einstieg, baute ich mich vor Onkel Günther auf und sagte ihm: „Siehst du, es hat stattgefunden. Es ist passiert, es ist hier passiert!"

„Junge", sagt Onkel Günther lakonisch zu mir, „du hast einen ganz schönen Fettfleck auf deiner Jacke. Mach mir nicht die Polster dreckig!"

Nachdem ich die Frittentüte entsorgt und mühevoll die Mayonnaise von der Windjacke gewischt hatte, fuhren wir schweigend über die flandrischen Felder zurück zur See. Aus den Abzugskanälen, den Wassergräben und der Ijzer zogen die Nebel herauf, und es war, als könnte man zwischen den Kopfweiden Gestalten sehen. Ich war froh, dass wir nicht mehr anhielten.

Das Rheinland als Aufmarschgebiet

1891–1913

1891–1913

1891

Der neue Chef des Generalstabs, Alfred Graf von Schlieffen, entwickelt in einer ersten Denkschrift die Grundgedanken seines Plans, der den Angriff auf Frankreich durch das neutrale Belgien vorsieht.

1893

Anlegung des Truppenübungsplatzes Elsenborn in der Eifel.

1896

Mit den Worten „Deutschlands Zukunft liegt auf dem Meer" kündigt Kaiser Wilhelm II. eine neue Flottenpolitik an.

1900

Das Bürgerliche Gesetzbuch und das Handelsgesetzbuch treten in Kraft.

Das Starrluftschiff LZ I unternimmt in Friedrichshafen am Bodensee erfolgreich seine erste Versuchsfahrt.

Mit dem in der Eifel angesiedelten Roman *Das Weiberdorf* gelingt Clara Viebig der literarische Durchbruch.

Vor dem Hintergrund der Niederschlagung des Boxeraufstandes in China hält Kaiser Wilhelm II. die berüchtigte „Hunnenrede".

Baubeginn der Urfttalsperre in der Eifel, der seinerzeit größten Talsperre Europas.

1901

Wilhelm Conrad Röntgen erhält den zum ersten Mal verliehenen Nobelpreis für Physik.

In Elberfeld wird das erste Teilstück der Wuppertaler Schwebebahn für den Personenverkehr freigegeben.

Deutsche Truppen unterdrücken in Kamerun einen Aufstand der Fulbe.

1902

Anlässlich der 200-jährigen Zugehörigkeit Krefelds und der Grafschaft Moers besucht Kaiser Wilhelm II. das Rheinland.

Einführung der Schaumweinsteuer zur Finanzierung der kaiserlichen Kriegsflotte.

In Düsseldorf findet die Industrie- und Gewerbeausstellung, verbunden mit der deutsch-nationalen Kunstausstellung, statt.

1903

Die SPD wird zum vierten Mal in Folge stärkste Partei bei der Reichstagswahl.

▲ *(Seite 16/17)* **Neumarkt, Köln, 27. Januar 1914**
Militärparade auf dem Neumarkt, wenige Monate vor Kriegsbeginn. Es ist die 2. Eskadron des Rheinischen Kürassier-Regiments „Graf Gessler" Nr. 8, die hier zu Fuß paradiert. Der Offizier an der Spitze überlebt, wie viele andere dieser Einheit, die ersten Kriegsmonate nicht.

Das Regiment marschiert am 10. August 1914 in Luxemburg ein und besetzt am 20. d. M. das belgische Bastogne. Aufgrund der zum Stellungskrieg erstarrten Kriegsführung verliert die Einheit ihren Kavallerie-Status und wird in ein Kavallerie-Schützen-Regiment umformiert.

Die oft zitierte Zeile des damals populären Volkslieds „Morgenrot" von Wilhelm Hauff lautet „Gestern noch auf stolzen Rossen, heute durch die Brust geschossen."

▶ **Großer Aufmarsch, Krefeld 1906**
An der Spitze des 2. Westfälischen Husaren-Regiments Nr. 11, auf weißem Ross in der Uniform der Totenkopfhusaren reitend, übergibt Kaiser Wilhelm II die Einheit am 2. April 1906 ihrer neuen Garnison. Wilhelm soll dies mit den Worten getan haben: „Der Stadt habe ich ihre Garnison gebracht und den jungen Damen ihre Tänzer."

In Köln wird das erste Mädchengymnasium Preußens eröffnet; erste Frauenpromotionen an der Universität Bonn.

1904

Der Russisch-Japanische Krieg beginnt mit der Belagerung von Port Arthur.

Bildung der Entente cordiale zwischen Großbritannien und Frankreich.

Aufstand der Herero in Deutsch-Südwestafrika. General von Trotha erlässt den Schießbefehl „Aufruf an das Volk der Herero".

▶ **Marinekongress, Düsseldorf, 1912**
Der Flottenbau war eines der zentralen Aufrüstungsprogramme des Deutschen Kaiserreiches und sollte der Nation in der Zeit der Kolonialreiche den ihr zustehenden „Platz an der Sonne" sichern. Wiederholt kam es zu Besuchen der Torpedobootsdivision auf dem Rhein, was nicht nur Propagandazwecken diente, denn in Kriegszeiten waren die zahlreichen Eisenbahnbrücken über den Rhein zusätzlich durch Torpedoboote der Kriegsmarine zu schützen.

Von der ganzen Sache mit der kaiserlichen Marine haben wir im Übrigen auch heute noch was: die Sektsteuer. Sie wurde am 1. Juli 1902 eingeführt, um hiermit einen Teil der Flottenausgaben zu finanzieren. Dies war auch der Grund, warum auf vielen gesellschaftlichen Anlässen dem Trinken deutschen Sekts als patriotischer Pflicht ausgiebig nachgegangen wurde.

Die übermäßigen Ausgaben für den Flottenbau verhinderten den Vorkriegsjahren die für einen schnellen Sieg im Westen unabdingbare Aufstellung neuer Infanterie-Divisionen. Die Flotte selber blieb während des Kriegs größtenteils im Hafen. Ihr in aller letzter Minute befohlenes Auslaufen, zu einem Zeitpunkt, als der Krieg bereits verloren war, führte zum Kieler Matrosenaufstand und zum Untergang des Kaiserreiches. So wurde der Fetisch Wilhelms zum Werkzeug seiner eigenen Dekonstruktion.

Das Rheinland als Aufmarschgebiet
1891–1913

Marine Kongress Düsseldorf 1912.

1905

Der Russisch-Japanische Krieg endet nach einer Reihe verlustreicher Schlachten im Herbst 1905 mit der Niederlage der russischen Seite.

Meuterei auf dem Panzerkreuzer Potemkin, mit dem Petersburger Blutsonntag beginnt die erste Russische Revolution.

Bergarbeiterstreik im Ruhrgebiet, an dem sich fast 200.000 Kumpel beteiligen.

Die Erste Marokkokrise führt zu verschärften Spannungen zwischen Frankreich und dem Deutschen Reich.

Der Chef des Generalstabs, Alfred Graf von Schlieffen, legt vor seiner Verabschiedung seinen über Jahre entwickelten und immer wieder abgeänderten Angriffsplan in Form einer weiteren Denkschrift nieder.

Das Kraftwerk der Urfttalsperre beginnt mit der Stromlieferung.

1906

Generaloberst von Moltke wird neuer Chef des Generalstabs.

Verlegung des 2. Westf. Husaren-Regiments in die neue Kaserne nach Krefeld.

Beginn des vierjährigen Baus der Südbrücke in Köln.

Mit der britischen HMS *Dreadnought* läuft das erste Großkampfschiff mit Einheitskaliber vom Stapel.

In der Krupp Germaniawerft läuft das erste deutsche U-Boot vom Stapel.

Beim Grubenunglück von Courrières in Nordfrankreich kommen 1099 Bergleute ums Leben. Kaiser Wilhelm II. ehrt die deutsche Rettungsmannschaft in Krefeld.

1907

Beginn des fünfjährigen Baus der Kölner Hohenzollernbrücke als Ersatz für die Dombrücke.

Die Börsenpanik in den USA löst eine Finanzkrise aus.

Beginn der Harden-Eulenburg-Affäre, in deren Verlauf es zum Selbstmord mehrerer als homosexuell geouteter Offiziere kommt.

Bei der sogenannten Hottentottenwahl büßt die SPD Stimmen durch Wahlkreisabsprachen ein, bleibt aber stärkste Fraktion.

Als Konsequenz auf die Marokkokrise fordert der Alldeutsche Verband eine verstärkte Heeresrüstung.

1908

Die Annexion Bosniens und Herzegowinas durch Österreich-Ungarn löst eine europäische Krise aus.

Ferdinand von Bulgarien proklamiert das vom Osmanischen Reich unabhängige Zarentum Bulgarien.

Ein Interview mit Kaiser Wilhelm II. löst die Daily-Telegraph-Affäre aus.

Mädchen erhalten in Preußen das Recht zur allgemeinen Reifeprüfung.

Gründung der Braunkohlengrube „Gewerkschaft Zukunft" in Weisweiler.

Fritz Haber beantragt ein Patent auf sein entwickeltes Haber-Bosch-Verfahren zur Herstellung von Kunstdünger.

1909

Beilegung der Bosnischen Annexionskrise.

Kaiser Wilhelm II. ernennt Theobald von Bethmann Hollweg zum Reichskanzler.

Beginn des Baus strategischer Eisenbahnen in der Rheinprovinz.

1910

Vollendung des Neubaus des Oberpräsidialgebäudes in Koblenz.

Erster internationaler Frauentag in Dänemark, Deutschland, Österreich-Ungarn und der Schweiz.

Nach der vorgestellten Reform des Dreiklassenwahlrechts kommt es in zahlreichen Städten Preußens zur Demonstration

---

▶ *Sedantag in Krefeld, 2. September 1909*
Eine Szene wie aus Heinrich Manns Roman „Der Untertan". Parade am Sedantag in Krefeld. Auf dem Bild steht vor den Honoratioren der Stadt in Ulanenuniform der Veteran der Einigungskriege, Generalfeldmarschall Excellenc Graf Haeseler, Förderer der deutschen Pfadfinderbewegung.

Auf dem kriegswichtigen Bahnhof von Metz war er als Fassaden-Standbild in der Figur des deutschen Roland abgebildet, was sich auf seine Stellung als Gouverneur der Festung Metz bezog. Nach 1918 wurde der Kopf der Statue durch eine neutrale Darstellung ersetzt. Die Wehrmacht stellte 1940 den Urzustand wieder her, nach dem Zweiten Weltkrieg wurde Haeseler ein zweites Mal enthauptet.

Der Bahnhof von Krefeld und der Bahnhof von Metz weisen im Übrigen große architektonische Ähnlichkeiten auf.

▶ *Kaisers Geburtstag, Ehrenbreitstein bei Koblenz, 1907*
Ein anderer, auch nicht offiziell verankerter und daher nicht arbeitsfreier Feiertag, war Kaisers Geburtstag, der, wie hier auf der Feste Ehrenbreitstein, jährlich am 27. Januar begangen wurde. Wie aus dem Datum ersichtlich, hat der Begriff „Kaiserwetter" mit diesem für Open-Air-Feierlichkeiten ungünstig gelegenen Termin nichts zu tun. (Die Redensart stammt angeblich von Wilhelms Vater her, der es vorzog, nur bei Sonnenschein auf Freiluftveranstaltungen zu erscheinen.)

Ehrenbreitstein gegenüber der Moselmündung war seit frühester Zeit eine wichtige Militärbastion. In den ersten Kriegstagen leitete von hier aus Generaloberst von Moltke als Chef des Großen Generalstabs und Kaiser Wilhelm II. als Oberster Kriegsherr den Angriff auf Frankreich.

Nach 1919 sollte die Festungsanlage den Bestimmungen des Versailler Vertrags gemäß geschleift werden, auf amerikanischer Seite war es vor allem General Henry T. Allen („Mein Rheinlandtagebuch"), der dies verhinderte.

Nach weiterer militärischer Nutzung im und nach dem Zweiten Weltkrieg kam es erstmals im Jahr 2011 durch die Bundesgartenschau zu einer bedeutenden zivilen Nutzung.

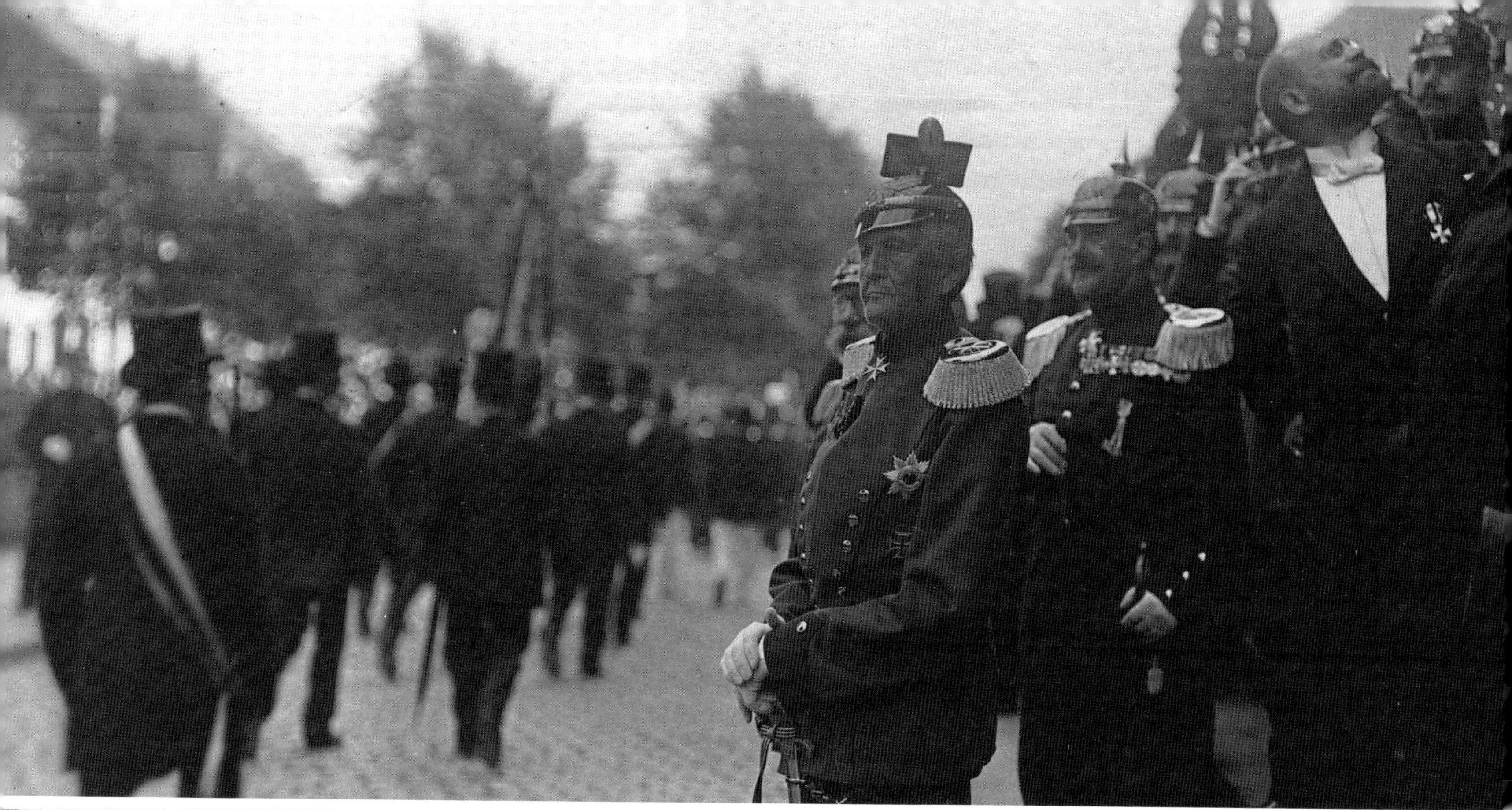

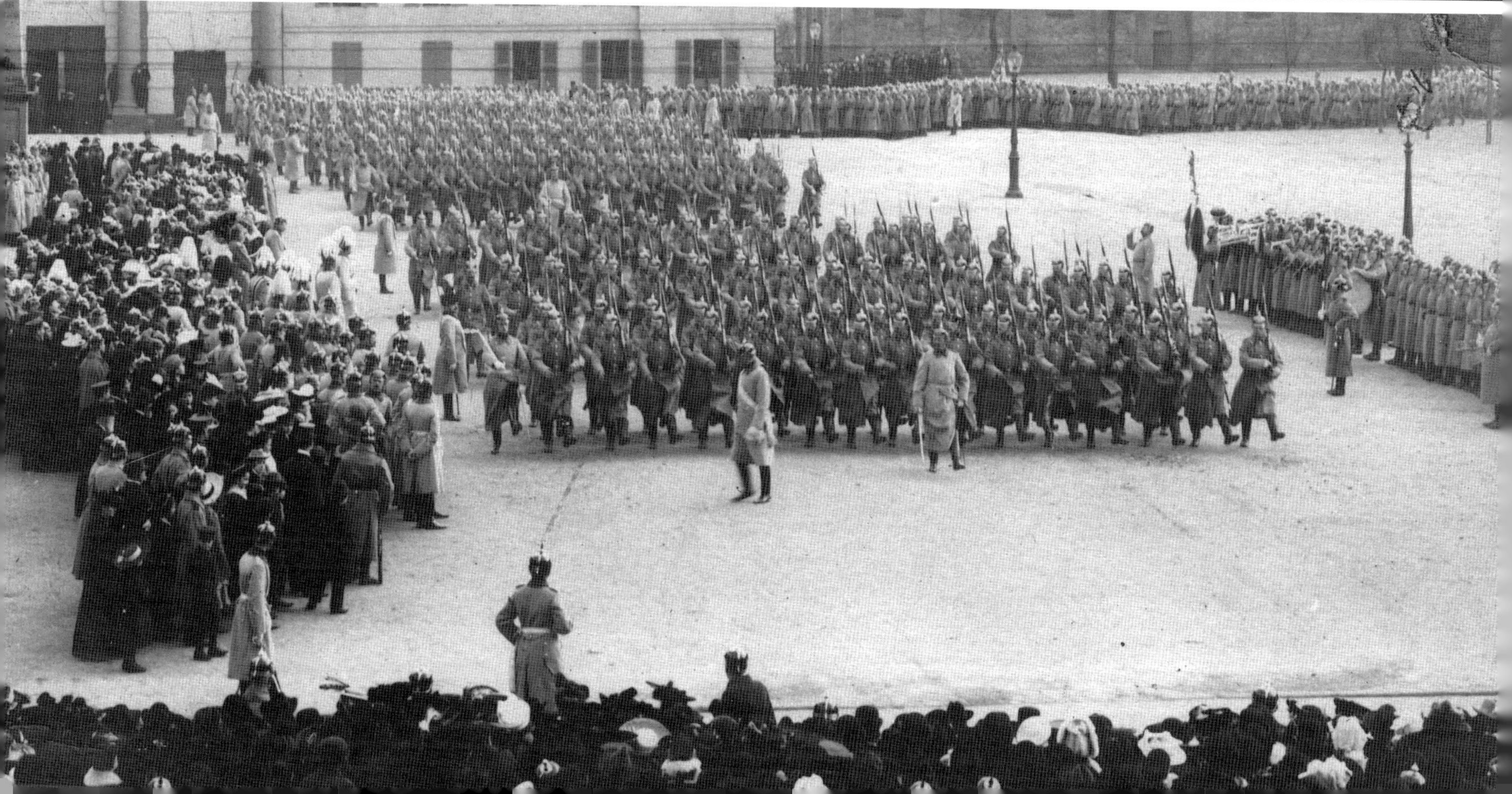

Hunderttausender gegen die Wahlrechtsreform. In einigen Städten kommt es zu Zusammenstößen mit der Polizei.

Eine Volkszählung im Deutschen Reich ergibt die Zahl von 64.925.993 Einwohnern.

1911

Der „Panther-Sprung nach Agadir" des deutschen Kriegsschiffes SMS Panther löst die Zweite Marokkokrise aus.

Am 3. September demonstrieren im Treptower Park bei Berlin ca. 200.000 Menschen für die Erhaltung des Friedens.

Die Firma Krupp stellt die ersten Entwürfe für ein 42cm Mörser Geschütz fertig.

In München wird die erste Ausstellung der von Wassily Kandinsky und Franz Marc initiierten Künstlervereinigung „Der Blaue Reiter" eröffnet.

1912

Im Kunstsalon Friederich Cohen in Bonn findet die erste Einzelausstellung von Bildern von August Macke statt.

Internationale Sonderbundausstellung moderner Malerei in Köln.

Untergang der Titanic im Nordatlantik nach Kollision mit einem Eisberg.

Bei der Reichstagwahl erreicht die SPD 34,8 Prozent der Stimmen.

Im Ruhrgebiet streiken 170.000 Bergarbeiter für eine 15-prozentige Lohnerhöhung. Beim Ausstand wird Militär gegen die Streikenden eingesetzt.

Der Deutsche Reichstag billigt eine neue Flottenvorlage, die u.a. den Bau von 41 Schlachtschiffen und Schlachtkreuzern vorsieht.

Einrichtung einer Kaiserlichen Fliegerstation mit angeschlossener Flugschule auf dem Butzweilerhof in Köln.

Beim Kriegsrat Kaiser Wilhelms II. mit der militärischen Führungsspitze wird über einen zukünftigen Krieg gegen Russland, Frankreich und Großbritannien beraten. Beschließung des Aufmarschplanes West als alleinigen Angriffsplan.

Der Dreibund zwischen dem Deutschen Reich, Österreich-Ungarn und dem Königreich Italien wird um sechs Jahre verlängert.

Italienisch-Türkischer Krieg. Beschießung der Dardanellen, Eroberung von Rhodos und dem Dodekanes durch italienische Truppen.

Gründung des Balkanbundes und Erster Balkankrieg gegen das Osmanische Reich.

1913

Generalfeldmarschall Alfred von Schlieffen stirbt am 4. Januar in Berlin.

Mit dem Londoner Vertrag vom 30. Mai endet der Erste Balkankrieg.

Mit einer gleichzeitigen Offensive Bulgariens gegen Griechenland und Serbien beginnt im Juli der Zweite Balkankrieg.

Am 30. Juni verabschiedet der Reichstag eine Wehrvorlage, die eine stufenweise Aufstockung des Heeres vorsieht.

Im Zuge der sogenannten Zabern-Affäre kommt es zu öffentlichen Protesten.

Die Republik Frankreich beschließt die Wiedereinführung der dreijährigen Dienstzeit.

Errichtung eines Militär-Luftschiffhafens auf der Golzheimer Heide bei Düsseldorf.

▶ *Der Kronprinz in Köln, 1914*

Der Kronprinz besteigt ein Automobil, im Hintergrund die Rampe zur Straßenbrücke der Hohenzollernbrücke.

Vom 9. bis 11. Juni 1914 besucht der Sohn des Kaisers, Kronprinz Friedrich Wilhelm Victor August Ernst von Preußen, die alte Reichsstadt Köln. Die Stadt am Rhein ist nicht nur eine wichtige Garnisonsstadt des preußischen Königreiches, sondern auch eine der mächtigsten Festungsstädte des Rheinlands. Der Militärring im Westen der Stadt erinnert noch heute an diese Zeit, dort sind noch einige Forts, die die Sprengungen von 1919 überstanden haben, zu besichtigen.

Vom Moment dieser Fotoaufnahme sind es kaum mehr als zwei Wochen bis zum Attentat von Sarajevo, bei dem der österreichische Thronfolger Erzherzog Franz Ferdinand und seine Frau ermordet werden.

Der 28. Juni 1914 gilt bis heute als Auftakt zum Ersten Weltkrieg, wobei der Politik während der sich anschließenden Julikrise durchaus Handlungsspielräume blieben. Erst die uhrmacherische Präzision der gegenseitigen Mobilmachungs- und Eisenbahnaufmarschpläne führten zum angeblichen „Hineinschlittern" in einen Krieg, dessen erhoffter siegreicher Ablauf minutiös und über Jahre geplant war.

▶▶ *Parade mit Blasmusik, Hillesheim, Eifel, vor 1914*

Ein Sittengemälde aus der Rheinprovinz am Vorabend des Weltkrieges: Kriegerverein, Honoratioren, Kinder in Matrosenanzügen und Frauen in weißen Kleidern, eine von Patriotismus geschwängerte Szenerie in der Schwüle und Enge einer rheinischen Kleinstadt an einem Spätsommertag. Auf der Mauer links sitzt ein Hund, der sich das alles anschaut.

Angesichts der Jahreszeit und der mit dem Kaiserwappen geschmückten Häuser handelt es sich vermutlich um die Parade anlässlich des Sedantages, der jährlich in Erinnerung an den großen Sieg über das Kaiserreich Frankreich abgehalten wurde. (Die Schlacht am 2. September 1870 war zwar ein großer militärischer Sieg, der Kampf im „Volkskrieg" gegen die Französische Republik und der Guerillakrieg der Francs-tireurs dauerten allerdings bis Februar 1871 an).

Interessanterweise nie zum offiziellen Feiertag ausgerufen, gab es für die Durchführung des „Sedantags" zum Beispiel vom Rheinisch-Westfälischen Provinzialausschuss klare Ablaufregeln. Die Feierlichkeiten sollten am Vortag mit dem Absingen patriotischer Lieder und dem Abbrennen von Freudenfeuern begangen werden. Der eigentliche Tag begann dann mit Umzügen wie diesem zur Kirche und sollte, nach abermaligem Absingen vaterländischer Lieder („Wacht am Rhein" etc), am Abend im harmonischen Familienkreis enden.

Eine besonders anschauliche Darstellung dieses wichtigen Tages im Leben eines kaisertreuen Deutschen findet sich in „Der Hauptmann von Köpenick".

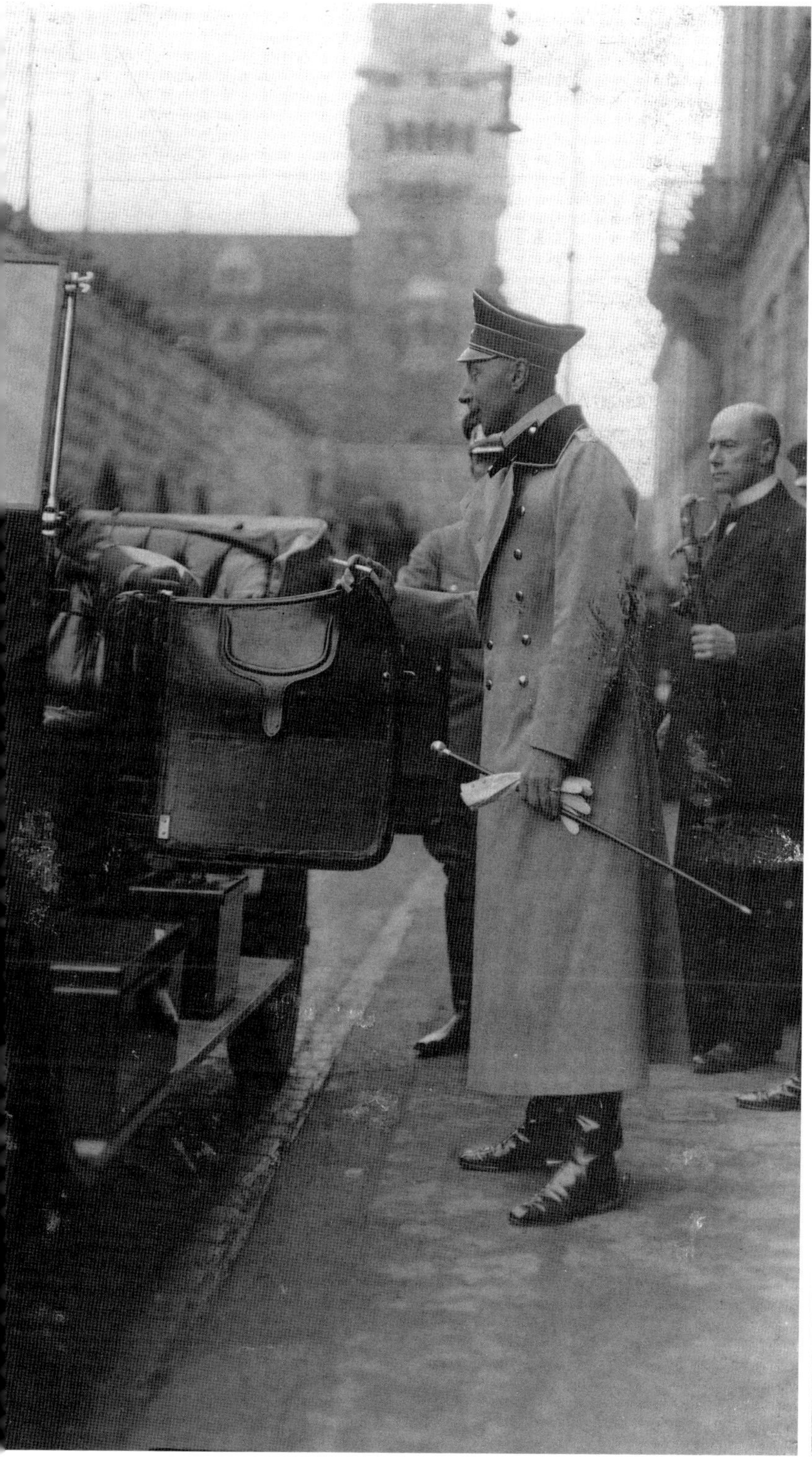

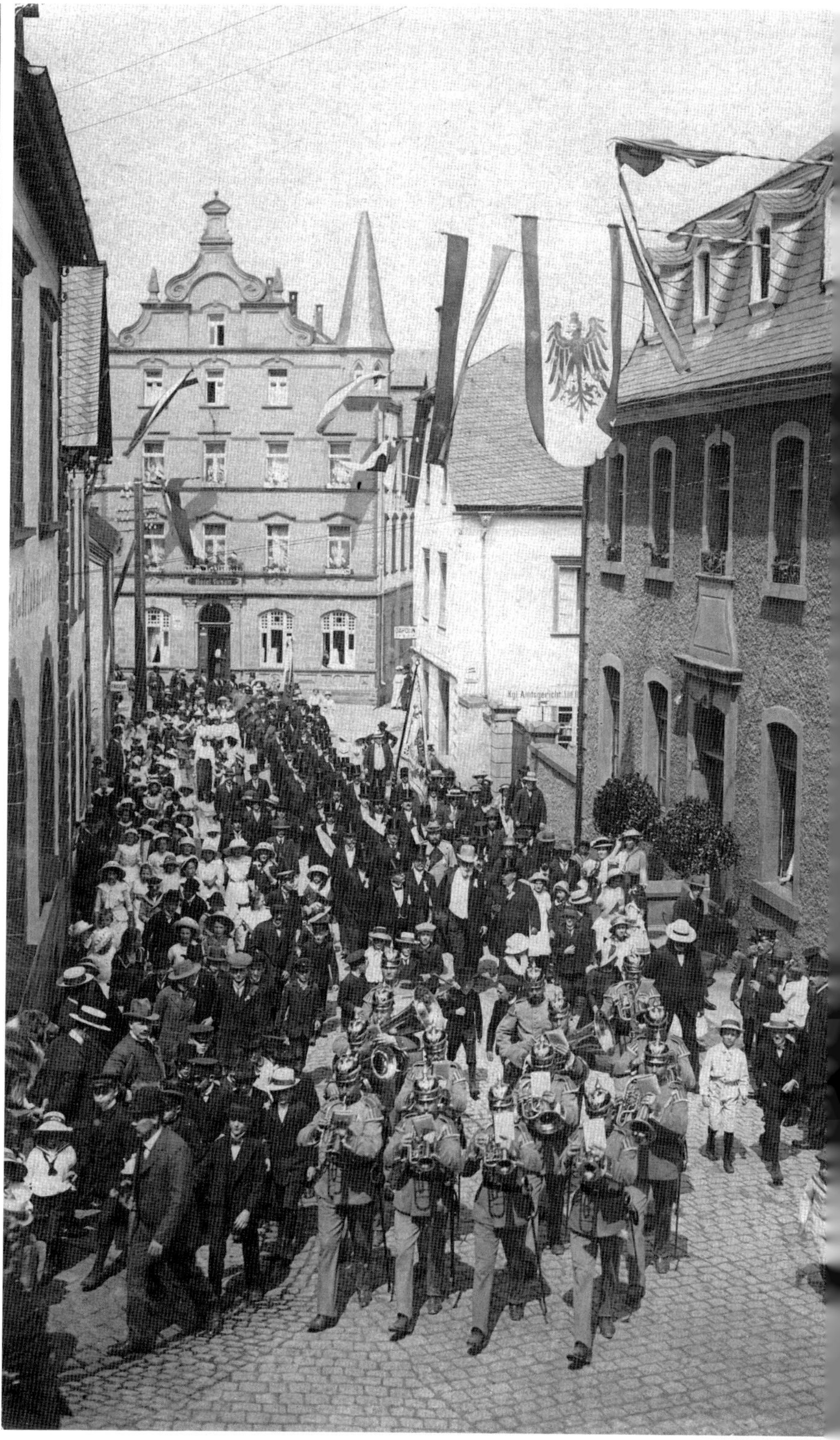

Einweihung des Völkerschlachtdenkmals in Leipzig im Beisein von Wilhelm II. und weiterer deutscher Fürsten. Es erinnert an die Entscheidungsschlacht von 1813 während der Befreiungskriege.

Baubeginn der Deutzer Rheinbrücke in Köln.

König Albert I. lehnt bei einem Besuch in Berlin gegenüber Kaiser Wilhelm II. und Generalstabschef Helmuth von Moltke ein Engagement zu Gunsten Deutschlands im Kriegsfall ab und bekräftigt Belgiens Neutralität.

Das Eisenbahnnetz im Deutschen Kaiserreich wurde seit dem Jahre 1900 um 11.300 Streckenkilometer erweitert.

▲ Ehrendamen, Krefeld, 20. Juni 1902

An diesem Tag nimmt eine Legende ihren Lauf, die bis heute nicht zu stoppen ist. Angeblich habe sich eine der auf diesem Bild abgebildeten Ehrendamen, nachdem der Kaiser die Schönheit der Krefelder Frauen gerühmt hatte, ein Herz gefasst und S.M. angesprochen. Man habe, im Gegensatz zu den Düsseldorfer Freundinnen, auf Krefelder Bällen keine geeigneten Tanzpartner, da nur einfache Infanterie vor Ort läge, in Düsseldorf dagegen schneidige Kavallerie-Offiziere. Wilhelm II. soll daraufhin die sofortige Verlegung des 2. Westfälischen Husaren-Regiments Nr. 11 von Düsseldorf in die Seidenstadt befohlen haben, deren Kavalleristen fortan von ihren Kameraden spöttisch „Krefelder Tanzhusaren" genannt wurden. Der Fall erregte die Öffentlichkeit und die oppositionelle Politik, die hierin eine Sektlaune des Kaisers sahen, einigen Damen eine Gefälligkeit zu erweisen. Selbst die internationale Presse bis nach Amerika berichtete darüber.

In Wirklichkeit war die Verlegung des Regiments längst beschlossene Sache, da im Rahmen des Schlieffen-Plans die dafür bestimmten Vorauseinheiten nach und nach westlich des Rheins verlegt wurden. Tatsächlich spielte das Krefelder Kavallerie-Regiment bei Kriegsausbruch eine entscheidende Rolle, denn ihre Sichtung am Morgen des 4. August 1914 bei Franchorchamps und Spa führte zur unmittelbaren Kriegserklärung des die Neutralität Belgiens garantierenden Britischen Empire.

Das Datum 18.8.04 bezieht sich auf den Postkartenschreiber, der diese Karte in die USA schickte.

▶ Ritterspiele, Schloss Burg, vor 1914

Ritterspiele, die heute auf jedem Marktplatz mit mindestens drei alten Ziegeln stattfinden, waren auch schon im Kaiserreich populär. Mit ihnen ließ sich die Größe deutscher bzw. germanischer Geschichte präsentieren. Sie fanden oft zu nationalen Anlässen oder der Einweihung restaurierter und wiederaufgebauter mittelalterlicher Burgen, wie hier bei Solingen, statt.

Nachdem zur Zeit der Befreiungskriege historische Figuren wie Hermann oder Roland Hochkonjunktur hatten, wurden sie nach dem Erfolg des wagnerianischen Nibelungen-Epos zunehmend durch mythologische Figuren verdrängt.

Während einer der zahlreichen Krisen der Vorkriegszeit, diesmal war es die Bosnienkrise des Jahres 1909, sprach der Reichskanzler von Bülow erstmals und offiziell von der „Nibelungentreue", mit der das Deutsche Reich zu seinem Bündnisgenossen, dem Kaiser- und Königreich Österreich-Ungarn, stehe. Bekräftigt und ausgeübt wurde sie durch den Kaiser unmittelbar nach dem Attentat von Sarajewo und trug somit entscheidend zum Kriegseintritt bei.

Namen der Nibelungensage spielten im Ersten Weltkrieg eine wichtige Rolle. Das unbedingte Kriegsziel war der „Siegfrieden", die Verteidigungslinien hatten Namen wie Siegfried- oder Brünhild-Stellung, das Rückzugsunternehmen und die damit einhergehende Zerstörungsorgie an der Somme trug den Decknamen „Operation Alberich".

Noch im Herbst 1918 nannte Kaiser Wilhelm II. Generalfeldmarschall Ludendorff den „Siegfried unserer Zeit". Vielleicht war das der erste Tipp Richtung Dolchstoß-Legende, den der oberste Quartiermeister damit erhielt, denn schließlich wurde Siegfried an seiner verwundbarsten Stelle rückwärts mit dem Speer ermordet.

▶ Rheinpreußen, Moers, Niederrhein, ca. 1910

Zechen und Stahlschmieden sind das Wahrzeichen der wirtschaftlich stärksten Region des Deutschen Kaiserreiches, dem Ruhrgebiet, das in der Westfälischen Provinz und der Rheinprovinz liegt. Bis weit an den Niederrhein haben sich die Kohlegruben Anfang des 20. Jahrhunderts herangeschoben. Hier ist, neben den „Schlotbaronen" Thyssen und Hoesch, mit Krupp der Sitz der größten Waffenschmiede der Nation.

Nach der Ablehnung der neuen Machthaber am Rhein, die im „Kulturkampf" der 1870er gipfelt, springen Ende des Jahrhunderts immer mehr Rheinländer auf den Preußen-Zug, statt sich von ihm überrollen zu lassen. Rheinpreußen ist der Name der Stunde, Fußball- und Sportvereine nehmen die Bezeichnung „Borussia" (für Preußen) in ihren Titel auf.

▶▶ Parade vor dem Kaiser-Wilhelm-Museum, Krefeld, 1902

Anlässlich der 200-jährigen Zugehörigkeit Krefelds zu Preußen besucht Kaiser Wilhelm II. die für ihre Seidenfabrikation berühmte Stadt. Die zu seinen Ehren abgehaltene Militärparade findet auf dem Westwall statt, Honoratioren und Ehrendamen stehen auf der Treppe des nach dem Großvater des amtierenden Kaisers benannten Kaiser-Wilhelm-Museums. Das Datum links unten bezieht sich auf den Postkartenschreiber, der diese Karte 1915 an seinen Freund an der Westfront schreibt.

Scheinbar hatte der Fotograf an diesem Tag keine gute Hand. Ausgerechnet Seine Majestät stehen justemang hinter dem linken Baum, während Kaiserin Auguste Viktoria als die Frau mit dem Blumenstrauß in der Hand gut erkennbar ist.

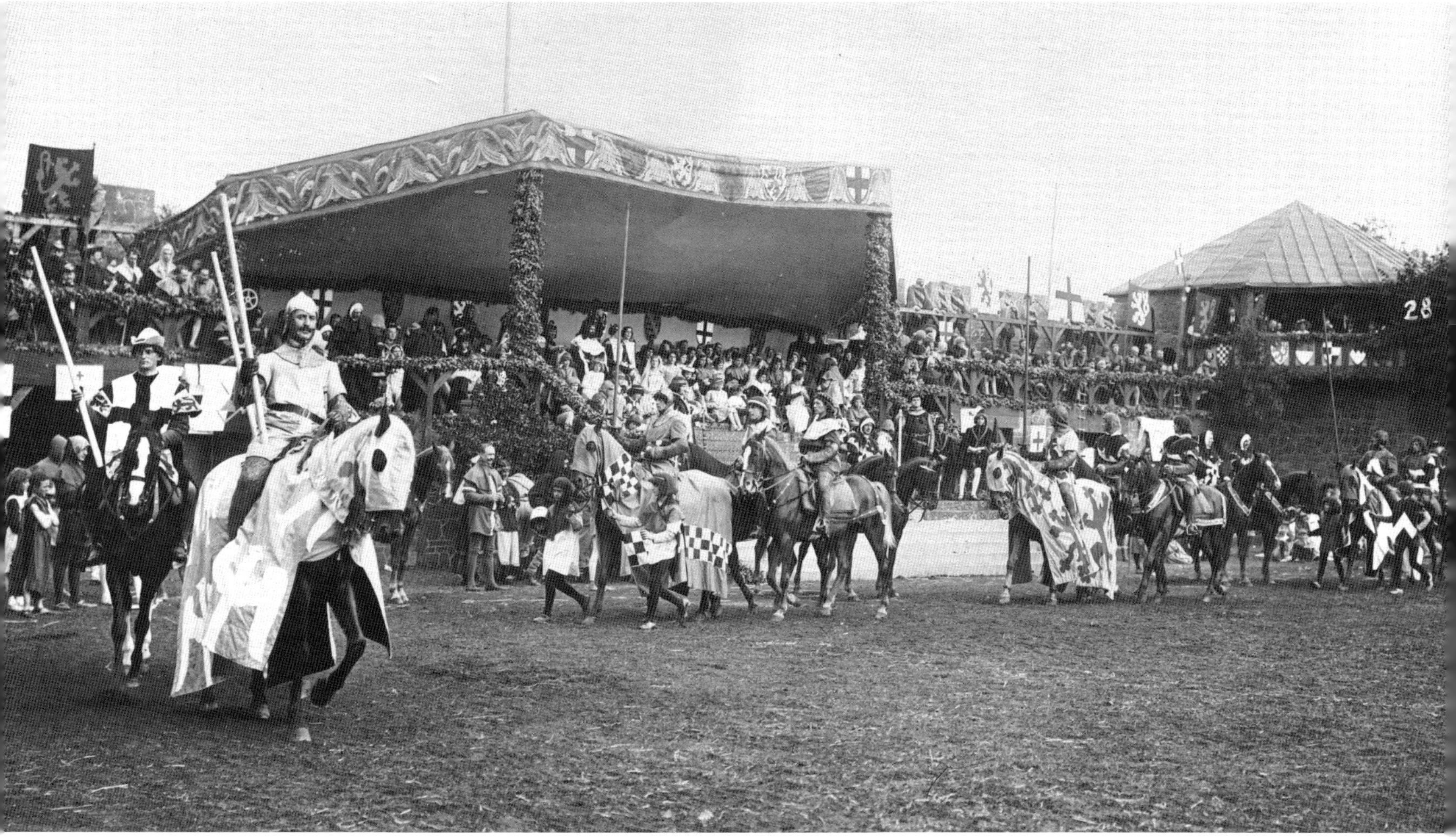
28

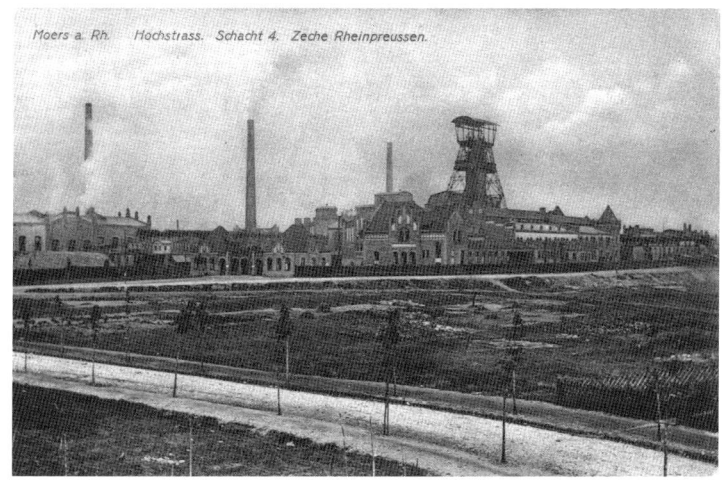

Moers a. Rh. Hochstrass. Schacht 4. Zeche Rheinpreussen.

L'empereur à Crefeld Le musée
Crefeld, le 12°/3° 15
Lieber Gustav!
Aus der Heimat sendet dir herzlichsten Grüße Walter. Hier geht es noch ganz gut und hoffe von dir das gleiche. Bin noch immer in Crefeld.
Auf Wiedersehn!

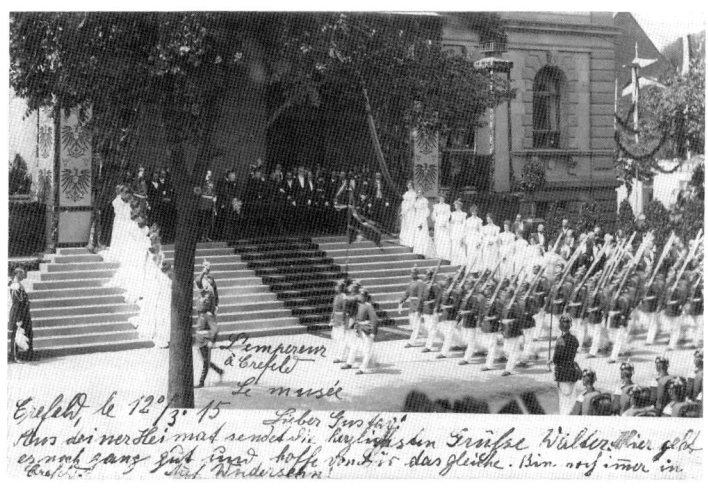

Das Geheimnis der Eifel

Ich hatte sechs Jahre in Hamburg gelebt, es war schön dort, ich hatte Erfolg, aber dann wurde es mir zu kalt und ich zog zurück ins Rheinland, nach Köln. Ich wohnte sechs Jahre in der Friesenstraße, das war mitten drin, gegenüber war das Brauhaus Päffgen. Dann wurde es mir zu laut und ich zog 1994 weg, auf's Land, an den Rand der Eifel. Meine Freunde aus dem Friesenviertel garantierten mir eine reumütige Rückkehr nach vier Wochen. Ich blieb und lebe hier seit nunmehr zwanzig Jahren. Manchmal besuchen sie mich.

Ich begann, die Bördelandschaft, die Voreifel, die Eifel und das Hohe Venn für mich zu entdecken. Ich beschäftigte mich mit ihrer Geschichte. Ich fand den Krieg wieder, im Hürtgenwald, wo ab Herbst 1944 die US-Armee feststeckte und hohe Verluste erlitten hatte. „Verluste", so heißt es bis heute. Es waren Tote und abertausende Tote auf beiden Seiten gewesen. Ich schrieb als Autor zwei Filmdokumentationen über den Hürtgenwald, richtete für die Gemeinde Wanderwege ein und bildete Gästeführer weiter. Im Hintergrund stand und steht die Stiftung, die mein Vater kurz vor seinem Tod ins Leben rief, und die das Andenken an ihn weiterträgt. Ich baute sie auf und füllte sie mit Inhalt.

Und wieder hatte ich Fragen und wieder suchte ich nach Antworten. Der Krieg war nicht vom Himmel gefallen. Er war nicht „ausgebrochen". Der Ami stand nicht grundlos plötzlich vor der Tür. Hier war keine Heimat verteidigt worden. Hier hatte ein verbrecherisches Regime seine letzten Reserven mobilisiert, damit ihr *Führer* seine erbärmliche Existenz verlängern konnte. Es endete, wie wir wissen, im Untergang, mit der totalen Zerstörung und dem millionenfachen Tod. Warum, so fragte ich, konnte man diese einfache Tatsache nicht sagen? Der Krieg hatte hier stattgefunden. Der Angriff auf die neutralen Benelux-Staaten im Mai 1940 war von hier ausgegangen. Der letzte Akt hatte hier begonnen, am 11. September 1944. Hier, in der Eifel.

Ich musste tiefer graben und ich ging in die Wälder und suchte. Ich stand vor den zugewachsenen Bunkern des Westwalls. Ich stand vor harmlosen Garagentoren, hinter denen sich die Wahnwelt des Kalten Krieges öffnete. Orte, in denen Auserwählte glaubten, das Höllenfeuer zu überleben. Ich dachte an Dr. Seltsam und wie er lernte, die Eifel zu lieben – als letztes Refugium. Ich fand amerikanische Startbahnen und belgische Raketenstationen und den Bunker der Bundesregierung. Jede Schraube, die aus dem Waldboden ragte, begann mir eine Geschichte zu erzählen. Von den Startrampen der V2-Raketen, die sich hier gegen Ende des Zweiten Weltkriegs befanden. Die V2 war eine Waffe, bei deren Produktion mehr Menschen in den

Der Bruder des Kronprinzen, Prinz Wilhelm Eitel Friedrich Christian Karl von Preußen besucht den Schießplatz Wahn. Der Truppenübungsplatz wurde seit den 1820er Jahren vom preußischen Militär genutzt und ständig erweitert. Bereits im Krieg 1870/71 war hier ein französisches Kriegsgefangenenlager, vor dem Ersten Weltkrieg war Wahn einer von drei Schießplätzen der Fußartillerie im Deutschen Reich. Der Name der Waffengattung bedeutete eigentlich nur, dass die Kanoniere zu Fuß unterwegs und eben nicht beritten waren, allerdings verfügten sie über schwerere Geschütze, die vor allem bei Belagerungen verwendet wurden. Man kann sich vorstellen, dass man die ständigen Schießübungen bis weit über Köln hinaus gehört hat.

Im Ersten Weltkrieg wurden die Fußartillerie-Regimenter auf Heeresgruppen und Armeen aufgeteilt. Der Truppenübungsplatz diente weiter als Artillerieschießplatz für die Ausbildung neuer Kanoniere. Auf dem Gelände war außerdem ein großes Kriegsgefangenenlager (siehe Kapitel Heimatfront).

▶ *Ausstellungshalle der Fa. Krupp in Düsseldorf, 1902*
Vor der Ausstellungshalle der Firma Krupp auf der Industrie- und Gewerbeausstellung in Düsseldorf präsentiert die Rüstungsfirma den neuesten Stolz der Deutschen Flotte, das Kanonenboot „Panther".

1911 löst dieses von Kaiser Wilhelm II. nach Agadir entsandte Kanonenboot die Zweite Marokkokrise aus, auch als „Panthersprung nach Agadir" bekannt. Europa steht, nach Jahrzehnten der Prosperität, plötzlich am Rande eines großen Krieges.

Überall in Europa demonstrieren Pazifisten und Sozialisten gegen die drohende Kriegsgefahr, bei einer Kundgebung der SPD am 3. September 1911 sollen sich im Treptower Park mehr als 200.000 Menschen versammelt haben. Laut „Vorwärts" vom 4. September 1911 soll dies die größte Demonstration gewesen sein, die die Geschichte je gesehen habe.

▶ *Friedrichsfeld bei Wesel, 1914*
Ein anderes beliebtes Fotomotiv jener Jahre war der Flug in einem animierten Pappflieger, wie diese Herren am Truppenübungslager Friedrichsfeld bei Wesel demonstrieren.

Das Gelände südlich von Wesel diente schon zu Zeiten Friedrichs des Großen als Truppenübungsplatz und wurde 1870 Truppenlager. In der Zeit des Deutsch-Französischen Kriegs 1870/71 war es außerdem Lager für etwa 5000 französische Kriegsgefangene, in der Kaiserzeit neben Wahn und Elsenborn das größte Übungsgelände der Rheinprovinz und Garnison verschiedener Regimenter.

▶ ▶ *„Der Mai ist gekommen", Elsenborn, Eifel, 1. Mai 1909.*
In den 1890er Jahren suchte das preußische Militär nach einem weiträumigen neuen Truppenübungs- und Schießplatz für die im Rheinland stationierten Regimenter und wurde an einem der unwirtlichsten Orte der Eifel fündig, dem über 600 Meter hoch gelegenem Hohen Venn.

Gründe waren neben der Abgeschiedenheit vor allem die gute Eisenbahnanbindung über die Vennbahn. Noch vor dem Ersten Weltkrieg wurde das Lager über die Vennquerbahn und die Eifelquerbahn direkt nach Koblenz an den dortigen Sitz des Armeeoberkommandos angeschlossen.

Zum traditionellem Erinnerungsfoto steht in der Regel mittig, wie auf diesem Bild, ein uniformierter Schneemann, manchmal auch in Ermangelung echten Schnees (also eher selten) einer aus Pappe.

„Oh Elsenborn, tief in der Eifel, dich schuf nicht Gott, dich schuf der Teufel" steht auf dem linken Schild. Ein anderer beliebter Spruch, auch als Lied, war „Oh Elsenborn, oh Elsenborn, Dich schuf der Herr in seinem Zorn".

Torpedoboot Sleipner   Kanonenboot Panther

Industrie- u. Gewerbe-Ausstellung, Düsseldorf 1902

Se. Kgl. Hoheit Prinz Eitel Friedrich während seines Besuches auf dem Schiessplatz Wahn.

85825 Verlag von Fr. Schneider, Photogr., Wahn (Rhld.) 1904.

Frühlingswochen
Elsenborn
Mai 1909

Der Mai ist gekommen
Die Bäume schlagen aus
Elsenborn
1909

Der Mai ist gekommen
Elsenborn
1.5.1909.

unterirdischen Produktionsstätten in Thüringen ums Leben kamen, als bei ihrem Einsatz. Eine der V2- Raketen, aus der Eifel am 16. Dezember 1944 abgeschossen, traf das vollbesetzte Cinema Rex auf der Keiserlei in Antwerpen und tötete 567 Menschen. Bis Kriegsende kamen 3200 Stück zum tödlichen Einsatz. Auch die V1 wurde von hier abgeschossen. Sie wird noch heute im Volksmund „Eifelschreck" genannt, was harmlos und nach Silvesterfeuerwerk klingt. Aber auch sie war tödlich.

Ich fand Relikte aus der Zeit des Kalten Krieges, als ich als Wehrpflichtiger bei der Bundeswehr war und froh war, dass nichts anbrannte und heiß wurde. Ich fand Relikte aus der Zeit des Dritten Reiches, als die Ordensburg und die Bunker und die Höckerlinie gebaut wurden. Dann ging ich weiter in die Wälder und dann fand ich ihn wieder. Karls Krieg. Der Krieg meines Großvaters. Der Erste Weltkrieg. Auch er hatte hier begonnen, in den Wäldern der Eifel.

Wer in die Eifel will, der muss das schlechte Wetter mögen. Der muss es aushalten, wenn noch im Mai Schneeschauer durchs Hohe Venn ziehen und an manchen Tagen im Frühling die Nebelschwaden in den Wäldern hängen, so als habe man den Geruch von Weihnachtsplätzchen in der Nase und als stünde der Winter vor der Tür. Dann, wenn der Wind durch die Fichtenwälder rauscht.

Die Fichte, der Prüßeboom, der Baum, den es hier bis vor 200 Jahren gar nicht gab. Damals war die Eifel als Wirtschaftsraum am Ende. Die arme Eifel, das Preußisch-Sibirien, wie es immer wieder und in jedem Reiseführer steht. Natürlich war die Eifel arm, damals, nachdem sie zur preußischen Rheinprovinz kam. Aber sie war es nicht immer. Sie war ein wichtiger Verkehrs- und Wirtschaftsraum. Sie war durchzogen von einem Netz gut ausgebauter Straßen, damals, als die Römer zwischen der CCAA, der *Colonia Claudia Ara Agrippinensium* und Rom hin und her pendelten. Nicht Rom am Tiber, sondern Roma Secunda, dem zweiten Rom an der Mosel, das die römische Hauptstadt gegen Ende des Imperiums als Zentrum ablöste und in dem der letzte Kaiser, Konstantin, das Licht ausmachte – Trier.

In der Eifel wurde Erz abgebaut. Es war gutes Erz mit einem hohen Eisengehalt. Es war waffenfähiges Erz. Die Römer bauten die Erze ab, Eisen und Blei, und verhütteten und bearbeiteten sie vor Ort. Viele Ortsnamen sprechen noch heute die Sprache der alten Industriegeschichte bis zum Mittelalter: Bleibach, Rotbach, Eiserfey, Schmidtheim, Zweifallshammer.

Das Erz bleib lange eine gute Einnahmequelle der Bewohner der Eifel. Der Dreißigjährige Krieg beendete die Blüte. Die Franzosen brachten sie mit dem Code Civil und den bürgerlichen Freiheiten und ihrer Wirtschaftsideologie zurück. Napoleon brauchte Eisen. Die Deutschen sangen „Der Gott, der Eisen wachsen ließ, der wollte keine Knechte". Aber das sangen sie erst, als die wenigen, die es überlebt hatten, vom Marsch der

Grande Armee nach Moskau zurückgekehrt waren, die Seiten wechselten und die Befreiungskriege begannen. Napoleon endete in Waterloo. Die Eifel wurde preußisch.

1815 war die Eifel am Ende. Die Erzlagerstätten waren immer tiefer im Berg zu suchen. Das Buchenholz war nicht mehr da, denn die Buchen waren weg. Sie waren abgeholzt und zu Holzkohle verköhlert worden. Es hatte ein gigantischer Raubbau an der Natur stattgefunden. Die Preußen übernahmen eine baumlose Hochebene, die die Offiziere Wellingtons an die schottischen Highlands erinnerte. Die Hänge begannen zu rutschen, Erosion setzte ein. Die Preußen brachten ihre Fichte mit, und sie begannen mit der Wiederaufforstung.

Die Eifler waren bitter arm. Die Wirtschaftsströme änderten sich, es gab neue Zollgrenzen. Zehntausende wanderten aus, in die entstehenden Ballungsräume. Die meisten aber in die neue Welt, in die Freiheit, nach Amerika. Am Missouri gibt es heute mehr Amerikaner Eifler Abstammung als Eifler in der Eifel. Die Population mancher Eifeldörfer und Städtchen wie Kronenburg halbierte sich in nur zwei Generationen.

▶ *Die „Krefelder Tanzhusaren", Portraitfoto, 1913*
Husaren des 2. Westfälischen Husaren-Regiment Nr. 11 posieren Anfang September 1913 für ein Foto, das an ihre Reserveübung erinnern soll.

Reserveübungen waren eine willkommene Flucht aus den starren Regeln des Berufsalltags und einem Leben ohne Fernreisen und Kurzurlaub auf Mittelmeerinseln. In einer reinen Männerwelt versprachen sie Abenteuer, Kumpanei und lockten mit Trinkgelagen nach Dienstschluss.

Für die zivile Welt war der Status eines Reserveoffiziers unerlässlich, da – wie es Heinrich Mann im „Untertan" zutreffend beschrieb – der Mensch in jener Zeit beim preußischen Leutnant anfing.

Ein Kaufmann konnte noch so reich sein, die alles entscheidende Frage „Haben Sie gedient?" entschied innerhalb von Sekunden über den gesellschaftlichen Rang. War man Offizier der Reserve und kannte Vorgesetzte, die das Gegenüber auch kannte, war man dagegen schnell auf Augenhöhe, ergab sich in Floskeln wie „tolle Sache, tadellos, etc. pp." und war sich unbedingt einig, dass man als Deutscher nur Gott fürchte und sonst nichts auf der Welt.

▶ *„Lustige Stube 145", Truppenlager Elsenborn, Eifel, Winter 1913*
Nicht so schön war es dagegen, einfacher Rekrut in der „Schule der Nation" zu sein und zwei Jahre (gegenüber dem einjährigen freiwilligen Dienst der Offiziersanwärter) seines Lebens schikanierenden Unteroffizieren ausgeliefert zu sein.

Obwohl das Deutsche Reich seit der Ersten Marokkokrise 1905 entschieden aufrüstete, wurden auch noch kurz vor dem Ersten Weltkrieg nur die Hälfte der wehrfähigen Männer eingezogen, während die französische Armee 72% der Männer zum Militär einzog und dort die Wehrpflicht auf drei Jahre erhöht wurde.

Der Grund für die deutsche Zurückhaltung lag tatsächlich in der Angst vor der Sozialdemokratie und einer damit verbundenen drohenden Demokratisierung der Armee, sollten mehr Männer aus den Ballungsgebieten zum Beispiel an Rhein und Ruhr oder anderen großen Städten eingezogen werden. Diese Rekrutierungspraxis gibt auch einen Hinweis auf die soziale und geografische Zusammensetzung der Regimenter vor 1914.

1913.
Zur Erinnerung
an unsere Übung
bei der II. Esk. Hus. 11

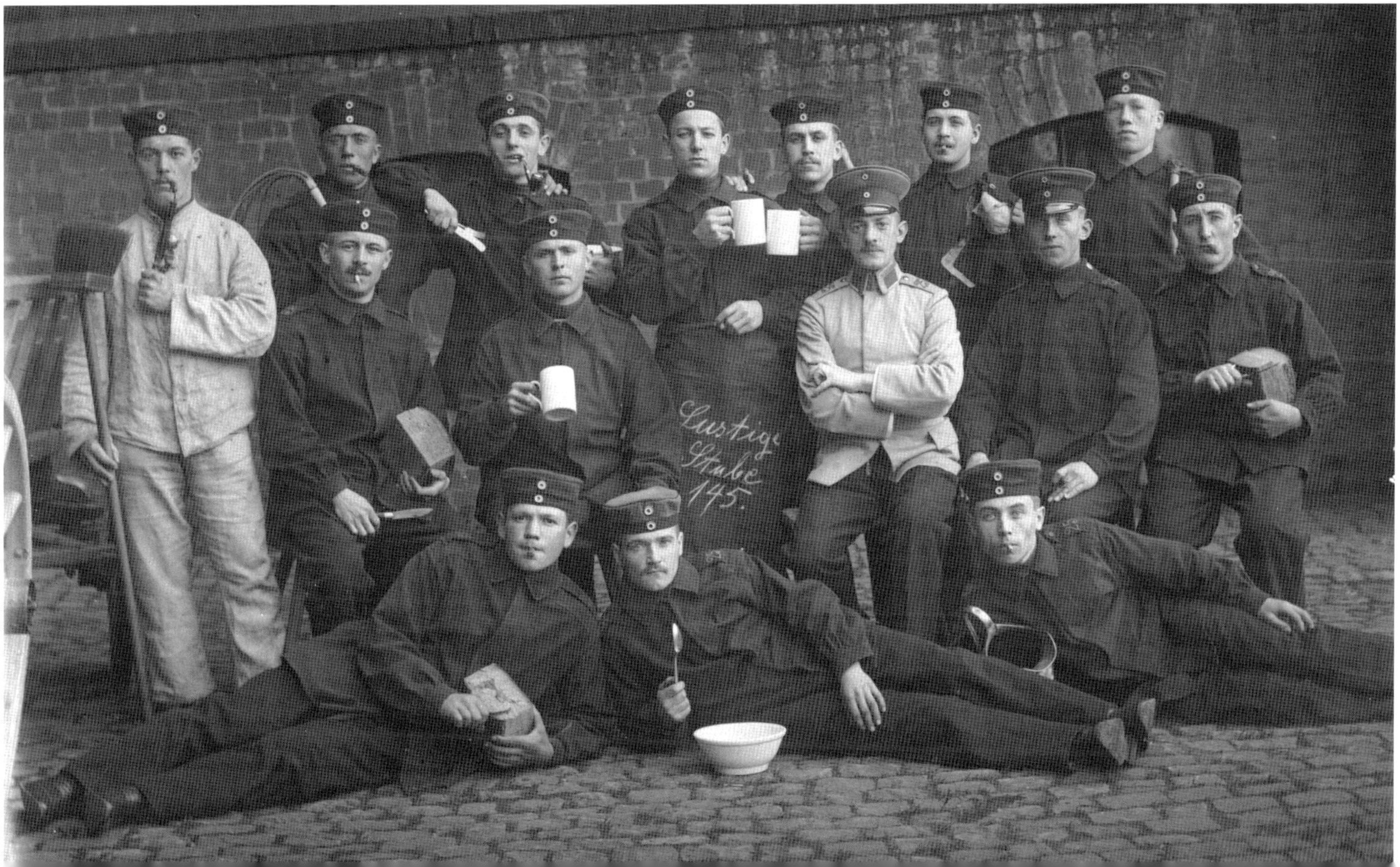

Lustige
Stube
145.

Es gab Notstandsprogramme. Die Eifler Industrie, die noch da war, im Schleidener Tal, in Kall und Jünkerath, forderte die Eisenbahn. Die Eisenbahn war aber eine private Veranstaltung und nannte sich „Rheinische Eisenbahn Gesellschaft". Wer investiert, der will Gewinn. Die paar Waren aus der Eifel warfen das nicht ab. Die Sache mit dem Eisen lief jetzt anders. Die Engländer hatten die Kokskohle erfunden. Fette Kohle wurde zu einem Kuchen gebacken und dann war sie schwefelarm und man konnte billig und schnell Eisen und Stahl herstellen. Der deutsche Markt wurde mit billigem Eisen und Stahl aus England überschwemmt. Die Eifler Eisenindustrie ging pleite, an Rhein und Ruhr stiegen die Schlotbarone kometenhaft in den Wirtschaftshimmel, Krupp, Thyssen, Hoesch. Sie hatten die Kohle und sie wusste auch, wie man Koks macht.

Dann kam die Eisenbahn doch noch. Sie fuhr von Köln über Düren und Zülpich nach Euskirchen und bis Kall. Da war Ende.

Bismarck änderte 1870 eine Depesche aus Bad Ems und empörte Napoleon III. Der fiel drauf rein und erklärte den Krieg. Die Bayern und Württemberger standen an der Seite des Norddeutschen Bundes und sie gewannen den Krieg, den man den deutsch-französischen, oder *Siebzigeinundsiebzig* nannte. Sedan, Metz, die Belagerung von Paris, die Gründung des Kaiserreichs im Spiegelsaal von Versailles. Mit dem Frieden von Frankfurt fand die größte Demütigung Frankreichs statt, die gewollte Basis für die deutsch-französische Erbfeindschaft. Ein äußerer Feind schweißt die Bevölkerung im Innern zusammen. Die preußischen Militärs wussten, dass es irgendwann wieder Krieg geben würde, sie planten ihn und irgendwann wollten sie ihn auch. Sie warteten nur darauf, dass Bismarck mit seiner Diplomatie, die auf der Saturierung des Deutschen Reiches basierte, entfernt würde. Solange konnten sie warten.

Dann war er weg. Andere Kräfte übernahmen, die Bellizisten, die Pangermanen, die Alldeutschen. Die Aufrüstung begann, das Flottenprogramm, und – nachdem man sich aus eigenem diplomatischem Unvermögen hatte einkreisen lassen – der Plan, wie ein Zweifrontenkrieg doch noch zu gewinnen wäre: der Schlieffen-Plan. Eigentlich kein Plan, eher eine Denkschrift, zigmal abgeändert und vom Nachfolger Schlieffens, dem jüngeren Moltke, ganz anders ausgeführt, als eigentlich gedacht. Ein fülliges Thema für Militaristenstammtische, für Sandkastenspiele, für Hobbystrategen. Er hätte so funktionieren können, man hätte ihn so ausführen müssen – was soll es? Er hat nicht funktioniert. Deutschland hat Frankreich im August 1914 nicht besiegt und es hat den Krieg verloren. Das ist der Fakt.

Aber jetzt, 1871, war der Krieg gegen Frankreich gewonnen, und man hatte neue Wirtschaftsräume erobert, Lothringen, mit seinen großen Erz- und Kohlevorkommen. Und deswegen baute man die Eisenbahn durch die Eifel, von Köln nach Trier und dann weiter nach Metz, nur deswegen. Man baute die Venn-

bahn vom Aachen-Stolberger Revier durch das bis zu 700 Meter hoch gelegene Venn, und man baute sie, um das Erzbecken der Minette in Luxemburg anzuschließen. Luxemburg, das war in Zollunion mit dem Deutschen Reich verbunden und führte einen innerdeutschen Handel.

▶ *Artilleristen, Elsenborn, Eifel, vor 1914*
Nicht nur durch die Trains und Protzen, auch durch die runde Kugelspitze auf dem Lederhelm lassen sich diese Soldaten bei einer Übung in Elsenborn als Artilleristen erkennen.

Die für das preußische Militär so typische Pickelhaube, bis heute weltweit ein Symbol des Militarismus, diente durch die Metallspitze auf der Lederhaube den Soldaten als Schutz vor feindlichen Säbelhieben. Sie wurde in den Grabenkämpfen des Ersten Weltkriegs schnell nutzlos und ab 1916 schrittweise durch den Stahlhelm M1916 ersetzt.

Dessen leicht abgeänderte Form in der Zeit des Zweiten Weltkriegs wurde zu einem weiteren Symbol deutschen Militarismus. Nachdem die neu gegründete Bundeswehr alle Anspielungen auf dieses Modell unbedingt vermied und die alte Stahlhelmform nur noch bei freiwilligen Feuerwehren sowie beim Grenzschutz Verwendung fand, entdeckte die US-Armee in den 1980er Jahren die deutsche Wehrmachtsform für ihre Zwecke wieder. Dieses US-Modell, heute noch im Einsatz, hat bei den amerikanischen Soldaten daher auch den Spitznamen „Fritz".

▶ *Junge Soldaten aus Solingen-Ohligs im Manöver, 1913*
Junge Soldaten bei einem Manöver bei Niederbronn in den damaligen „Reichslanden Elsass-Lothringen", der am dichtesten mit Truppen belegten Region des Deutschen Reiches.

Das im Frieden von Frankfurt 1871 von Preußen annektierte Gebiet mit seinen wichtigen Erz- und Kohlelagerstätten war Dreh- und Angelpunkt der deutsch-französischen Erbfeindschaft. Die „Revanche", über die Gambetta gesagt hat „Immer daran denken, nie davon sprechen!", sah für den Kriegsfall die Rückeroberung vor. Diese später im Plan XVII ausformulierte französische Strategie hatte Generalfeldmarschall Schlieffen als Ausgangssituation für sein modernes „Cannae", der Schlacht der doppelten Umfassung gemacht.

Die Reichslande Elsass-Lothringen verfügten im Gegensatz zur Rheinprovinz über keine eigene Verwaltung, sondern unterstanden zunächst als besetztes Gebiet dem Deutschen Reich. Es folgte eine massive Vertreibung der französischsprachigen Bevölkerung, erst 1911 wurde eine Teil-Autonomie erlassen. Die berüchtigte Zabern-Affäre von 1913 ist ein Lehrstück in preußischem Militarismus und Arroganz Minderheiten gegenüber. Wie sagte Leutnant Günter Freiherr von Forstner zu seinen Soldaten? „Wenn Sie angegriffen werden, dann machen Sie von Ihrer Waffe Gebrauch; wenn Sie dabei so einen Wackes niederstechen, dann bekommen Sie von mir noch zehn Mark."

Für die Elsässer und Lothringer war der Erste Weltkrieg eine grausame Erfahrung, die Region wurde bereits im August 1914 zum Schlachtfeld, oft standen sich Brüder und Schwäger im Schützengraben gegenüber. Von den jeweiligen Regierungen wurden die „Wackes" bzw. „Boches" als unsichere Kantonisten geführt und an entlegene Frontabschnitte versetzt.

Bei den Versailler Vertragsverhandlungen spielte Elsass-Lothringen eine zentrale Rolle, da die französische Regierung eine Zugehörigkeitsabstimmung, wie sie von US-Präsident Wilson gefordert wurde, strikt ablehnte. Warum die vielen Blutopfer erleiden, wenn man das wichtigste Kriegsziel nur durch eine Abstimmung gewänne?

920

Die lustigen Ohligser bei Niederbronn 1913

Nach dem gewonnenen Krieg verstaatliche Bismarck die Eisenbahnen. Die Anbindung ans Schleidener Tal wurde schließlich in den 1880er Jahren doch noch gebaut, aber da war es schon zu spät. Die Masse der Eifler Eisenindustrie war tot. Und dann wurde es erst mal still um die Eisenbahn in der Eifel.

Als ich das erste Mal, in den Neunzigern, durch den kleinen Ort Sourbrodt am Rande des Hohen Venns in den „Ostkantonen", wie sie damals noch genannt wurden, fuhr, passierte ich den Bahnübergang in der Mitte des Dorfes und sah einen großen Verschiebebahnhof in der Einöde des Venns. Das war die Vennbahn, sagte man mir und ich fuhr weiter. Als ich das erste Mal an Hallschlag im oberen Tal der Kyll vorbeikam, sah ich aus den Augenwinkeln den großen, hohen Bahndamm einer ehemals zweigleisigen Eisenbahnstrecke, die das kleine Eifeldorf in einem großen Bogen umfasste. Ich fuhr weiter und ich dachte mir nichts dabei. Als ich bei Ahrweiler die Pfeiler einer unvollendeten Eisenbahnbrücke im oberen Hang entdeckte, begann ich nachzudenken. Als man mir sagte, dass ich von Weilerswist nach dort über die ehemalige strategische Bahn gefahren sei, die heute noch unter der Autobahn 61 liege, beschloss ich der Sache nachzugehen.

Ich besorgte mir alte topografische Karten und ich folgte den schwarz-weiß gestrichelten Linien, die für die Eisenbahnlinien standen, mit dem Finger. Und immer, solange ich ihnen folgte, führten sie nach Westen, zur Grenze. Und immer führten sie durch das Nichts der Eifel, in der keine Industrie war und keine größere Stadt. Und immer waren sie stillgelegt und machten scheinbar keinen Sinn. Wenn sie aber keine Industrie bedient hatten, wozu die aufwändigen Streckenführungen? Ich sah Tunnels, Überführungen, Brücken und weite Bögen, die nicht wirkten, als habe man sie gebaut, um drei Milchkannen und ein paar Eifelbauern zum nächsten Markt zu bringen. Das hier, das waren Militäreisenbahnen. Für den massenhaften Transport von Menschen und Material, für Munitionstransporte und schwere Eisenbahngeschütze.

Die einschlägige Literatur, die ich mir besorgte, wies da und dort auf die strategische Bedeutung mancher Linien hin, blieb aber weitgehend uninteressant. Ich war kein Eisenbahnfreak (da noch nicht!), ich wollte eine schnelle Antwort auf meine Frage, so, wie ich das gefordert hatte, als ich wissen wollte, was mit meinem Großvater und seiner Rolle im Ersten und Zweiten Weltkrieg war, aber die bekam ich auch hier nicht.

Dann stieß ich eines Tages im Internet auf einen voluminösen Band der New York Times, der im Oktober 1914 erschienen war. Er nannte sich „The Current History – The European War". Es war ein am Jahresende 1914 auf 1200 Seiten angeschwollener Debattenband mit Beiträgen großer Geister jener Zeit. Es waren Beiträge von Bernhard Shaw, H. G. Wells, Herbert Eulenberg, Rudyard Kipling, Gerhard Hauptmann, Arthur Conan Doyle und anderen Doyens der internationalen Literatur. Der berühmte Aufruf der deutschen Professoren war darin abgedruckt und der deutsche Reichskanzler Bethmann Hollweg hatte sich dort zu Wort gemeldet und den Einmarsch in das neutrale Belgien gerechtfertigt. Und es ging schon damals im Oktober 1914 in der New York Times, die in den neutralen USA erschien, um den zentralen Punkt – die deutsche Kriegsschuld.

Versteckt in all den großen Statements großer Dichter fand ich den Beitrag des Journalisten Walter Littlefield. Er hatte sich in den Jahren vor Kriegsbeginn in der Dreyfuss-Affäre einen Ruf verdient. Jetzt schrieb er einen Artikel, dessen Überschrift mich elektrisierte: "Germany's Strategic Railways".

Er erinnerte an den deutschen Einmarsch in das neutrale Belgien wenige Wochen zuvor und dann legte er los: Er beschrieb den Bau der strategischen Eisenbahnen in der Eifel. Minutiös und haargenau. Wenn ich nicht gewusst hätte, dass er es im Oktober 1914 geschrieben hatte, denn ich las ja ein Faksimile, ich hätte es für eine Erfindung gehalten. Hier aber, hier standen Orte, die ich vielleicht schon mal gehört, aber nie besucht hatte und die doch vor meiner Haustür lagen – Dümpelfeld, Jünkerath, Weywertz, Lissendorf, Pelm, Pronsfeld. Er beschrieb jede Bahnüberführung und kreuzungsfrei neu gebaute Strecke, er präsentierte eine Karte und er hielt auch nicht damit hinter dem Berg, woher er die Informationen für seinen Artikel hatte, nämlich vom Britischen Geheimdienst. Englische Agenten waren, als Touristen verkleidet, während der Bauarbeiten durch die Eifel gewandert und hatten alles dokumentiert. Es klang wie ein Spionageroman vom Vorabend des Ersten Weltkriegs. Aber hier war es schwarz auf weiß mitsamt einer Karte, in der alle Strecken eingezeichnet waren. Ich nahm die Karte, setzte mich ins Auto und fuhr los.

Ich fuhr nach Hallschlag und schaute mir den Bogen noch mal an. Ich fuhr nach Jünkerath und fotografierte den riesigen Verschiebebahnhof. Ich fand den Rest der Überführungen. Ich sah den Mülheimer Bogen, der vor dem fast hundert Meter höher gelegenen Blankenheim sieben Kilometer in das Seitental ausholt, um die von den Militärstrategen vorgeschriebene Maximalsteigung einzuhalten und dessen technische Streckenführung vom Bau der Brennerbahn und der Semmeringbahn abgeleitet worden war. Ich sah das Drehkreuz Gerolstein, an dem vier wichtige Eisenbahnlinien zusammenkamen. Ich rief meinen Freund Guido an, der mir in Middelkerke soviel von Dixmuide und Ypern erzählt hatte, und wir fuhren nach Blankenheimerwald und gingen die stillgelegte Strecke Richtung Ahrdorf. Diesmal war er es, der den alten, riesigen Wasserturm im dicht bewaldeten Bahngelände fand. So ging es weiter. Wir fanden überall an den von Littlefield beschriebenen Stellen die Reste der Ausladebahnhöfe und Rampen, die Ausweichstellen. Wir fanden Bahnhöfe im Nichts, die versteckt im dichten Wald

Im Bild sind mehrere Schilder zu lesen:

Halt hin, Kamerad
und freue dich auch
du -- Noch 202 dann
hat Reserve Ruh!

Was ist ein alter Knocho
Ein alter Knochen, ist
ein alter Mann, den
nichts aus seiner
Ruhe bringen kann.

10 - 13

▲ **Noch 202 Tage, Husaren, Bonn, März 1913**

Gefreite der II. Eskadron des Husaren-Regiments „König Wilhelm I." (1. Rheinisches) Nr. 7 posieren für ein Erinnerungsfoto. Das Abzählen der Diensttage und das feierliche Begehen runder Tageszahlen war und ist ein wichtiges Ritual jeder Wehrpflichtigen-Armee, so wie es der Autor selber erlebt hat.

Bei über 700 Wehrpflichttagen ist für diese Bonner Husaren bei einem Rest von 202 Tagen bereits Land in Sicht. Die Realität sieht jedoch bitter aus: Sie werden am 31. Oktober 1913 entlassen und müssen nur neun Monate später wieder einrücken und kämpfen bereits im August 1914 an der Maas.

In ihren Uniformen erinnern diese Angehörigen einer aus alter Kriegerzeit stammenden Truppengattung an die romantische Vorstellung vom siegreichen Krieg, bei dem der Tod nur wenige trifft, den anderen aber Ehre und Ruhm verspricht und das Glück dem schneidigen Rittmeister winkt. Tatsächlich ist die Populärkultur jener Jahre voll mit Bildern, Operetten und Liedern, in denen Husaren eine zentrale Rolle spielen, wie bei dem Lied vom „Treuen Husar".

Für die moderne Kriegsführung waren diese mit Kavalleriedegen und Lanze ausgerüsteten Reiter vollkommen ungeeignet und wurden nach dem Beginn des Stellungskrieges im Westen vor allem mit feldpolizeilichen Aufgaben beauftragt und als Besatzungstruppe verwendet, während im Osten bis 1917 Kavallerie-Divisionen eingesetzt wurden.

der Eifel lagen, wie am Losheimergraben. Wir standen bei Hemmeres an der Our, an der Stelle, wo der erste amerikanische Jeep 1944 die deutsche Grenze passiert hatte und Hemingway die erste Nacht im Zweiten Weltkrieg auf deutschem Boden verbracht hatte. Ich erzählte aus Alfred Anderschs Roman Winterspelt, der dort spielte, aber wir waren da, um die Brücke der Bahnstrecke von Prüm nach Sankt Vith zu fotografieren, über die die Truppentransporte im Ersten Weltkrieg geführt worden waren und deren gesprengte Reste sich hinter den Bäumen versteckten, als wollten sie sich vor uns verstecken.

Ich weiß nicht, wann ich als Kind das letzte Mal mit meiner Eisenbahn gespielt hatte. Spätestens, als ich die Musik entdeckt hatte, war sie für mich uninteressant. Das änderte sich jetzt schlagartig. Ich holte mir weitere Unterlagen. Ich besorgte mir ein Computerprogramm und begann, die Eifel und ihre strategischen Eisenbahnen in 3D nachzubauen. Ich besorgte mir virtuelle Lokomotiven und Waggons der Königlich Preußischen Eisenbahnverwaltung, die irgendwelche *Trainz-Freaks* in Polen nachbauten und die man über das Internet beziehen konnte.

Ich prüfte die Steigungen, die Belastbarkeit der Strecken und ich sah, dass Littlefield Recht hatte – hier konnten Züge mit 110 Achsen jede Steigung nehmen, hier konnten größte Militärtransporte in kurzer Zeit aus dem Herz des Reiches an die Westgrenze herangeführt werden. Der Schlussstein zur Bestätigung seiner These war für mich das 1928 erschienene Werk des Reichsarchivs über das Deutsche Feldeisenbahnwesen im Ersten Weltkrieg, in dem ich die detaillierte Beschreibung der Ausladebahnhöfe, die Militärfahrpläne und Fahrtstrecken fand – so, wie Littlefield sie beschrieben hatte.

Bevor die Eifel in den Fokus der Militärs geriet, Ende des 19. Jahrhunderts, wurde die Eifelbahn von nur wenigen Linien, meist Nebenbahnen, durchzogen, manche endeten einfach da, wo auch das Tal endete. Dazu gehörten die Rurtalbahn, die Oleftalbahn, die Ahrtalbahn bis Adenau, die Linie Gerolstein-Neuerburg.

Durch die Eifel führten nur die Eifelbahn von Köln nach Trier, die Vennbahn von Aachen bzw. Stolberg nach Ulfingen in Luxemburg und die Bördebahn von Düren über Euskirchen nach Bonn; Gerolstein war über Mayen nach Koblenz und Andernach angebunden und besaß eine Linie zur Moselstrecke. Dort war lange die einzige strategische Bahn, die von Berlin über Wetzlar nach Trier führte und der Volksmund nannte sie daher auch *Kanonenbahn*.

Ab 1905, mit der Entstehung des „Aufmarschplans West", der ersten Marokkokrise und der Vorbereitung für einen kommenden Zweifrontenkrieg, änderte sich das schlagartig. Moltke der Jüngere übernahm als Chef des Generalstabs die Ideen seines Vorgängers Schlieffen, aber er änderte sie in einem entscheidenden Punkt – er hatte Skrupel, durch den Maastrichter Zipfel

zu marschieren, den Eisernen Rhein zu benutzen und mit den Niederlanden die Neutralität eines weiteren Landes zu verletzen. Er verzichtete auf den Durchmarsch durch die Niederlande und jetzt hatte er ein Problem. Ihm blieb, zwischen der Grenze bei Aachen und Gemmenich und dem Fuß des Ardennenplateaus bei Raeren, ein nur 17 Kilometer breiter Korridor. Durch den führte nur eine größere Straße, die Route Charlemagne nach Lüttich, eine Eisenbahnhauptstrecke über Herbesthal und eine Nebenstrecke über Eupen nach Westen. Also schwächte er den rechten Flügel und verschob seine Armeen nach Süden, die zweite und dritte Armee schickte er in die Eifel. Nur – da war nichts, um sie dort hinzubringen.

Ab 1909 begann eine beispiellose Bautätigkeit in der ärmlichen Eifel, die sich vom Strukturwandel der letzten Jahrzehnte bei weitem nicht erholt hatte. Eisenbahn- über Eisenbahnlinie wurde neu gebaut oder ausgebaut, und es wurden so viele Arbeitskräfte dafür benötigt, dass die Eifler nicht ausreichten für die schwere Arbeit, sondern Wanderarbeiter aus Italien und Kroatien zu zehntausenden nach Deutschland strömten und als billige Arbeitskräfte eingesetzt wurden.

Es begann der zweigleisige Ausbau der Vennbahn von Stolberg nach Weywertz, der doppelgleisige Ausbau der Ahrtal-

▶ *Landwehrmänner des Infanterie Regiment Nr 16, Köln, 1915*
Nach dem aktiven Wehrdienst mussten sich die militärisch ausgebildeten Soldaten nach weiteren zwei Jahren in der Reserve als Landwehrmänner je nach Aufgebotsstellung drei bzw. fünf Jahre ein bzw. zweimal pro Jahr zu Reserveübungen einfinden. Bei Erreichung des 40. Lebensjahres unterstanden sie bis zum 60. Lebensjahr dem Landsturm.

Die Landwehr war ein wichtiges Rückgrat der deutschen Heere und ein Grund, warum sehr früh sehr viele ältere Männer, wie auf diesem Foto abgebildet, am Krieg teilnahmen. Sie wurden bald als Frontsoldaten eingesetzt, während man die Bewachungsaufgaben dem noch älteren Landsturm überließ.

▶ *Artilleristen des Regiments 83, Elsenborn, Eifel, 7. Juli 1914*
Soldaten und Offiziere des 3. Rheinischen Feldartillerie Regiments 83 auf dem Truppenübungsplatz Elsenborn während der Julikrise 1914.

Nachdem weitreichende Konsequenzen aus den Schüssen von Sarajevo ausbleiben, fahren viele Europäer des Jahres 1914 in die Sommerfrische – die Gefahr eines Krieges scheint für die Öffentlichkeit gebannt.

Tatsächlich beginnen, wie hier unweit der belgischen Grenze, die Vorbereitungen für den Krieg. Der Abschluss der Reserveübung, die einer der Portraitierten seiner Angebeteten bereits ankündigt, fällt aus und die 3. Batterie zieht von Elsenborn in die Schlacht bei Neufchateau in den belgischen Ardennen.

Auf den Verlustlisten dieses in Friedrichsfeld bei Wesel und Düren stationierten Regiments finden sich als Geburtsorte der Toten viele bekannte rheinische Städtenamen wie Aachen, Köln, Heinsberg, Mönchen-Gladbach, Krefeld, Kempen, Moers, Dormagen, Neuss, Jülich, Eschweiler, Bonn, Gemünd u.v.m.

140

bahn von Remagen bis Dümpelfeld und der Bau des Verschiebebahnhofs Dümpelfeld. Von Dümpelfeld im Ahrtal wurde eine zweigleisige Neubaustrecke über Ahrdorf nach Hillesheim gebaut. Von Hillesheim führte eine zweigleisige Neubaustrecke nach Lissendorf und lief parallel zur Eifelbahn nach Jünkerath. Eine zweite Neubaustrecke führte von Hillesheim über Pelm nach Gerolstein.

Weiter führte eine eingleisige Neubaustrecke von Dümpelfeld über Ahrdorf und den Mülheimer Bogen zur Überwindung der fast hundert Höhenmeter vor Blankenheim durch zwei Tunnel bis an die Eifelstrecke bei Blankenheimerwald. In Gerolstein wurde die Infrastruktur mit Bahnbetriebswerken ausgebaut. Von dort wurde die Strecke nach Pronsfeld zweigleisig ausgebaut, dann die Strecke über Waxweiler nach Irrel verlängert. Auch Gerolsteins Verbindung an die Rheintalbahn über Mayen wurde zweigleisig ausgebaut.

Das größte Bauvorhaben aber war die Vennquerbahn von Jünkerath über Losheimergraben nach Weywertz mit Anbindung an die Vennbahn. Sie war durchgehend zweigleisig und hatte an allen wichtigen Kreuzungspunkten Straßenbrücken. Ab Stadtkyll war sie im Schnitt alle drei Kilometer mit mindestens viergleisigen Bahnhöfen in Kriegslänge ausgerüstet. Dann wurde noch die von Köln kommende Eifelbahn unterhalb von Dahlem zweigleisig an die Vennquerbahn angebunden.

Neben dem Neubau der Strecken wurde die Infrastruktur verbessert. Alle Bahnhöfe im westlichen Rheinland wurden auf Kriegslänge 680 Meter ausgebaut, mit Ausladerampen und weiteren Bahnsteigen und besserer Verkehrswegeanbindung versehen. Das Signalwesen wurde verbessert, um die Betriebsgeschwindigkeit auf 40 Stundenkilometer zu erhöhen. Und bis dicht an die Grenze wurden unter großer Geheimhaltung Blindgleise gelegt, um von dort im Kriegsfall in kürzester Zeit an das belgische Eisenbahnnetz anzuschließen.

Das alles wurde, wie gesagt, 1909 begonnen, in einem Gebiet von gerade mal 50 mal 50 Kilometer. Es war fünf Jahre später, 1913, kurz vor Kriegsbeginn, alles fertiggestellt.

Die ungeheuren Anstrengungen, die minutiöse Ausarbeitung der Militärfahrpläne, der technisch mit hohem Aufwand betriebene Ausbau der Infrastruktur, das alles hat dem Deutschen Reich nicht genutzt. Nach der Niederlage an der Marne und dem Beginn des Stellungskriegs wurden weitere Linien im Westen gebaut, zwei Anbindungen bei Sankt Vith nach Vielsalm und Gouvy, die Groener-Linie bei Aachen mit dem Viadukt von Morenset und drei Brücken über den Rhein, die Ludendorff-Brücke in Remagen, die Kronprinz-Wilhelm-Brücke in Engers und die Hindenburg-Brücke bei Bingen. Aber auch die brachten nicht den Siegfrieden, in dessen Erwartung man

bereits den Bau der Moselablaufstrecke von Ringen über Liblar und Rommerskirchen nach Neuss begonnen hatte, um Erz aus den neu eroberten Lagerstätten Französisch-Lothringens ins Ruhrgebiet zu transportieren. Sie wurde nie fertiggestellt und der Volksmund nennt sie heute noch „Die Unvollendete".

Die Siegermächte sahen in den strategischen Eisenbahnen der Eifel den rauchenden Colt, den Beweis für die langfristige deutsche Planung zur Verletzung der belgischen Neutralität. Wenn der Einmarsch in ihren Augen *the Rape and Murder of Neutral Belgium* war, dann war diese Vergewaltigung und dieser Mord nicht im Affekt, sondern mit Vorsatz geschehen. Das erhöhte das Strafmaß.

Die Besatzungsmächte nutzten sie für ihre Zwecke, dann zwangen sie die Deutschen, sie zurückzubauen. Trotzdem kamen die Eisenbahnen der Eifel noch mehrfach in den Fokus der Geschichte. Beim Bau des Westwalls 1938 rollten über sie die Material- und Menschentransporte an die Baustellen, beim Überfall auf die Beneluxstaaten 1940 waren sie wichtige Transportstraßen, ebenso bei der Ardennen-Offensive 1944. Die NATO nutzte die Vennquerbahn als Militärtransportbahn zum Camp Elsenborn bis in die Achtiger Jahre und die letzten großen Militärtransporte durch die Eifel rollten 1990 kurz vor Beginn des Zweiten Golfkrieges, als die US-Army ihre Einheiten über den Hafen Antwerpen zur arabischen Halbinsel verschiffte.

Heute sind die meisten Eisenbahnen der Eifel stillgelegt. Einige wurden zu Radwegen ausgebaut und sind aufgrund ihrer sanften Steigungen bei den Radlern beliebt. Die meisten, die sie befahren, wissen nicht, warum das so ist. Sie werden von den Touristik-Machern nicht darauf hingewiesen. Sie nutzen die ehemaligen Eisenbahnlinien für ihre Zwecke, aber viele wollen nicht an deren düstere Vergangenheit erinnert werden, schon gar nicht an den Krieg. Der aber, der war der Grund für ihren Bau.

► **Die Erstürmung eines Bahndamms, vor 1914**

Im blauen Uniformrock und blanker Pickelhaube demonstriert diese Maschinengewehrabteilung für einen Postkartenverlag die Erstürmung einer wichtigen Bahnlinie.

Die 1885 von dem amerikanisch-britischen Erfinder und Konstrukteur Hiram Maxim entwickelte Massentötungsmaschine sollte die Kriegsführung revolutionieren. Die Feuerkraft einer drei- bis fünfköpfigen MG-Besatzung von 600 Schuss die Minute entsprach nun der eines ganzen Bataillons der napoleonischen Kriege hundert Jahre zuvor.

Auch wenn es bereits Erfahrungen aus dem russisch-japanischen Krieg gab, glaubten die Heerführer Europas bei Kriegsbeginn noch an die Schlachtordnung in festen Formationen. Während die deutschen Heere bereits größtenteils über die neuen feldgrauen Uniformen und Helmüberzüge verfügten, zogen die französische Soldaten mit knallroten Hosen und ihre Kavalleristen mit blanken Helmen und Kürassen ins Feld und waren somit ein weit sichtbares Ziel.

Rheinhausen Friedrich-Alfred-Hütte (Krupp)

► **Friedrich-Alfred-Hütte der Firma Krupp, Rheinhausen, Niederrhein, um 1900**

Krupp war die wichtigste Waffenschmiede des Kaiserreiches. Die Firma verfügte über die gesamte Bandbreite der Verwertungskette, vom Erz- und Kohleabbau über die Verhüttung, von Hammer- und Gußwerken, Walzsstraßen bis zu Maschinenbau-Fabriken, in denen die Lokomotiven gebaut wurden, mit denen die Rohstoffe und Waren von Krupp transportiert wurden. Durch den hochwertigen Stahl war Krupp in der Lage, die größten, längsten und dicksten Kanonen zu bauen. Eine davon hieß „Dicke Bertha". Der Name bezieht sich jedoch nicht auf Krupps Ehefrau oder gar Tochter, wie oft kolportiert wird, sondern auf den militärisch ausgesprochenen Buchstaben B wie Bertha, (oder D wie Dora)und trug auch den Tarnnamen „Gamma-Gerät". Sie kam bereits Mitte August bei der Bombardierung der Lütticher Forts zum Einsatz.

▲ Rampe am ehemaligen Bahnhof Monschau, Eifel
Ausladebahnhöfe entlang der Vennbahn waren neben Monschau auch Raeren, Lammersdorf, Kalterherberg, St. Vith, und weitere Bahnhöfe Richtung Luxemburg.

Aufgrund des so nicht eingeplanten frühen russischen Angriffs auf die Reichsgrenze im Osten wurden von hier bereits ab Ende August zwei Korps Richtung Osten transportiert, darunter das XI. Armeekorps, das vom 30. August bis zum 2. September 1914 entlang der Strecken St. Vith-Montjoie und Weywertz-Losheim verladen und nach Allenstein in Marsch gesetzt wurde.

▶ Ehemaliger Bahnhof Buchholz, Provinz Lüttich, Belgien
Gut versteckt im Wald liegt der vorbereitete Ausladebahnhof für den Ernstfall. Losheimergraben war Ausladebahnhof des Gardekorps, fechtende Truppe 10. bis 13. August, Kolonnen und Trains 13. bis 15. August 1914. Ab Ende August begannen hier bereits wieder die Verladungen zur Ostfront.

▶ Ehemaliger Bahnhof Weywertz, Provinz Lüttich, Belgien
Anbindung der Vennquerbahn von Jünkerath an die Vennbahn. Ausladebahnhof der 38. Infanterie-Brigade des X. Armeekorps am 3. und 7. August, Teilen der 9. Kavallerie-Division vom 3. bis 6. August. Von hier begann in den Morgenstunden des 4. August der Angriff auf die Festung Lüttich. Über die Kriegsjahre hinweg blieb Weywertz ein wichtiger Knotenpunkt für die Nachschublinie über Remagen-Jünkerath an die Westfront.

▶▶ Bördebahn bei Kettenheim, Zülpich-Jülicher Börde
Das damals kleine Dorf Vettweiß an der eingleisigen Bördebahn bekam über Nacht einen Bahnhof mit acht Gleisen und einer Fahrzeugausladerampe. Dass diese kostenintensiven Infrastrukturmaßnahmen nicht dazu bestimmt waren, der Landbevölkerung eine bessere Anbindung zur Dürener Annakirmes zu schaffen, kann man sich denken.

Während die Trainkolonnen und das schwere Gerät auf den Bahnhöfen ausgeladen wurden, musste die fechtende Truppe oft auf freier Strecke aussteigen. Auch hier hatten die Planer vorgesorgt: Noch heute erkennt man die Ausladestellen, wie hier bei Kettenheim, an parallel zur Strecke verlaufenden Makadamstraßen.

Vettweiß und Zülpich waren Ausladebahnhöfe des X. Reservekorps vom 9. bis 15. August 1914. Die Strecke wurde von Euskirchen her angefahren, die Leerzüge fuhren über die Strecke Düren-Köln zurück Richtung Osten.

Links im Bild das ehemalige zweite Gleisbett aus der Zeit der französischen Besatzung bis 1930. Die Strecke, die bereits im Krieg 1870/71 eine wichtige strategische Rolle gespielt hatte, wurde in den 1950er Jahre eingleisig zurückgebaut und wird heute nur noch gelegentlich befahren.

▶▶ Bahnhof Jünkerath, Eifel
Jünkerath wurde im Rahmen des Schlieffenplans zu einem wichtigen Verkehrsknotenpunkt Richtung Westen ausgebaut. Hier wurde die vom Ahrtal kommende Strecke Dümpelfeld-Hillesheim-Lissendorf über die Eifelbahn Köln-Trier an die Vennquerbahn Richtung Elsenborn und weiter nach Weywertz an die Vennbahn angebunden.

Jünkerath war bei Kriegsbeginn Ausladebahnhof des Gardereservekorps, die sogenannte fechtende Truppe vom 11. bis 15. August, Trains und Kolonnen vom 14. bis 16. August.

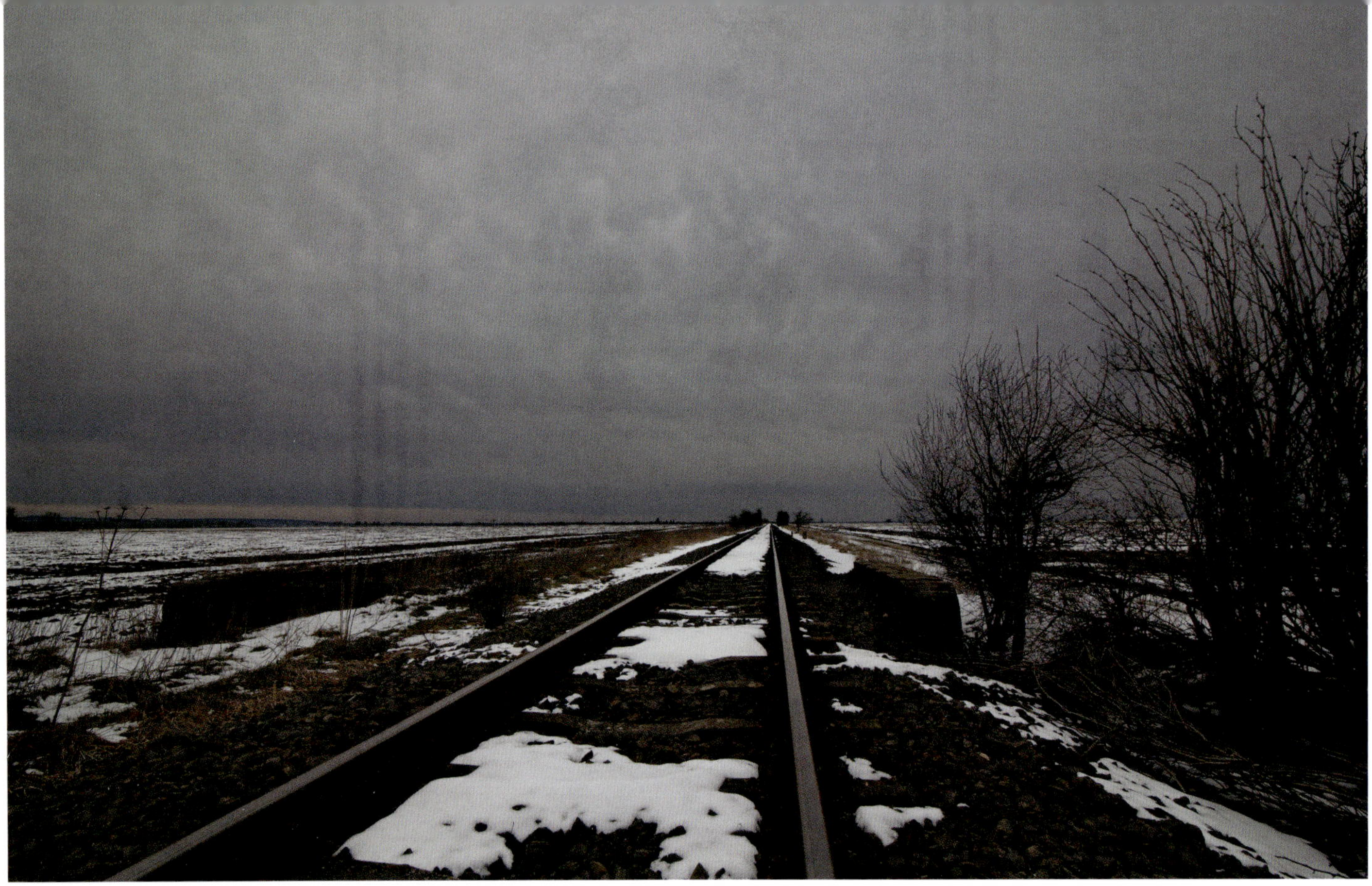
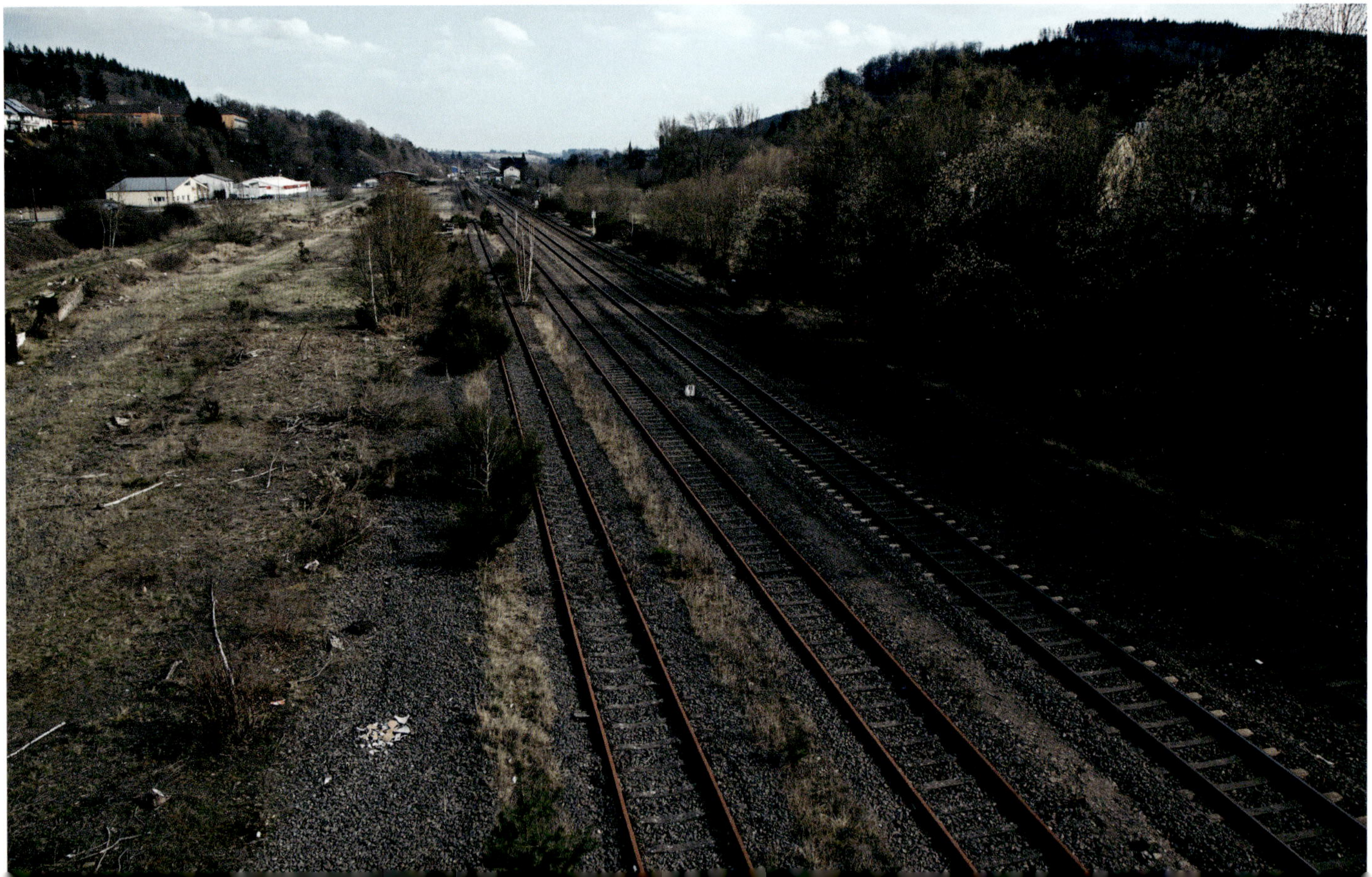

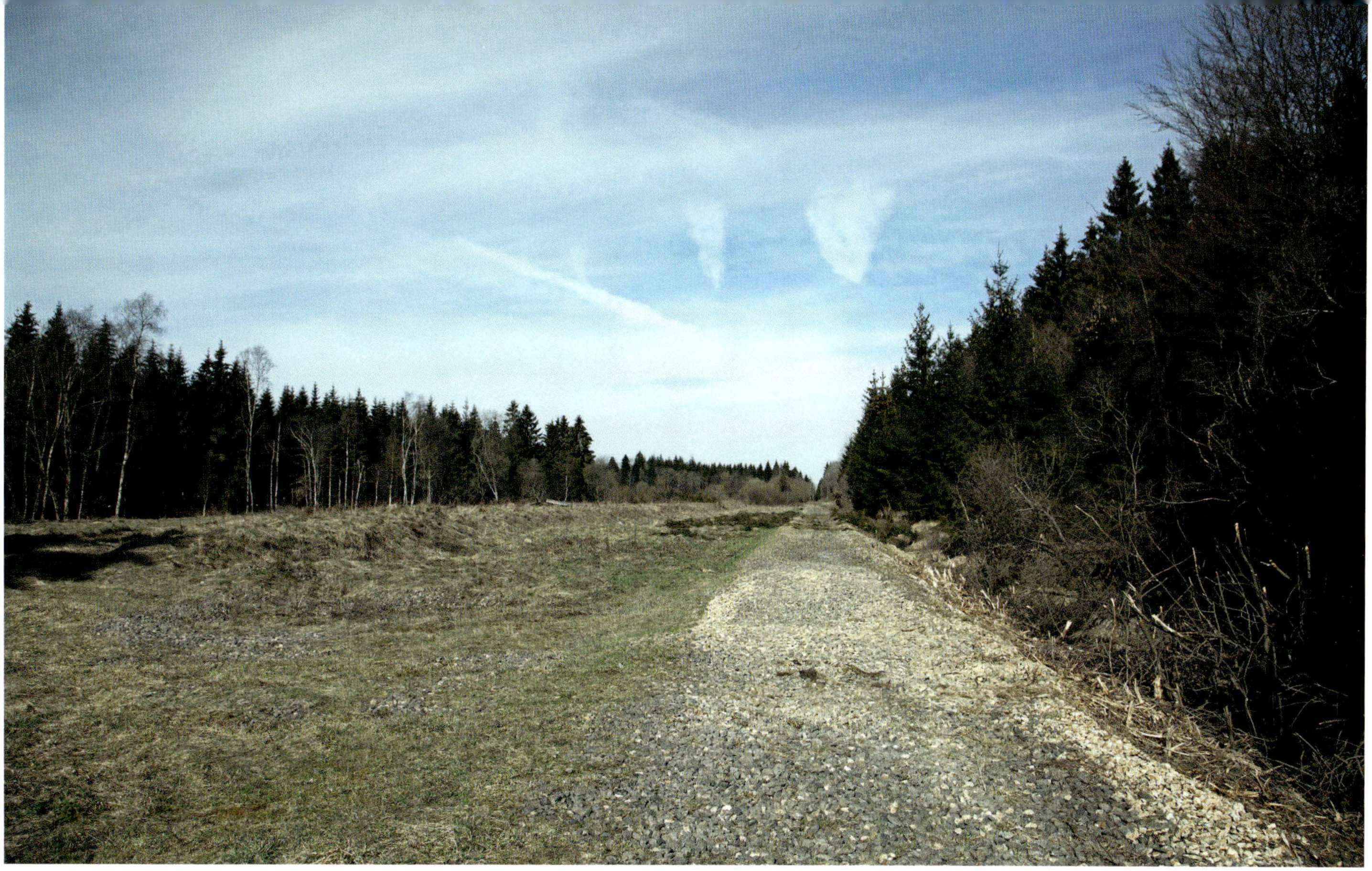
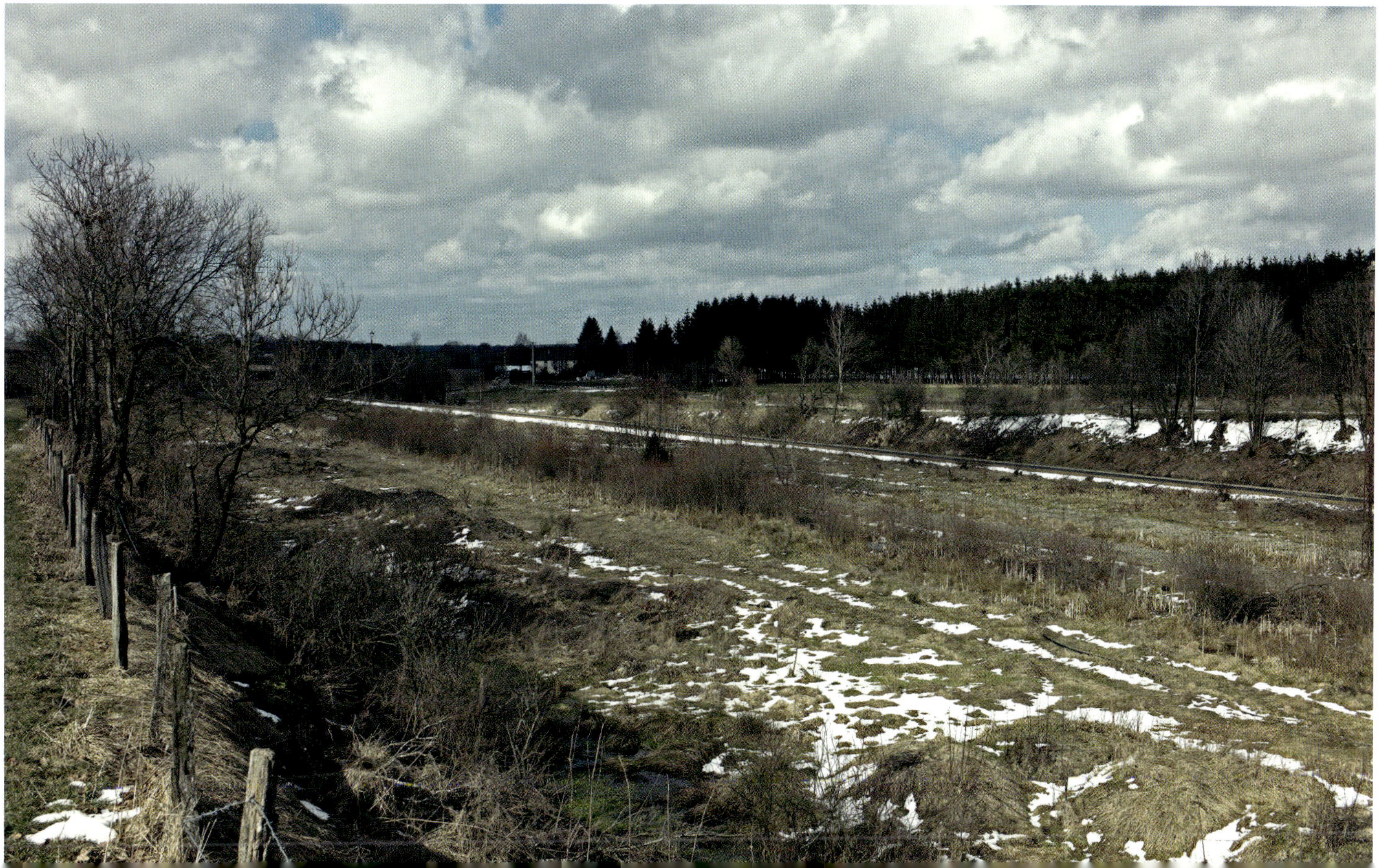

▲ Sourbrodt, Provinz Lüttich, Belgien

Stellwerk am ehemaligen Kriegsbahnhof bei Elsenborn. Hier wurden die Krefelder Husaren am Abend des 3. August 1914 ausgeladen und begannen ihren Vormarsch nach Belgien. Weitere Ausladungen waren die 9. Kavallerie-Division vom 3. bis 6. August und das X. Armeekorps. Die fechtende Truppe wurde vom 8. bis 11. August ausgeladen, die Trains und Kolonnen vom 11. bis 14. August 1914.

◄ Ehemalige Straßenrampe der Hohenzollernbrücke mit der Statue Kaiser Wilhelm I. von Preußen, Köln

Die 1907 bis 1911 errichtete neue Eisenbahnbrücke mit zwei Bogenbrücken mit je zwei Gleisen sowie einer dritten als Straßenbrücke war einer der wichtigsten Rheinübergänge bei Kriegsbeginn, die vom 2. bis 18. August 1914 von über 2150 Militärzügen im Zehn-Minuten-Takt passiert wurde. Durch das massive Neubauprogramm in den 1910er Jahren, zu dem auch die Kölner Südbrücke gehörte, standen der Heeresleitung bei Kriegsbeginn insgesamt 15 Rheinbrücken zwischen Wesel und Straßburg zur Verfügung.

▶ Eisenbahner, ca. 1906

Die damals ausschließlich mit Dampf betriebene Eisenbahn war das Transportmittel der Zeit überhaupt. Bereits im amerikanischen Bürgerkrieg (1861–1865) hatten preußische Militärbeobachter die Bedeutung für die Kriegsführung erkannt und setzten diese erstmals beim Deutsch-Dänischen Krieg 1864 ein. Der Sieg über Frankreich im Krieg 1870/71 wurde zum großen Teil durch den schnellen Truppenaufmarsch im Westen entschieden. Daraus entwickelte sich eine Doktrin, deren Fahrplanmentalität der seinerzeit durchaus auf dem Höhepunkt stehenden Kunst der Diplomatie diametral gegenüberstand.

Militärzüge hatten im Ersten Weltkrieg eine vorgeschriebene Länge von etwa 640 Metern, auf diese waren die vorbereiteten Ausladebahnhöfe ausgerichtet. In der Regel hatte ein Militärzug bis zu 110 Achsen und ein maximales Gesamtgewicht von 600 Tonnen, ausgerichtet waren sie auf die Zugkraft der preußischen Lokomotive G3. Somit wurden alle strategischen Neubaustrecken mit minimalen Steigungen geplant, was erhebliche Mehrkosten verursachte, man bedenke allein die größeren Kurvenradien und die erforderlichen Brückenbauten und Tunnel.

Da die Züge nur manuell gebremst werden konnten, befand sich auf fast jedem zweiten Wagen ein Bremser, so dass pro Zug schnell etwa 30 Mann Personal zusammen kamen.

▶ **Kaserne III, Aachen, ca. 1910**
Da im Rahmen des Schlieffen-Plans immer mehr Einheiten bereits zu Friedenszeiten westlich des Rheins stationiert wurden, um im Kriegsfall die wenigen Rheinbrücken zu entlasten, florierte ab der Jahrhundertwende im Rheinland der Kasernenbau. Bis heute dauert die Diskussion über den deutschen Kriegsplan, der aufgrund seiner Umfassungsstrategie zum Angriff auf das neutrale Belgien führte, an – bis hin zur abenteuerlichen These, einen solchen „Schlieffen-Plan" habe es gar nicht gegeben.

Tatsächlich existierte auch ein alternativer „Aufmarsch Ost", der allerdings in der berüchtigten Kriegsratssitzung vom 8. Dezember 1912 vom Kaiser kassiert wurde. Somit wurde der von Schlieffens Nachfolger Generaloberst von Moltke mehrfach abgeänderte Plan zur einzigen Option im Kriegsfall. Wer sehen will, was in Moltkes Amtszeit für diesen Angriff umgesetzt wurde, der schaue sich die Reste der Kasernen und strategischen Eisenbahnen auf dem linken Rheinufer an.

▶ **Kaserne, Bonn, ca. 1910**
Das Rheinische Infanterie-Regiment 160 war verteilt auf Garnisonen in Bonn und Diez und erhielt kurz vor Kriegsbeginn eine dritte Kaserne in Euskirchen. Es war Teil der 80. Infanterie-Brigade, die zusammen mit der 29. Infanterie-Brigade aus Aachen die 15. Infanterie-Division bildete, die an allen Brennpunkten der Westfront und von November 1916 bis April 1917 an der Ostfront eingesetzt wurde.

▶ **Ahrtalbahn im Ausbau, Altenahr, Eifel, ca. 1910**
In Rahmen des Schlieffenplans wurde die Ahrtalbahn bis Dümpelfeld zweigleisig ausgebaut und von dort zweigleisig über Hillesheim nach Lissendorf und nochmals zweigleisig über Pelm an die Eifelbahn angeschlossen. Der Bau einer weiteren eingleisigen Strecke von Ahrdorf über Blankenheim schloss in Blankenheim-Wald an die Strecke der Eifelbahn Köln-Trier an.

In geheimer Planung vorbereitet wurde die Ahrtalbahn als wichtige Versorgungs- und Nachschub-Schienenstraße nach Kriegsbeginn Richtung Westen innerhalb kürzester Zeit über Stavelot und Gouvy an das belgische Streckennetz angebunden.

Dass ein unbedeutender Ort wie Pelm innerhalb kürzester Zeit zum größten Eisenbahnknoten in „the middle of nowhere" wurde, erregte das Interesse des britischen Geheimdienstes, der ab 1913 bestens über die Neubaustrecken informiert war und dessen Agenten die Anlagen, verkleidet als harmlose Touristen, in Augenschein genommen hatten.

▶▶ **Einsturz der Kölner Südbrücke, 9. Juli 1908**
Brücken waren der große Engpass Richtung Westen, so dass der Neubau mehrerer Rheinbrücken beschlossen wurde.

Beim Bau der Kölner Südbrücke kam es zu einem Einsturz, bei dem 8 Arbeiter ums Leben kamen. Die militärische Bedeutung lässt sich durch die heute noch sichtbaren Befestigungsanlagen (Friedenspark) und die Brückensicherungstürme erkennen. Ab dem 4. August 1914 spielte die Brücke eine zentrale Rolle beim Aufmarsch Richtung Belgien und Frankreich und wurde täglich von 60 Militärzügen überquert.

▶▶ **Bahnhof Jünkerath, Eifel, vor 1914**
Durch die Anbindung der Eifel- und Ahrtalbahn an die Vennbahn über die Vennquerbahn wurde das verschlafene Eifeldorf Jünkerath über Nacht zu einem militärisch wichtigen Komplex mit Bahnwerk, Rangier- und Güterbahnhof und über 20 Gleisen.

Von Lissendorf kommend verlief die Strecke bis Jünkerath sogar viergleisig, um die Militärtransporte von Köln-Remagen über die bis 1913 fertig gestellte Vennquerbahn weiter Richtung Weywertz und Sankt Vith zu führen.

Das über Jahrzehnte ausgeklügelte und trainierte Eisenbahnsystem lief tatsächlich in den ersten Kriegstagen einem Uhrwerk entsprechend planmäßig ab. Mit dem Überschreiten der Grenze war es mit der deutschen Gründlichkeit jedoch schnell dahin, denn sehr zum Ärger der Feldeisenbahner war das dortige Eisenbahnsystem für die überlangen preußischen, württembergischen, bayerischen und sächsischen Militärzüge nicht ausgelegt. Vor allem der Engpass Lüttich und die gesprengten Maasbrücken führten dazu, dass ausgerechnet die den rechten Flügel bildende Erste und Zweite Armee erhebliche Nachschubprobleme erlitten. Das belgische und nordfranzösische Eisenbahnnetz sowie der Widerstand der belgischen Armee mit der Taktik der kleinen Nadelstiche, wozu die Zerstörung von Weichen, Signalanlagen und Telegrafenleitungen gehörte, waren weitere Sargnägel für den alles auf eine Karte setzenden „Schlieffen-Plan".

Die Franzosen dagegen konnten im letzten Moment mittels ihrer Eisenbahnen die entscheidenden Truppenverlegungen bewerkstelligen, die zum deutschen Scheitern an der Marne im September 1914 beitrugen. Wie Barbara Tuchman es in ihrem atemberaubenden Buch „August 1914" so treffend beschreibt, benutzten sie dazu im Gegensatz zur deutschen Gründlichkeit das französische „System D". Se débrouiller = sich durchwursteln.

▶▶ **Losheimergraben, Eifel, 1911**
Die Aufträge zum Bau der strategischen Eisenbahnen in der Eifel sind für einige Firmen – wie hier die Baufirma Büscher aus Münster – der Grundstock zur Firmenexpansion. Die notwendigen Erdarbeiten werden von billigen Arbeitskräften, in der Regel Wanderarbeiter aus Italien („Transalpini") und Kroaten ausgeführt. „Gastarbeiter" scheint für viele von uns ein Begriff aus den 1950er und 60er Jahre zu sein. In der Rheinprovinz und der Westfälischen Provinz waren jedoch bereits im Jahr 1913 etwa 200.000 Arbeiter aus Italien im Bergbau, beim Kanal- und vor allem beim Eisenbahnbau im Einsatz, der in Deutschland eine lange Tradition der Beschäftigung von Italienern beim Erdbau hat.

Die Publikation des Reichsarchivs zum Feldeisenbahnwesen gibt an, man habe 1914 in den ersten Tagen nach der Mobilmachung unter anderem auch die Aufgabe gehabt, 90.000 italienische Arbeiter aus dem Lothringer Revier an den Brenner zu fahren.

Aachen - Kaserne III

Cöln: Südbrücke
nach dem Einsturz am 9. Juli 1908.

Kaserne des II. Btls. Inf.-Regts. 160, Bonn a. Rh.

Jünkerath   Bahnhof

Altenahr. Partie im Langfigtal

Pet. Büscher, Münster i. W.
Bauunternehmung für Hoch- und
Tiefbau, -Beton u. Eisenbeton-
Abt. Eisenbahnbau.

Fest steht und treu die Wacht, die Wacht am Rhein!

Bahnhof - St. Vith - Gare

▲ **Die Wacht am Rhein**

So stellt man sich den Aufmarsch vor, Zeppeline fliegen gen Westen, deutsche Feldgraue marschieren zum Rhein und ein Kraftfahrer grüßt die tapfere Schar.

Die Wacht am Rhein ("Es braust ein Ruf wie Donnerhall...") entstand bereits 1840 während der Rheinkrise, setzte sich aber nicht durch. Erst als der in Krefeld als Chorleiter tätige Komponist Carl Wilhelm das Lied neu vertonte, wurde es im Zuge der Einigungskriege, vor allem aber im Krieg 1870/71 gegen Frankreich zur inoffiziellen Hymne des Reiches.

Wann immer und aus welchem Anlass auch immer jemand meinte, ein patriotisches Lied anstimmen zu müssen, war es nicht die Kaiserhymne, sondern die Wacht am Rhein.

Der Text findet sich in Gänze auf dem Niederwalddenkmal oberhalb von Rüdesheim, auf dem die Germania noch stets dräuend gen Frankreich blickt, das Schwert fest in der Hand.

▲ **Bahnhof St. Vith, Rheinprovinz**

Die Kleinstadt der ehemaligen habsburgischen Niederlande kam nach dem Ende der napoleonischen Herrschaft, die Frankreichs Grenze bis an den Rhein gebracht hatte, durch den Wiener Kongress 1815 zu Preußen und wurde später Teil des Landkreises Malmedy und der preußischen Rheinprovinz.

Ab 1887 wurde sie durch die Vennbahn, die das Aachener Kohlerevier über Uflingen mit dem Luxemburgischen Erzbecken verband, und der Westeifelbahn, die über Prüm-Gerolstein an die von Köln bzw. Trier kommende Eifelbahn anknüpfte, zu einem wichtigen Verkehrsknotenpunkt an der westlichen Reichsgrenze.

Beim zweigleisigen Ausbau der Vennbahn bis 1909 im Rahmen der Angriffsplanungen wurde auch St. Vith als Kriegsbahnhof mit Überlänge ausgebaut. Mit der Anbindung an die Bahnstrecke Libramont–Bastogne–Gouvy nach Kriegsbeginn war St. Vith die Spinne im Netz der strategischen Bahnen zur Westfront.

Nach 1919 musste das Deutsche Reich die Landkreise Eupen und Malmedy an das Königreich Belgien abtreten, 1940 wurde beim neuerlichen Überfall auf Belgien das Gebiet wieder in das Deutsche Reich eingegliedert. Nach der Befreiung durch US-Truppen im September 1944 wurde St. Vith von der Wehrmacht im Laufe der Ardennen-Offensive wieder eingenommen, aufgrund seiner Funktion als wichtiger Verkehrsknotenpunkt durch den amerikanischen Luftangriff an Weihnachten 1944 buchstäblich dem Erdboden gleichgemacht.

▶ **Arbeiter beim Graben eines Eisenbahneinschnitts, ca. 1910**

Durch das Einhalten geringster Steigungen auf den strategischen Neubaustrecken sind, im Gegensatz zu den sich der Landschaft anpassenden lokalen Schmalspur- und Nebenbahnen, aufwändige Geländedurchschnitte notwendig, die oft von Hand gegraben werden müssen. Mit Loren wird der Geländeaushub an anderer Stelle als Schüttmaterial für die Bahndämme verwendet.

▶ **Gleisarbeiter am Verschiebebahnhof Hohenbudberg, Niederrhein, Oktober 1913**

Der Verschiebebahnhof lag an einer der wichtigsten Ost-West-Verbindungen direkt westlich des Rheins an der Friedrich-Alfred-Hütte der Fa. Krupp. Die auch wirtschaftlich wichtige Bahnstrecke von Berlin nach Duisburg wurde im Rahmen des Schlieffenplans noch vor Beginn des Krieges vierspurig ausgebaut.

◀ Brückenbau für Eisenbahnstrecke, ca. 1910

Die notwendigen Kunstbauten, wie Brücken, Tunnels und Hangsicherungswände werden oft in mühevoller Handarbeit ausgeführt. Beim Bau der strategischen Eisenbahnen wird daher auch vor allem Beton eingesetzt und auf die ansonsten übliche Verzierungsarchitektur verzichtet. Dies lässt sich noch heute an vielen Überresten der Kunstbauten wie Unter- und Überführungen erkennen, zum Beispiel an den Resten der „Strategischen Bahn", der teilweise fertiggestellten Moselablaufstrecke vom Ahrtal über Grafschaft-Ringen, Weilerswist, Liblar nach Neuss.

Trotz mangelnder Maschinen werden die Strecken in Rekordzeit fertig gestellt und das Netz für den Aufmarsch ist im Jahre 1913 komplett.

▶ Brückenbau bei Neuwied, ca. 1912

Brücke über die Wied bei Neuwied. Vor allem durch Hochwasser kam es an den noch aus der Mitte des 19 Jahrhunderts stammenden Kunstbauten zu schweren Schäden, so dass auch die Rheinstrecke für den M-Tag verbessert und weiter ausgebaut werden musste. M-Tag ist in der deutschen Militärsprache der erste Tag der Generalmobilmachung. In der Logik des Krieges nach Militärfahrplänen kommt die einmal ausgesprochene Generalmobilmachung dem Kriegsbeginn gleich, da das Räderwerk nun von keiner Seite mehr zu stoppen ist.

▶ Dampfbagger beim Eisenbahnbau, ca. 1912

Dampfbagger werden mit der Zeit ein immer mehr verbreitetes Arbeitsgerät auf den Eisenbahnbaustellen. Die ersten Dampfbagger wurden im Deutschen Reich um die Jahrhundertwende eingesetzt und waren in der Regel, wie dieses Exemplar, Schienengebunden. In der Zeit des Internets ist es mir gelungen, dieses Modell aufgrund seines auffälligen Schornsteins auf mehreren Bildern zu identifizieren, und zwar als Dampfbagger der Rheinischen Hoch- und Tiefbau AG Mannheim.

Links im Bild zu sehen ist eine Kleinbahn, die den Erdaushub abtransportiert. Diese frühe Form des maschinengestützten Streckenbaus war jedoch eher die Ausnahme, die Regel war die Arbeit mit Hand und Schippe. Für viele Eifeler und Wanderarbeiter aus Italien und Kroatien war der Eisenbahnbau Gelderwerb, für hunderte führte der mangelnde Arbeitsschutz und der fahrlässige Umgang mit Sprengmitteln auf den mit Hochdruck betriebenen Baustellen jedoch zu Verletzungen oder Tod.

◀ Bahnhof Sourbrodt beim Lager Elsenborn, Eifel, Mai 1905

Artilleristen aus der Garnison Koblenz entladen am Militärbahnhof Sourbrodt und stehen unmittelbar an den Gleisen der ehemaligen Kleinbahn zum Truppenlager Elsenborn. Sie wurde, wie andere Kleinbahnen im Rheinland, im Volksmund „Feuriger Elias" genannt. Noch heute ist das Gelände, von dem man mit einem gemieteten Railbike nach Kalterherberg fahren kann, ein imposanter Überrest vergangener kriegerischer Zeiten, den man in der Einsamkeit des Hohen Venns nicht erwarten würde.

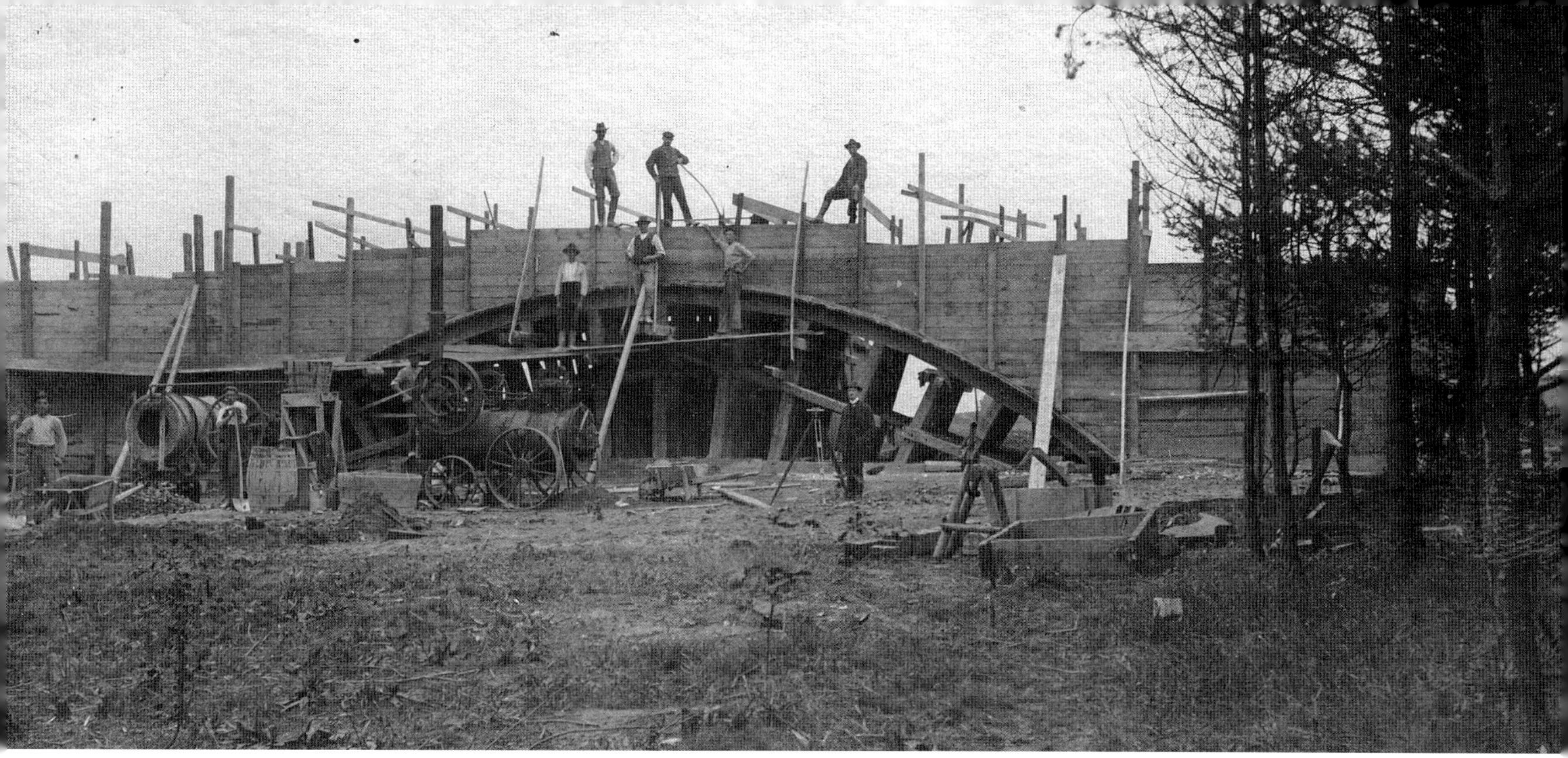

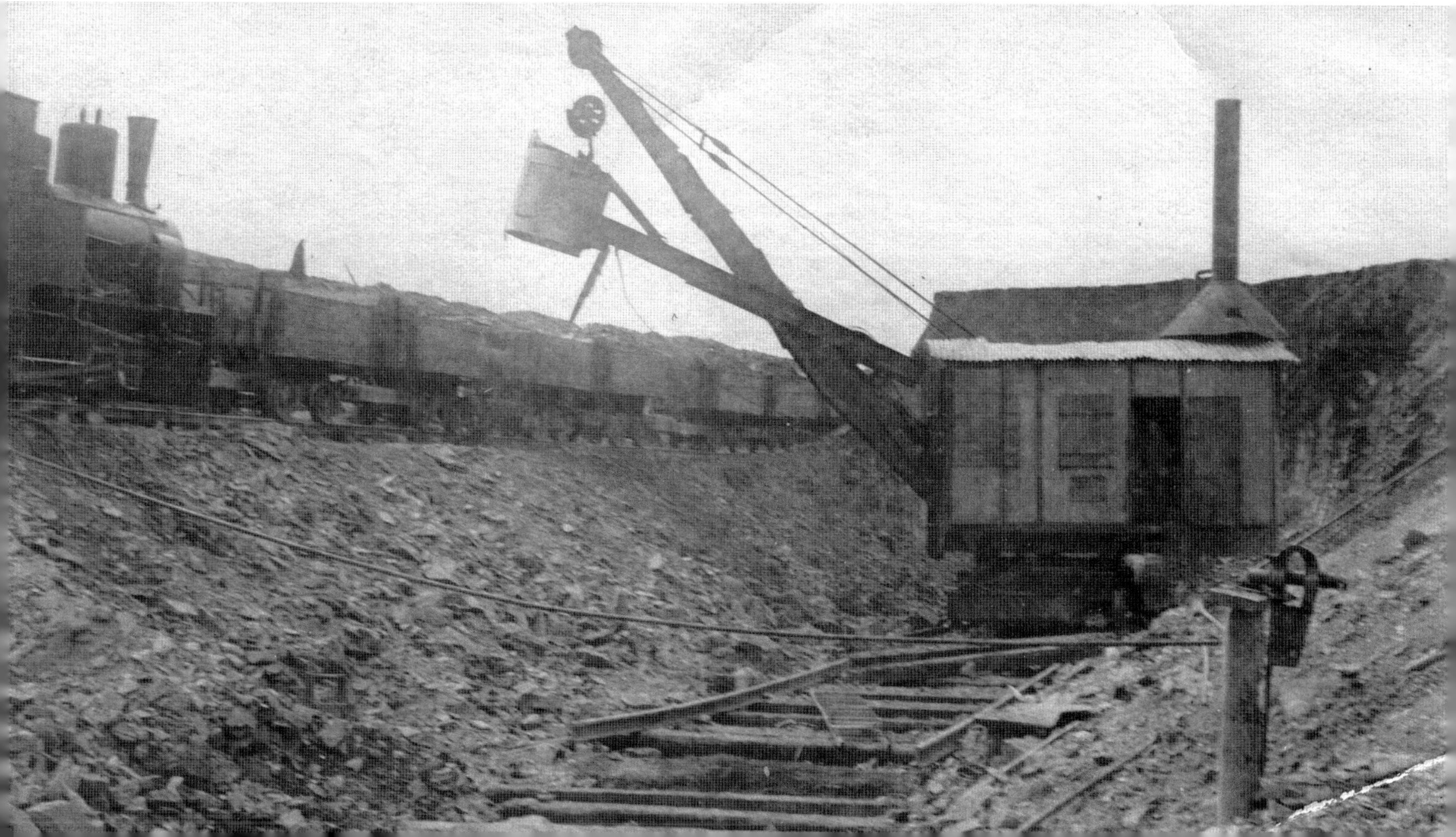

Heimatfront Rheinland

1914–1918

1914–1918

1914

Im Januar erscheint Heinrich Manns Roman „Der Untertan" als Vorabdruck in Fortsetzungen.

Der Alldeutsche Verband fordert auf seiner Jahrestagung im April eine offensive deutsche Militärstrategie und größtmögliche Rüstungsanstrengungen.

Im Juni wird der deutsch-englische Vertrag über die Bagdadbahn unterzeichnet.

In Köln eröffnet die bedeutendste Ausstellung des Deutschen Werkbundes. Eröffnung des Kaiser-Wilhelm-Kanals und des Rhein-Herne-Kanals.

Am 28. Juni kommen bei einem durch serbische Nationalisten verübten Attentat der österreichische Erzherzog Franz Ferdinand und seine Gemahlin in Sarajevo ums Leben.

Am 5. Juli folgt die deutsche Zusicherung der uneingeschränkten Bündnistreue gegenüber Österreich-Ungarn.

Österreich-Ungarn mobilisiert am 25. Juli seine Truppen an der Grenze zu Russland.

Am 27. Juli lehnt das Deutsche Reich den britischen Vorschlag einer Außenministerkonferenz zur Beilegung des Konflikts ab. Antikriegsdemonstration im Berliner Lustgarten. Es folgen:

Am 28. Juli die Kriegserklärung Österreich-Ungarns an Serbien.

Am 29. Juli die Teilmobilmachung Russlands.

Am 30. Juli die russische Generalmobilmachung. Großbritannien lehnt die von Deutschland gewünschte Neutralitätszusage für den Kriegsfall ab.

Am 31. Juli verkündet Wilhelm II. den Zustand „drohender Kriegsgefahr" und fordert von Russland ultimativ die Einstellung der Mobilmachung und von Frankreich eine Neutralitätserklärung im Fall eines bewaffneten Konflikts. Generalmobilmachung Österreich-Ungarns.

1. August: Deutsche Generalmobilmachung und Kriegserklärung an Russland. Italien erklärt sich wegen seiner Verpflichtungen gegenüber Großbritannien für neutral.

Deutschland fordert am 2. August von Belgien ultimativ ein Durchmarschrecht für die Truppen. Das Deutsche und das Osmanische Reich schließen einen Bündnisvertrag. Mobilmachung der britischen Flotte.

3. August: Deutsche Kriegserklärung an Frankreich. Deutsche Vorauseinheiten besetzen den luxemburgischen Bahnhof Ulfingen. Italien erkennt seine Bündnispflicht aus dem Dreibund nicht an und erklärt sich für neutral.

▲ (Seite 50/51) *Lazarett, Köln, Sommer 1915*
Die Heimat füllt sich nach und nach mit den Verwundeten des Krieges. Ehemaliges Klassenzimmer, jetzt Teil des Festungs-Lazaretts Abt. XI, im Dau, Köln.

▶ *Landwehrmänner in Grenznähe bei Aachen, 1914*
Automobile sind bei Kriegsbeginn noch rar, im Verlaufe des Herbstes 1914 werden fast alle Privatfahrzeuge requiriert. Die Masse der Soldaten marschiert von den Ausladebahnhöfen zu Fuß zur Front.

Im Gegensatz zu den meisten Reichsgebieten ist man hier in Aachen sehr früh, wie im Elsass und in Ostpreußen, mit dem realen Krieg konfrontiert. Die Menschen hören die Kanonen von Lüttich, sie riechen den Brandgeruch der zerstörten belgischen Dörfer, und sie sehen die ersten Toten und Schwerverletzten, die von den nur wenige Kilometer weiter stattfindenden Gefechten in die umliegenden Krankenhäuser oder auf Friedhöfe gebracht werden.

▶ *Mit Parolen bemalter Eisenbahnwaggon auf den Fahrt nach Frankreich, 1914*
Mit Kreide beschriebene Eisenbahnwaggons sind ein weit verbreitetes Fotomotiv im Sommer 1914. Die Kreide jedoch kommt nicht von ungefähr, denn sie stammt von den Bremsern, die auf den Waggons die Belegungen angeben müssen. Die ersten Fotos tauchen unmittelbar nach der Generalmobilmachung in der Presse auf und sind ein wichtiger Bestandteil des „Augusterlebnisses", der weit verbreiteten Kriegsbegeisterung. Die Bezeichnung „Hannover" auf dem Güterwaggon G10 der KPEV weist auf den Standortbahnhof hin.

Beliebte Sprüche sind, je nach Fahrtrichtung, „Zar Nikolaus, wir brechen Dir die Zähne aus", Serbien muss sterbien", oder „Jeder Stoß ein Franzos!". Mit dem Kriegseintritt Großbritanniens grüßte man sich als nationaler Deutscher auf der Straße mit „Gott strafe England!", worauf der Gegrüßte mit „Jawohl, er strafe es!" zu antworten hat. Niemand hat diese Absurditäten eines wahnhaften Patriotismus besser beschrieben als der Österreicher Karl Kraus in seinem Monumentalwerk „Die Letzten Tage der Menschheit", einer Pflichtlektüre für jeden, der sich mit dem Ersten Weltkrieg auseinandersetzen will. Kongenial sind die Aufnahmen der Lesung von Helmut Qualtinger.

Die Abgeordneten der SPD stimmen am 4. August im Reichstag geschlossen für einen Kriegskredit. Kriegseintritt Großbritanniens. Das 2. Westf. Husaren-Regiment Nr. 11 überschreitet als eine der ersten Einheiten die belgische Grenze in den Morgenstunden des 4. August bei Francorchamps. Beginn des „Handstreichs auf Lüttich."

11.–12. August: Französische und englische Kriegserklärung an Österreich-Ungarn. Erste österreichische Offensive gegen Serbien wird abgewehrt.

Nach dem Einsatz österreichischer Skoda-Geschütze und der Kruppschen „Dicken Bertha" fallen am 17. August die letzten Forts von Lüttich. An der Ostfront beginnt die russische Großoffensive gegen Ostpreußen.

Am 23. August finden in Belgien, Lothringen und Nordfrankreich Grenzschlachten und in Galizien Kämpfe zwischen russischen und österreich-ungarischen Truppen statt. Es erfolgt die Kriegserklärung Japans an das Deutsche Reich.

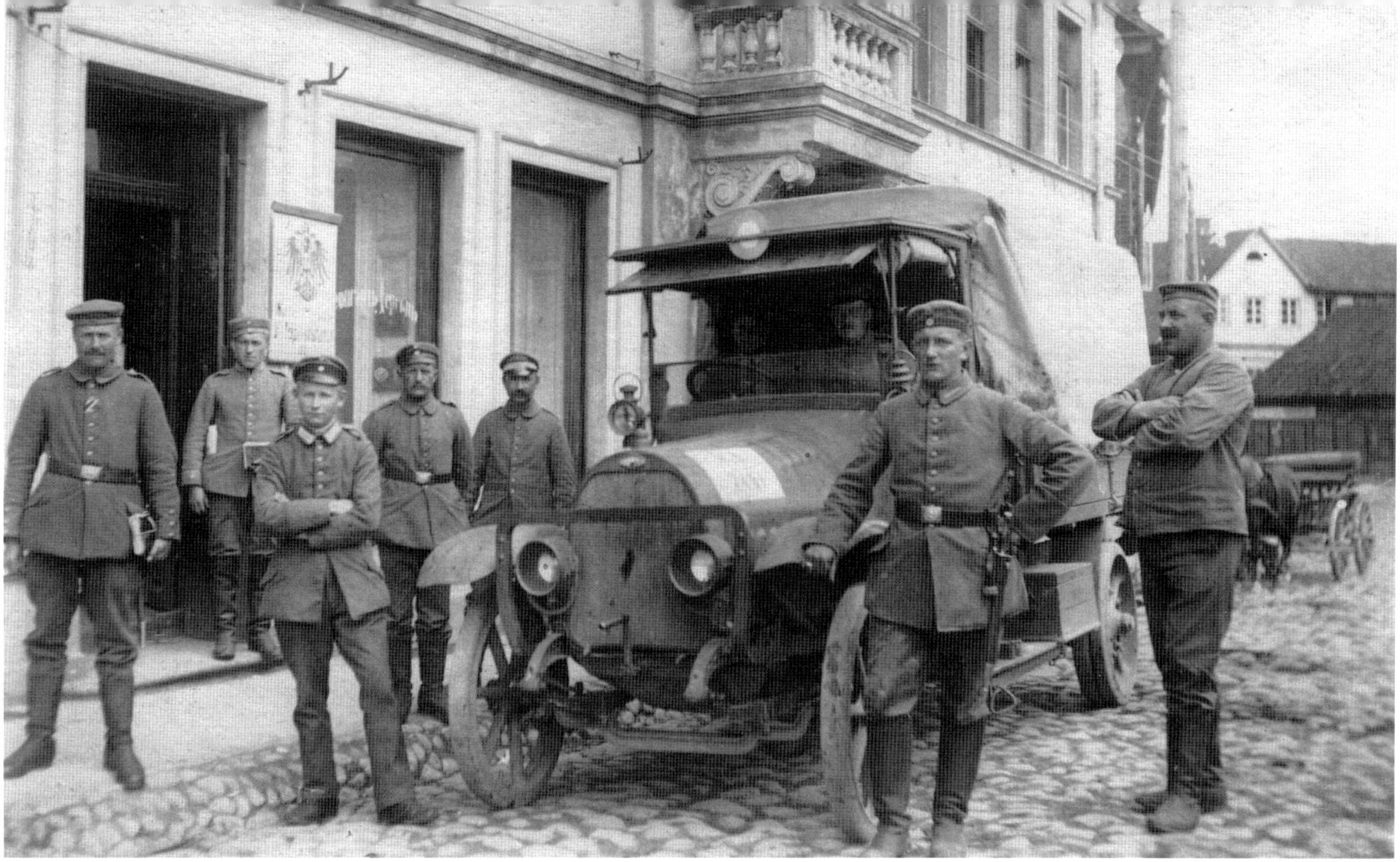

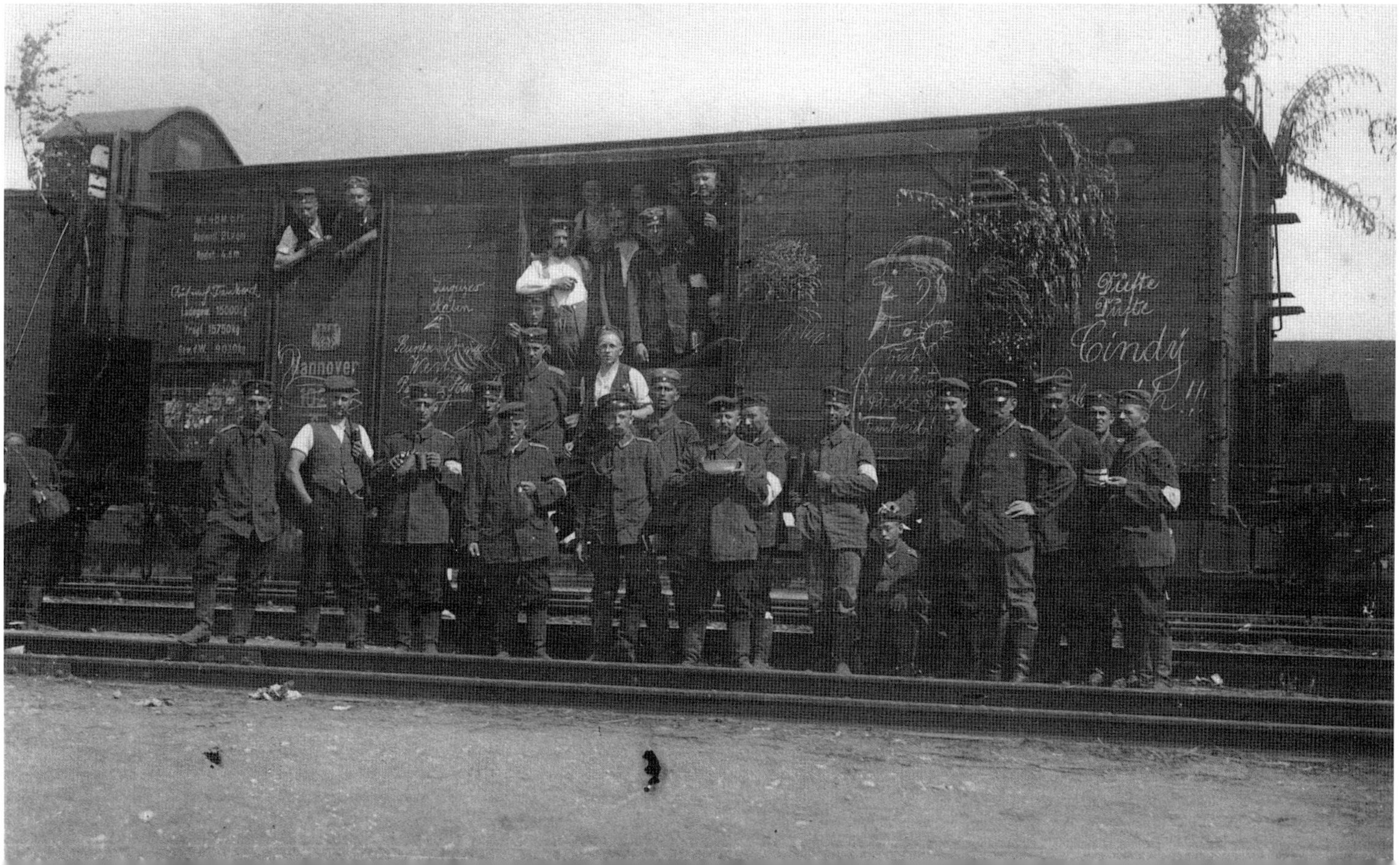
Hannover

25. August: Brandschatzung der belgischen Stadt Löwen durch deutsche Truppen.

26.–30. August: Siegreiche Schlacht bei Tannenberg unter der Leitung von Hindenburg und Ludendorff.

Deutsche Truppen dringen am 30. August über die Marne vor und bedrohen Paris.

31. August: Niederlage Österreichs in Galizien bei Lemberg.

Nach der Schlacht an der Marne ziehen sich die deutschen Armeen am 12. September hinter die Aisne zurück. Es beginnt der „Wettlauf zum Meer".

Der deutsche Reichskanzler Theobald von Bethmann Hollweg verkündet ein Kriegszielprogramm der deutschen Regierung („September-Programm"), in dem Annexionen und die deutsche Hegemonialstellung in Europa gefordert werden.

Helmuth von Moltke wird am 14. September als Generalstabschef der Obersten Heeresleitung entlassen und durch den preußischen Kriegsminister Erich von Falkenhayn ersetzt.

In einem von 93 deutschen Intellektuellen Ende September unterzeichneten Aufruf wird der Krieg als ein dem deutschen Volk „aufgezwungener Daseinskampf" bezeichnet.

Am 9. Oktober wird Antwerpen von deutschen Truppen nach 12tägiger Belagerung erobert. Es beginnt anschießend die erste Flandern-Schlacht bei Ypern.

Im November erklärt Großbritannien die Nordsee zum Kriegsgebiet und verhängt eine Wirtschaftsblockade gegen das Deutsche Reich.

Bei der Schlacht bei Langemarck in Flandern am 10. November kommt es zu massiven Verlusten unzulänglich ausgebildeter deutscher Freiwilliger.

An Weihnachten finden spontane Waffenstillstände zwischen britischen und deutschen Truppen in Flandern statt.

1915

Im Januar erfolgt der erste Luftangriff auf England durch deutsche Zeppeline.

Am 1. Februar gibt Reichskanzler Theobald von Bethmann Hollweg seine Zustimmung zum Einsatz von U-Booten im Handelskrieg.

Die französische Offensive in der verlustreichen Winterschlacht in der Champagne bleibt stecken.

Am 22. Februar beginnt der U-Boot-Krieg gegen Handelsschiffe als Vergeltung gegen die britische Blockade der deutschen Seehäfen.

Die Internationale Sozialistische Frauenkonferenz in Bern fordert zum Massenprotest aller Arbeiterfrauen gegen den Krieg auf.

Bei der zweiten Schlacht um Ypern im April verwenden deutsche Truppen erstmals Giftgas.

Am 7. Mai versenkt ein deutsches U-Boot das britische Passagierschiff „Lusitania". 1200 Menschen kommen ums Leben.

Die US-Regierung verlangt in einer Protestnote die Einstellung des U-Boot-Kriegs.

Am 23. Mai erfolgt die italienische Kriegserklärung an Österreich-Ungarn.

Die französische Herbstoffensive in der Champagne scheitert.

Die SPD-Fraktion beschließt am 1. Dezember, Reichskanzler Bethmann Hollweg in einer offiziellen Anfrage um die Bekanntgabe der deutschen Voraussetzungen für die Aufnahme von Friedensverhandlungen zu bitten.

1916

Am 21.Februar beginnt die Schlacht um Verdun mit dem massiven Einsatz von Artillerie.

▶ *Spione überall, August 1914*

Die Angst vor feindlichen Ausländern und Spionen ist in den ersten Kriegswochen anlässlich der allgemeinen Hysterie an der Tagesordnung. Ein falsches Wort, ein falscher Blick reicht aus, um von einer Bahnwache festgenommen zu werden. Hier sind ein Dackel und ein Terrier als Spürhunde einem Trupp entschlossener Landsturmmänner bei der Durchsuchung eines Zuges behilflich.

Eine hervorragende Beschreibung der Stimmung unmittelbar vor der Mobilmachung findet sich in den Memoiren des rheinischen Schriftstellers Carl Zuckmayer, der bei Kriegsausbruch mit Eltern und Bruder aus einem niederländischen Nordseebad über Vlissingen und Köln in die Heimat reist.

Die Presse ist voll mit Berichten über von feindlichen Spionen gesprengte Brücken und Tunnel. In Cochem zum Beispiel habe man zwei dieser Feinde auf frischer Tat ertappt und sofort hingerichtet. Kurze Zeit später wird der Bericht dementiert, es habe sich um eine Verwechslung gehandelt. Der beschuldigte örtliche Gastwirt und sein Sohn seien mittlerweile wieder aus der Haft entlassen, der Sohn nun bei der Truppe im Einsatz. Wie viele dieser Berichte auch nur im Ansatz ein Quäntchen Wahrheit beinhalten und wie viele „Spione" man tatsächlich hingerichtet hat, wäre aus heutiger Sicht eine Nachforschung zur Hysterie der Augustwochen wert.

▶ *„Liebesdienste", Koblenz, Oktober 1914*

Das Motiv junger und hübscher „Schwestern", die im Überschwang patriotischer Gefühle gekühlte Erfrischungen an durchreisende Soldaten reichen, findet sich auf unzähligen gemalten Postkartenmotiven, wohingegen diese seltene Privataufnahme die nüchterne Atmosphäre einer zugigen Bahnhofshalle wiedergibt.

Auf dem Koblenzer Hauptbahnhof stehen zwei Bahnwachen mit Rotkreuzschwestern, die für durchfahrende Soldaten Erfrischungen bereit halten. Der Traum von Liebesdiensten mit kühlem Bier bleibt durch die Verabreichung lauwarmen Wassers oft unerfüllt.

Das Wort „Liebesdienst" hat im Kaiserreich keineswegs eine sexuelle Bedeutung, sondern meint einfach, jemandem eine Freundlichkeit, einen Gefallen oder eine Verbindlichkeit zu erweisen.

Generalfeldmarschall Schlieffen schreibt in seiner Denkschrift von der Hoffnung, dass die Franzosen dem Deutschen Reich nochmals den Liebesdienst erweisen würden, wie 1870 ungestüm nach Osten zu marschieren. So könne man sie in einer gewaltigen Umfassungsschlacht nach dem Vorbild des Sieges Hannibals über die römische Armee im Jahre 216 v. Chr. vernichtend schlagen und den Krieg in nur wenigen Wochen siegreich beenden. Schlieffen stirbt ein Jahr vor Kriegsbeginn und wird das Scheitern seines Planes nicht mehr erleben.

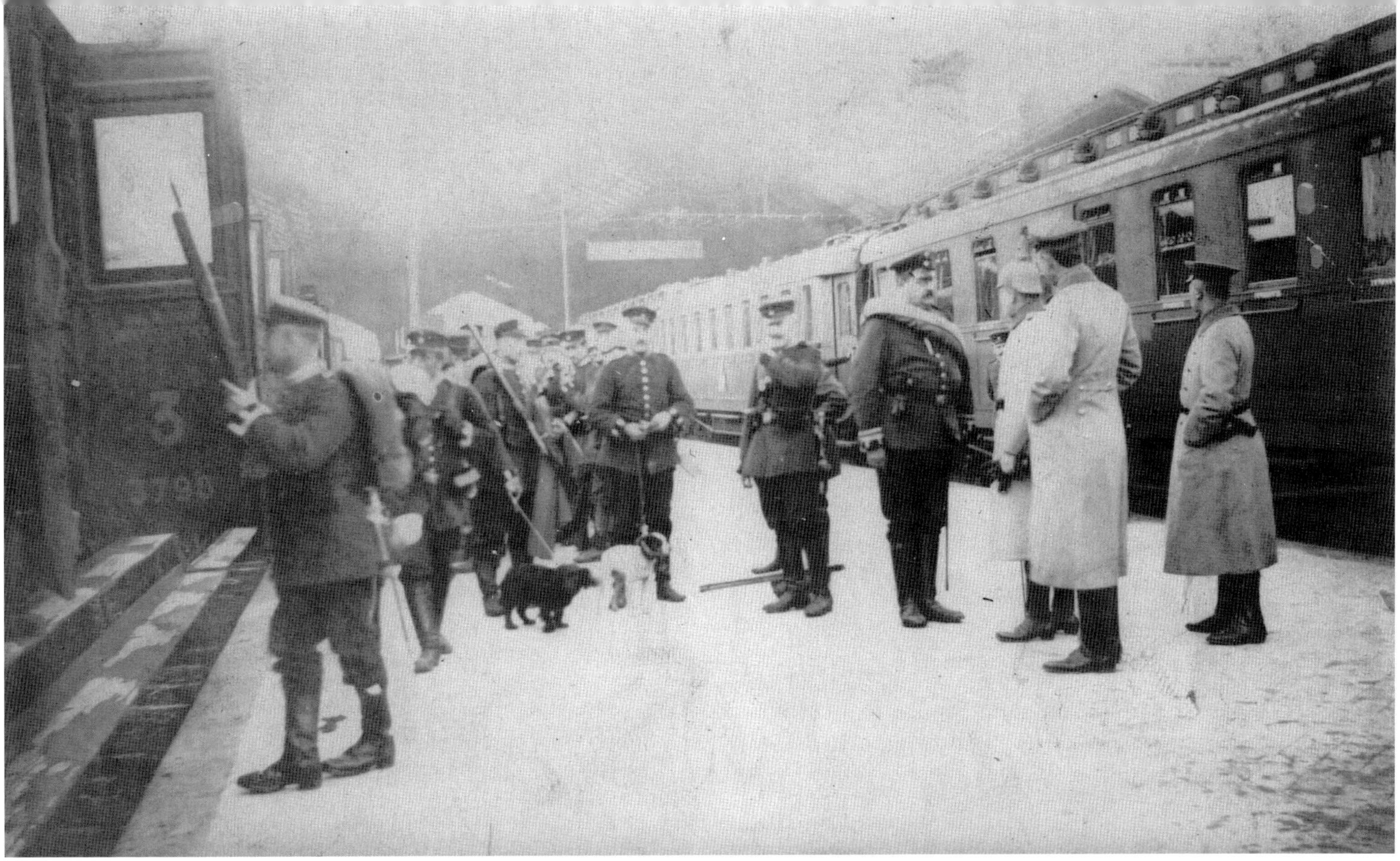

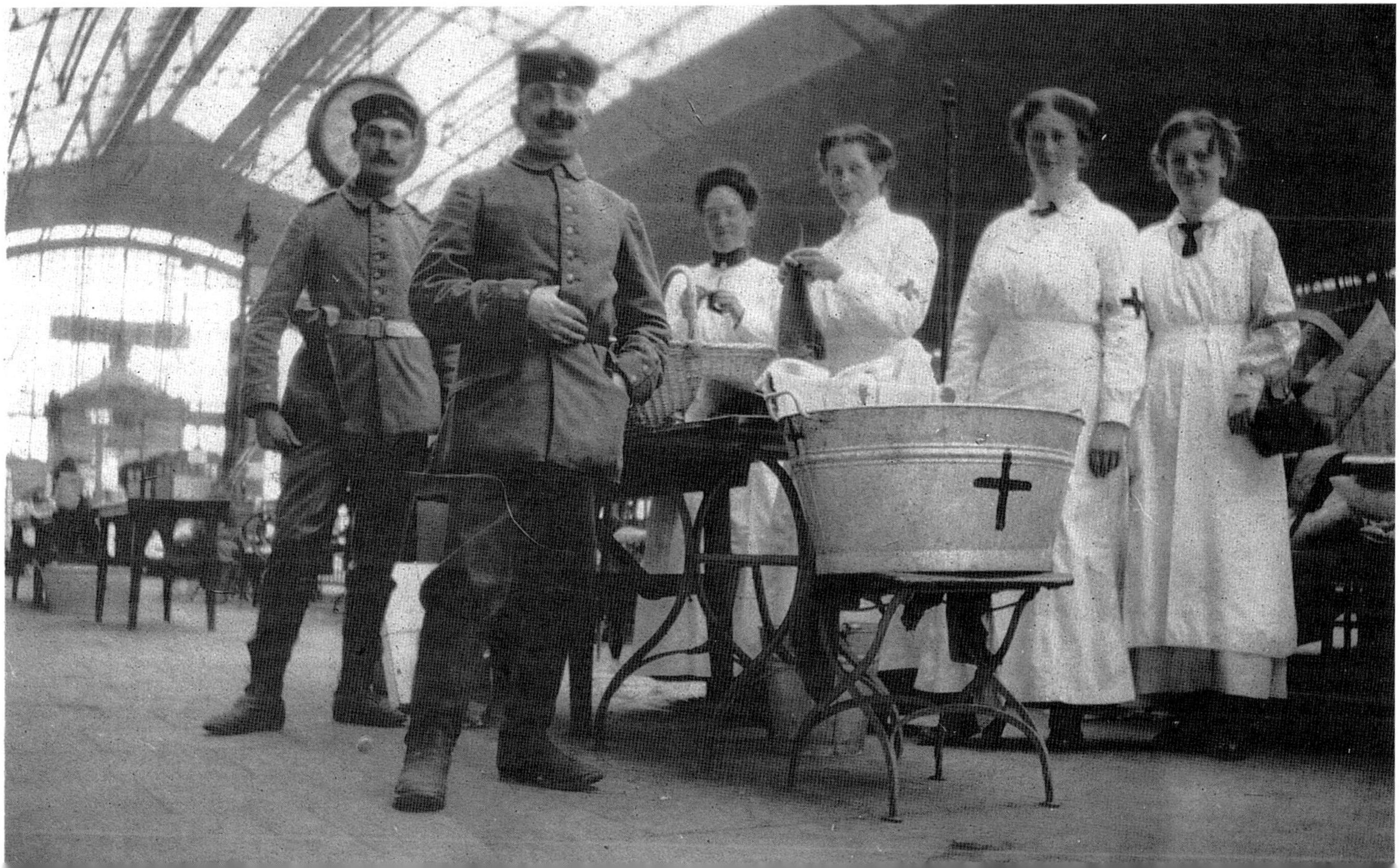

Großadmiral Alfred von Tirpitz und der Chef des Generalstabs, Erich von Falkenhayn, fordern im März den „uneingeschränkten U-Boot-Krieg".

Am 1. Juni beginnt in Galizien die Brussilow-Offensive mit tiefen Einbrüchen in die österreichische Front.

Der Beginn der alliierten Offensive an der Somme am 1. Juli wird zum verlustreichsten Tag der britischen Militärgeschichte.

Am 27. August erfolgt die rumänische Kriegserklärung an Österreich-Ungarn, einen Tag darauf die Kriegserklärung Italiens an das Deutsche Reich.

Aufgrund der gescheiterten Offensive bei Verdun wird Falkenhayn Ende August als Generalstabschef durch Paul von Hindenburg und Erich Ludendorff ersetzt.

Im Oktober wird die Reichsfleischkarte (250g pro Woche) eingeführt.

Das preußische Kriegsministerium ordnet an, alle im Heer dienenden und sämtliche ausgemusterten Juden zu erfassen („Judenzählung"). Vorausgegangen waren Vorwürfe der rechten völkischen Verbände gegen die Kriegsdienstbereitschaft von Juden.

Deutschland und Österreich proklamieren ein selbständiges Königreich Polen.

Der Reichstag beschließt das „Vaterländische Hilfsdienstgesetz" zur Heranziehung der männlichen Bevölkerung zwischen 17 und 60 Jahren zu Hilfsdiensten und zum Einsatz in der Kriegswirtschaft.

Ende November wird die alliierte Offensive an der Somme ohne nennenswerte Geländegewinne eingestellt.

Die Festungswerke von Verdun sind Ende des Jahres wieder in französischer Hand.

▲ *Einladung von Truppen bei Köln. August 1914*
So wie auf diesem Bahngelände ging es in den ersten Augustwochen im ganzen Reich zu. Die über Jahrzehnte geplante und geprobte Aufmarschbewegung sollte im Ernstfall reibungslos und ohne Zwischenfälle durchgeführt werden, was in der Regel auch gelang. Die dazu nötigen Vorbereitungen mussten auch dem Umstand Rechnung tragen, dass das Reich zu diesem Zeitpunkt noch aus den so genannten Länderbahnen bestand. Dazu gehörten die Großherzoglich Badischen, Mecklenburgischen, Oldenburgischen Staatseisenbahnen, die Königlich Bayrischen, Sächsischen, Württembergischen Staatsbahnen, die königlich preußische Militär-Eisenbahn, die Reichseisenbahnen in Elsass-Lothringen und die Preußisch-Hessische Eisenbahngemeinschaft, sowie eine Vielzahl kleiner Lokal- und Privatbahnen, die im Kriegsfall ebenfalls in die Aufmarschbewegung einbezogen werden sollten. Hierzu mussten die unterschiedlichen Lokomotiv-Typen und vor allem der Fuhrpark an Güter- und Personenzugwagen aufeinander abgestimmt werden (ein Eldorado für heutige Eisenbahn-Freaks, denen sich hier schier unermessliche Varianten erschließen.)

Der fotografierende Soldat gibt an, dieses Bild in Erinnerung an seinen Ausmarsch und die Verladung in Köln aufgenommen zu haben. Der Bahnhof konnte jedoch nicht lokalisiert werden.

▶ *Einheit des Infanterie-Regiments Nr. 160,*
nach dem Ausmarsch, 1914–15
Jede Stadt bejubelt „ihr" Regiment beim Ausmarsch, der jedoch meistens nur ein kurzer Marsch zum nächsten Bahnhof ist, von dem nach Militärfahrplänen die Züge zu den Ausladebahnhöfen in die Verfügungsräume fahren. Dies alles geht, jenseits von Hurragebrüll und Enthusiasmus, mit großem Ernst und Präzision vonstatten.

Prominentester Soldat des Regiments 160 war der expressionistische Maler August Macke, der als Kriegsfreiwilliger und Offiziersanwärter im August 1914 von Bonn nach Frankreich zog. Er wurde bereits am 26. September 1914 bei Perthes-lès-Hurlus in der Champagne bei einem Angriff getötet.

▶ *Kraftfahrerkolonne in Düsseldorf vor dem Abmarsch,*
August 1914
Um die wenigen Bahnbrücken zu entlasten, werden die Kraftfahrkolonnen östlich des Rheins in Richtung Westen in Marsch gesetzt. Obwohl die Geschichte des Automobils noch jung ist, spielen Kraftfahrzeuge von Beginn des Weltkrieges eine zunehmend wichtige Rolle. Man denke nur an die berühmten „Marne-Taxen", die General Gallienis 6000 Kürassiere an die Frontlücke zwischen deutscher Erster und Zweiter Armee heranbringen.

Kraftfahrkolonnen wie diese sind vor allem Bindeglied zwischen den Ausladebahnhöfen und der fechtenden Truppe. In der Regel aber sind die Armeen des beginnenden 20. Jahrhunderts wie zu Zeiten Alexanders, Cäsars und Napoleons unterwegs, zu Fuß und per Pferd. Allein die Soldaten des rechten Deutschen Flügels legen in den drei Wochen bis zur Schlacht an der Marne bis zu 550 Kilometer zurück, mit vollem Marschgepäck und bei sengender Augustsonne. Auf dem Höhepunkt der Schlacht sind die Soldaten der sich gegenüber stehenden Armeen durch die vorangegangen Strapazen so erschöpft, dass keiner Seite eine wirkliche Entscheidung gelingt.

Bekleidung
Peek u. Cloppenburg
DÜSSELDORF
29·31·33 Ecke

1917

Im Januar fordert der US-Präsident Woodrow Wilson einen „Frieden ohne Sieger". Die deutsche Regierung lehnt Wilsons Friedensbotschaft ab.

Beginn des uneingeschränkten U-Boot-Kriegs in den Sperrgebieten um Großbritannien und im Mittelmeer am 1. Februar. Die USA brechen die diplomatischen Beziehungen zu Deutschland ab.

Die Gesamtsumme der vom Reichstag seit 1914 bewilligten Kriegskredite beläuft sich im Februar auf inzwischen 64 Milliarden Mark.

Anhaltende Hungersnot im Deutschen Reich.

Im März dankt Zar Nikolaus II. ab, sein Bruder Michail verzichtet auf den Thron. Bildung einer bürgerlichen Regierung in Russland, die den Krieg fortführen will.

Am 6. April erfolgt die Kriegserklärung der USA an das Deutsche Reich.

Gründung der USPD in Gotha.

Im Frühjahr beginnt mit der französischen Offensive die Doppelschlacht an der Aisne und in der Champagne.

Kaiser Wilhelm II. verspricht in seiner „Osterbotschaft" die Aufhebung des preußischen Dreiklassenwahlrechts nach Kriegsende.

Wladimir I. Lenin durchquert in einem Zug das Deutsche Reich Richtung Russland.

Im April ist das Unternehmen „Alberich", der Rückzug auf die Siegfriedstellung, abgeschlossen.

Die „Kaiser-Glocke" des Kölner Doms, die mit 543 Zentnern eine der schwersten der Welt ist, wird zur Metallverwertung eingeschmolzen.

Im Sommer kommt es zu Meutereien in der deutschen Hochseeflotte. Fünf Anführer des Matrosenaufstandes der deutschen Hochseeflotte werden zum Tode verurteilt. Auch in der französischen Armee kommt es zu Meutereien.

Im Oktober wird die italienische Armee während der Offensive am Isonzo vernichtend geschlagen.

Oktoberrevolution in Russland.

1918

Im Januar legt der US-Präsident Woodrow Wilson ein 14-Punkte-Programm zur Friedensordnung vor, das von der Reichsregierung abgelehnt wird.

Am 3. März wird der Frieden von Brest-Litowsk unterzeichnet. Russland verliert über 25 Prozent seiner Bevölkerung und 27 Prozent seines wirtschaftlich nutzbaren Bodens.

Das Hauptquartier der Obersten Heeresleitung wird von Kreuznach nach Spa in Belgien verlegt.

Im März beginnt in der Picardie die erste von fünf deutschen Offensiven.

Der Friedensvertrag zwischen Rumänien und den Mittelmächten soll Deutschland u.a. den ungehinderten Transport von Lebensmitteln aus der Ukraine garantieren.

Das Kriegsernährungsamt in Berlin kürzt die tägliche Brotration auf 150 g pro Person und Tag.

Die letzte große Offensive der österreich-ungarischen Truppen in Italien scheitert Ende Juni, die Moral der K.u.K-Armee bricht zusammen.

Mitte Juli beginnt mit den neuen US-Divisionen die alliierte Gegenoffensive im Westen, die die militärische Wende einleitet.

Am 14. August bezeichnen Hindenburg und Ludendorff in einer Besprechung mit Wilhelm II. die Fortführung des Krieges als aussichtslos. Einen Monat später fordern sie sofortige Waffenstillstandsverhandlungen sowie die Einsetzung einer parlamentarischen Regierung.

In August und September finden massive Luftangriffe auf Köln mit zahlreichen zivilen Todesopfern statt.

Wilhelm II. ernennt am 3. Oktober den als liberal geltenden Prinz Max von Baden zum Reichskanzler. In der neuen Regierung sind auf Verlangen Ludendorffs die Mehrheitsparteien vertreten.

Der US-Präsident Wilson weist die deutschen Angebote mit der Forderung nach militärischer Kapitulation zurück. Hindenburg gibt daraufhin am 24. Oktober den Befehl zum „Widerstand mit äußersten Kräften".

Am 3. November erfolgt der Waffenstillstand zwischen Österreich-Ungarn und den Alliierten, in Kiel beginnt der Matrosenaufstand.

Am 8. November beginnen die Waffenstillstandsverhandlungen im Eisenbahnwaggon von Compiegne.

Am 9. November verkündet Max von Baden eigenmächtig die Abdankung Wilhelms II. und überträgt sein Amt des Reichskanzlers auf Friedrich Ebert (SPD).

Ausrufung der Demokratischen Republik durch Philipp Scheidemann (SPD) und der freien sozialistischen Räterepublik durch Karl Liebknecht wenig später.

Generalstreik in Berlin. Am 10. November begibt sich Wilhelm II. ins Exil in die Niederlande. Es bilden sich Arbeiter- und Soldatenräte im gesamten Reich.

Am 11. November wird der Waffenstillstand beschlossen. Er sieht die Räumung der besetzten Gebiete in Frankreich, Belgien, Luxemburg und Elsass-Lothringen binnen 15 Tagen vor, ebenso die Räumung des Rheinlands bis zu einer Demarkationslinie östlich des Flusses.

Am 1. Dezember marschieren Kampfeinheiten der Alliierten in das Rheinland und die vereinbarten Brückenköpfe um Köln, Koblenz und Mainz ein.

▶ **„Sie sollen ihn nicht haben …" Patriotika, 1914**

Ein weiterer Hit aus der Reihe der patriotischen Rheinlieder, die sich gegen den „Erbfeind" richteten: „Sie sollen ihn nicht haben, den freien, deutschen Rhein, bis eine Flut begraben, des letzten Mannes Gebein!" des Geilenkirchener Dichters Nikolaus Becker. Mit Beginn des Kriegs führten die „Wacht am Rhein" und Beckers Lied die Hitparaden an, die französische Antwort blieb mit Alfred de Mussets „Nous l'avons eu, votre Rhin allemand" nicht aus.

▼▶ **Kinder auf der Wacht am Rhein, 1914**

Sieben kleine Jungs halten mit Fähnchen und Holzsäbeln die Wacht am Rhein. Der zweite Junge von rechts trägt eine Pickelhaube mit dem Nummernabzeichen des Kölner Infanterie Regiments Nr. 53, dessen Soldaten zu diesem Zeitpunkt in der Dezemberschlacht in Französisch-Flandern kämpfen und sterben.

▼ **Mobilmachung, Rheydt, August 1914**

Dieses seltene Foto vom Tag der Mobilmachung zeigt eine Menschenmenge, die den Aushang und die Verkündung vor dem Königlichen Bezirkskommando in Rheydt mit Jubel begrüßt. Im Gegensatz zu den vielen Bildern aus Berlin und München, (man denke nur an das Bild vom Odeonsplatz, das Heinrich Hoffmann aufnahm und später als Leibfotograf Hitlers denselben in der Mitte des Bildes entdeckte und das so zur Bildikone wurde), steht die Menge hier dem Fotografen abgewandt und nimmt von ihm keine Notiz.

Über das historische Ereignis scheint die Menschenansammlung geteilter Meinung zu sein. Während die Herren rechts im Bild die Strohhüte zu einem donnernden Hurra erheben, sehen die Frauen links im Bild die Situation eher skeptisch.

Inwieweit das viel beschworene „Augusterlebnis" auch ein Medienhype war, ist umstritten. In den kleinen Städten und Dörfern des Rheinlands und anderswo hielt sich die Begeisterung schon deshalb in Grenzen, weil die Landbevölkerung mitten in der Ernte war und jeder Mann gebraucht wurde.

Sie sollen ihn nicht
haben,
Den freien, deutschen
Rhein,
So lang' sich kühne
Knaben
Den Waffen gerne weih'n.

Sonst führte uns der Vater aus,
Doch rief der Krieg ihn weit hinaus!
Die Mutter still zu Hause weint,
D'rum haben wir uns hier vereint,
Für heute nur die Wacht am Rhein.

Nach Paris!

Es war Anfang der Achtziger Jahre, ich lebte in Hamburg, mein Vater pendelte zwischen Antwerpen, wo er sich selbstständig gemacht hatte, und Krefeld hin und her. Ich hatte ihn in den Jahren des Erwachsenwerdens nur am Wochenende gesehen. Der Frage, wie es denn in der Schule stünde, ging ich mit der genuschelten Antwort „muss in den Jazzkeller zum Auftritt" schnell aus dem Weg. Mit Achtzehn verließ ich das Elternhaus und wir hatten über Jahre wenig Kontakt.

Jetzt war ich Zweiundzwanzig und wir saßen in einem Zug nach Paris. Mein Vater liebte Paris, er hatte dort kurz nach dem Krieg, dem Zweiten, die schönsten Jahre seines Lebens verbracht. Er hatte an der Sorbonne studiert, um sich in den frühen fünfziger Jahren sprachlich auf die kommende europäische Wirtschaftsunion, die sich mit der Montanunion abzeichnete, vorzubereiten. Seine Rechnung sollte aufgehen. Er hatte, wie er mir stolz berichtete, bei einer reichen Pariser Familie in der Rue de Verneuil gelebt. Der Schwager des Hausvorstands arbeitete im Quai d'Orsay als Staatssekretär, und mein Vater durfte sogar mit zu einigen Empfängen, wurde aber gebeten, sich als Engländer auszugeben, da das mit den Deutschen, na ja, Sie wissen schon, *la guerre,* doch noch ein Problem sei. Man wolle jetzt zwar Freund sein, aber bei einigen Franzosen säßen die Wunden tief.

„Paris!", sagte mein Vater, „Paris!" Und er wiederholte dieses Wort wie eine Beschwörung des Glücks. „Das muss man gesehen haben!"

Ich hatte mich über die Einladung gefreut, ich war aufgeregt. Endlich würde ich mit meinem Vater alleine sein. Ich könnte ihm endlich die Fragen stellen, auf die ich solange keine Antworten bekommen hatte. Wo war Opa Charlie im Krieg gewesen? Wo hatte er sein Auge verloren? Warum hatte mein Vater nie über ihn geredet? Warum war er so einsam gestorben? Und – wo, bitteschön, war mein Großvater im Zweiten Weltkrieg gewesen? Die Fragen in meinem Kopf waren schwerer als der Koffer, den ich mitführte. Und natürlich hieß es, den richtigen Zeitpunkt abzupassen. Ich war jetzt erwachsen, aber das hieß gar nichts, denn die Regeln der Erwachsenenwelt galten nun auch für mich. Man stellt keine falschen Fragen zum falschen Zeitpunkt. Man muss einen Plan haben. Und ich hatte einen Plan. Und ich wollte ihn in Paris zur Ausführung bringen.

Der Zug fuhr durch die grauen Vororte von Lüttich, durch die ehemals blühenden Industrielandschaften der wallonischen Kohleregion, die jetzt in Trümmern lagen und deren Fabriken schon lange nicht mehr auf der Kundenliste meines Vaters standen. Das hier sah aus wie nach einem Krieg, Häuser mit zerbrochenen Fensterscheiben, verrottete Industrieanlagen, über-

wuchertes Brachgelände. Hinter Mons passierten wir die französische Grenze, Zollbeamte kamen in den Zug und kontrollierten die Ausweise. Die Landschaft wurde flach und öd, im fahlen Novemberlicht zogen endlose Rübenfelder am Zugfenster vorbei.

„*Säkongtä*", sagte die Lautsprecherstimme auf dem Bahnhof der nächsten größeren Stadt.

„*Säkongtä*", sagte auch mein Vater zu mir. Es klang, als habe auch dieser Städtename eine magische Bedeutung, aber dieser klang eher nach etwas Unheilvollem. Ich blickte aus dem Zugfenster und sah jenseits des Bahngeländes auf einem Hügel den Ort. Oben auf der Höhe wurde er von einer gothischen Kathedrale gekrönt, der der Turm fehlte. Als mein Blick wieder zurück ins Abteil führte, streifte er ein Schild, auf dem „Saint Quentin" stand. Aha.

„Dreimal sind die Deutschen hier durchgezogen und haben alles zerstört", sagte mein Vater, „das erste Mal 1914." Es klang anklagend und als habe er mit der ganzen Sache nichts zu tun.

„Der kleine Fluss da, das ist die Somme." Dann verstummte er wieder und wir schauten weiter schweigend aus dem Zugfenster, als der Zug sich in Bewegung setzte.

Hinter Saint Quentin fuhr der Zug weiter durch weite Rübenfelder, die meisten von ihnen abgeerntet. Die Sonne stieß kurz durch den Dunst und setzte die herbstlichen Laubbäume in Flammen. Danach erreichten wir das breite Tal der Oise. Rechts neben dem Gleis sah man den Kanal, dahinter den kleinen Fluss, umsäumt von Schwarzpappeln, an denen große Misteln wuchsen. Rechts neben der Bahnstrecke stiegen die Felder, durchsetzt mit kleinen Dörfern, sanft zu einer bewaldeten Hügelkette an.

Und dann, plötzlich, sah ich sie. Die Ruine. Ein altes Chateau, zerbombt, zerstört, ausgebrannt. Aber es thronte noch immer über dem kleinen Dorf am Waldrand. Die Ruine kam näher auf mich zu, mein Blick haftete an ihr fest. Das ist der Krieg, sagte ich zu mir. Hier hat er stattgefunden. Sie weiß es,

◀ *„Feldzug 1914–15", aufgenommen am 28. Mai 1915*
Diese mit Blumen geschmückten Soldaten glauben vor der Abfahrt an die Front im Jahre 1915 noch an einen begrenzten „Feldzug". Die patriotischen Parolen auf den Waggons jedoch sind verschwunden, stattdessen wird die Kreide des Zugpersonals wieder für ihren eigentlichen Bestimmungszweck verwendet, nämlich die Belegung der einzelnen Waggons anzugeben.

▶ *Auf der Fahrt nach Westen, Privataufnahme, August 1914*
Lange Militärzüge mit über 100 Achsen, wie auf dieser Privataufnahme eines Offiziers zu sehen, fuhren in den ersten Kriegswochen Richtung Westen. Um eine reibungslose Abwicklung zu gewährleisten, wurde auch der Privatverkehr in die Militärfahrpläne mit einbezogen, denn die einberufenen Soldaten mussten ja erst von ihren Heimatorten zum Regiment und dann wieder mit diesem an die Front transportiert werden. Nach Abschluss dieser ersten Mobilisierungsphase wurde der Zivil- und Güterverkehr eingestellt und eingeschränkt erst Ende August wieder aufgenommen.

▶ *Verladung von Trainwagen, 1914*
Ein Infanterieregiment bestand aus sogenannten „fechtenden Truppen", die in der Regel vorausfuhren und auf offener Strecke aussteigen konnten, und den Trains, Bagagewagen, Kolonnen und der Artillerie, die zur Ausladung Rampen und Bahnsteige benötigten. Nicht alle Bahnhöfe waren schon in Friedenszeiten für den M-Tag vollständig vorbereitet, so dass eigens dafür abgestellte Pioniertruppen mit vorbereitetem Rampenmaterial Richtung Westen geschickt wurden. Im Zusammenspiel mit dem als Voraussetzung für den Hauptangriff der Armeen im voraus erfolgten „Handstreich auf Lüttich" lässt sich ablesen, dass die unmittelbaren Kriegsvorbereitungen schon Tage vor dem 1. August, der offiziellen Bekanntgabe der Generalmobilmachung durch Kaiser Wilhelm, begonnen hatten.

▶ *Ausladung auf freier Strecke, 1914*
Diese Aufnahme zeigt eine typische Szene im August 1914: In Grenznähe marschieren Soldaten und Trains von vorbereiteten Ausladestrecken Richtung Westen.
Eine Front mit Schützengräben, die sich als Symbol für die Schrecken des Weltkrieges in die kollektive Erinnerung eingegraben hat, gab es im August 1914 nicht. Tatsächlich schien sich in den Grenzschlachten, u. a. bei Mons und Le Cateau, der Eroberung der Festungsstädte von Lüttich und Namur und der Abwehr der französischen Angriffe in den Vogesen und Lothringen der Traum vom schnellen Umfassungsangriff nach nur vier Wochen zu erfüllen. Mit dem Scheitern der Marne-Schlacht und dem anschließenden Rückzug auf die Höhen an der Aisne war diese Zeit der beweglichen Gefechtsführung jedoch vorbei.
Heute stehen Namen wie Verdun oder die Somme für den millionenfachen Tod im „Materialkrieg". Dabei wird oft vergessen, dass die Todesrate – am Durchschnitt der eingesetzten Soldaten gemessen – in den ersten Wochen die zweithöchste des Krieges war, nur übertroffen während der letzten verzweifelten Offensiven des Jahres 1918.

▶ *Truppentransport in der Eifel, Ende 1914*
Der Traum vom schnellen Sieg hat sich nicht erfüllt. Während bereits der erste Schnee fällt, erstarrt die Westfront zum Stellungskrieg. Bis weit in den Spätherbst ist die Vennquerbahn von Jünkerath nach Weywertz aufgrund der gesprengten Maasbrücken die wichtigste Verbindungsbahn zwischen der Heimat und den in Nordfrankreich und Belgien kämpfenden deutschen Armeen.

sie kann davon erzählen. Sie hat ihn erlebt. Unser Zug war jetzt unterhalb des Dorfes, er fuhr viel zu schnell, ich hätte ihn anhalten wollen, die Notbremse ziehen, oder aus dem Fenster springen können. Alles Unsinn natürlich, aber die Ruine ließ mich nicht los, ich drehte mich um nach ihr, das Fenster ließ sich nicht öffnen und schnell, viel zu schnell, verschwand sie aus meinem Blickwinkel, als der Zug eine sanfte Linkskurve nahm und in den nächsten Bahnhof einfuhr.

„Noyon", sagte mein Vater, und es klang, als wolle er damit beweisen, dass wir uns tatsächlich dort befänden und nicht vielleicht von den Franzosen in eine Falle gelockt worden wären.

„Noyon" schallte die französische Lautsprecherstimme krächzend in das Abteil und mein Vater streckte den rechten Zeigefinger und schaute mich an, als habe er diese Ansage vorhergesehen.

Noyon! Ich notierte mir den Namen der Stadt in meinem Gedächtnis, um sie wiederzufinden. Meine Entdeckung, die mich in Erregung versetzt hatte, als hätte ich aus dem Zugabteil eine schöne Frau gesehen, deren Adresse ich um alles in der Welt herausfinden müsste, denn mein Leben, mein Glück würde davon abhängen, sie wiederzufinden, sie zu erobern, mit ihr glücklich zu werden. Noyon also.

Wieder setzte sich der Zug rumpelnd in Bewegung. Es folgte Compiegne. Der Eisenbahnwaggon. Wir fahren im Zug und dort stand einst der Waggon, in dem 1918 der Waffenstillstand unterzeichnet worden war. Und in dem die Deutschen ihrerseits 1940 die Franzosen den Waffenstillstand unterschreiben ließen, bevor sie ihn nach Deutschland brachten und wo er kurz vor Kriegsende zerstört wurde. Der Wald von Compiegne, in dem jetzt nur noch Gleise liegen. Compiegne, kurz vor Paris.

Und dann Saint Denis und – endlich – Paris, Gare du Nord.

Wir folgten dem Ruf der Lichterstadt wie die Heerscharen von Touristen, die Jahr für Jahr in die französische Hauptstadt strömten. Aber wir folgten ihr nicht in der eigentümlich deutschen Art, die in dieser Stadt etwas sah, das man erobern, besitzen musste. Der man sich nicht nähert wie ein Ergebener, sondern entgegentritt wie ein Krieger, der das Recht hat, sich zu nehmen, was ihm zusteht. Paris, das ist die Belohnung für die Strapazen des Krieges, der Schlacht, des Kampfes. Paris besitzt man, oder man steht vor seinen Toren. Die Deutschen standen von 1914 bis 1918 vor den Toren der Stadt, sie wollten da rein. Sie wollten ihren Café auf den Champs Elysees trinken, die schneidigen Leutnants träumten von den Pariser Bordellen und wie sie Champagner aus französischen Frauenschuhen trinken würden, die Generäle sahen sich im Invalidendom am Sarkophag des großen Korsen. Die Deutschen haben es bis 1918 nicht geschafft, in die Stadt einzudringen, auch wenn sie kurz vor Kriegsschluss noch einmal bis an die Vororte herankamen. Die Deutschen schafften es 1940 in wenigen Wo-

chen und Hitler stand kurz am Sarkophag des Korsen, dann reiste er ab und kam nie wieder. Die Deutschen blieben und führten sich in der Stadt auf wie die Schweine. *Les Boches*. Sie plünderten sie aus, sie deportierten die jüdische Bevölkerung und sie sahen Paris als einen riesigen Puff. Die Amerikaner befreiten die weitgehend von den Deutschen unzerstörte Hauptstadt. Auch sie sahen in der Stadt einen riesigen Puff. Die größte Belohnung für einen Fronteinsatz bei der US-Army war ein Drei-Tage-Urlaub in *Gay Paree* in der *Pig Alley*, wie die GIs das Rotlichtviertel am Place Pigalle nannten. Dann war der Krieg vorbei und die Stadt grau und müde. Das war die Zeit, als mein Vater sich meldete. Als Ich-komme-als-Freund-Deutscher im Sinne einer neuen europäischen Zeit der Montanunion, dann der EWG, der Europäischen Wirtschaftsgemeinschaft.

Und jetzt war ich mit ihm hier. Er war hier, weil er hier seinen Lebenstraum gelebt hatte, im Quartier Latin, mit Sidney Bechet und Boris Vian auf der Bühne und Sartre und Beauvoir am Nachbartisch. Sein Lebenselixier, seine Erinnerungen, in denen er schwelgte. Ich war hier, weil ich etwas von ihm wissen wollte. Warum mein Großvater und seine Kameraden die Stadt erobern wollten. Warum sie nicht einfach, wie mein Vater und ich, den Zug über *Säkongtä* und Noyon genommen, sich hier ein bisschen, so wie Touristen das tun, daneben benommen hatten und anschließend wieder verkatert nach Hause gefahren waren. Das Chateau bei Noyon wäre heute noch heil, in Compiegne lägen keine toten Gleise im Wald und es stünden keine Millionen von Kreuzen auf flandrischen und französischen Feldern.

Für ihn war es das Paradies, für mich die bescheiden wirkende Fassade eines Pariser Revue-Theaters – auch wenn sie in schönster Art Deco Manier gestaltet war, eines Baustils, den ich damals schon liebte und der mich an meine Kindheit an der Kanalküste erinnerte. Kaum hatte ich den Eingang passiert, wurde ich von einer plüschigen Atmosphäre empfangen, alles war in rot gehalten, rot, wohin man schaute. Die Treppenstufen zum Empfang waren beleuchtet, an den Wänden hingen die Fotos verblichener oder noch lebender Stars, Maurice, Mistinguette, Charles, ich sah noch, wie mein Vater auf sie zeigte wie auf die Bilder alter Freunde, dann war er, der sonst so Stoische, in Erregung davon gezogen; das letzte, was ich von ihm sah, war sein Mantel, den er wie eine zusammengerollte Trikolore hinter sich herzog und dessen Enden mir nachwinkten.

War das jetzt ein Puff? fragte ich mich erschrocken. Dagegen sprach zu meiner Beruhigung das gemischte Publikum, das ich wahrnahm – gesetzt, bürgerlich, einige laute Amerikaner mit ihren kichernden Ehefrauen waren dabei, auch japanische Männer und Frauen, sogar zwei deutsche Ehepaare standen grau am Rande. Im Hintergrund sah ich viele sehr alte Männer in Anzügen, Franzosen scheinbar. Der Ausflug eines Altersheims? Warum nicht. Es bestand also kein Grund zur Sorge, dass wir

▲ Brückenwache an der Bahnlinie „Crefeld-Neuwerk", Krefeld, September 1914

In Höhe der Alten Gladbacher Straße stehen Landwehrmänner eines Landwehrbataillons des Infanterie-Regiments 160 an einer Nebenstrecke auf Brückenwacht. Hilfreiche Damen aus der Nachbarschaft reichen eine warme Suppe.

In der aufgeheizten Stimmung der ersten Kriegswochen sind es vor allem die älteren Landwehrmänner, die für Verwirrung in den eigenen Reihen sorgen. Sie sichten nicht nur feindliche Spione, sondern melden auch Bomben abwerfende Flugzeuge und Sabotageakte. In der Regel handelt es sich dabei um Falschmeldungen, die jedoch einen personalintensiven Akt auslösen und die Massenhysterie weiter anheizen, was wieder zu neuen Falschmeldungen führt.

Für die deutsche Propaganda sind diese angeblichen Sichtungen eine Steilvorlage, in der Kriegsdepesche vom 3. August wird Frankreich beschuldigt, über neutrales belgisches Gebiet einfliegend rheinische Bahnanlagen bombardiert zu haben. Damit soll die Bevölkerung auf die Kriegserklärung an Frankreich und den völkerrechtswidrigen Einmarsch in Belgien eingestimmt werden. Tatsächlich haben diese Luftangriffe im August 1914 nachweislich nie stattgefunden.

▼ Abfahrt von Reservisten, Hauptbahnhof Essen, August 1914

Eine Szene, wie sie sich an vielen Bahnhöfen des Reiches im August 1914 abgespielt hat. Die Männer fahren an die Front, um den „Erzfeind" zu schlagen und wollen vor Weihnachten wieder zuhause sein. Was uns keines der Bilder verrät, sind die als Freudentränen getarnten verzweifelten Blicke der Ehefrauen, Töchter und Bräute, von denen manche ahnt, dass ihr Liebster nie mehr nach Hause zurückkehren wird.

▲ „Weltkrieg", Elsenborn, Eifel, 2. Dezember 1915

Gefreiter Adolf Jung aus Köln schiebt seinen Dienst im verhassten Truppenlager Elsenborn. Während an der Front scharf geschossen wird, weiß man hier, im Hagel der Platzpatronen, jedoch bereits vom Weltkrieg zu sprechen.

▼ Vereidigung von Soldaten, Köln, Oktober 1914

In der neugotischen Fußartillerie Kaserne am Zugweg in der Kölner Südstadt werden dringend benötigte neue Soldaten vereidigt. Die Rückseite trägt den Stempel des Ersatzbataillons des Landwehr-Infanterie-Regiments 15.

In die Landwehr wurden gediente Soldaten eingezogen, die bereits nach kurzer Ausbildung an die Front geschickt wurden. Das (Westfälische) LIR 15 war Teil der 13. Reserve-Division und kämpfte ab März 1915 am Hartmannweilerkopf in den Vogesen. Da es neben den Länderbahnen auch die Armeen der Länder gab (also Preußen, Sachsen, Württemberg, Bayern), existierte neben dem hier genannten auch das Königlich bayerische Landwehr-Infanterie-Regiment 15. Diese Parallelbezeichnungen ziehen sich durch alle Truppengattungen und führen demgemäß zu Verwirrungen bezüglich der damaligen Unterstellungen und des Einsatzgebietes.

Die Kaserne war nach dem Krieg, in der Zeit der britischen Besatzung von Januar bis Mai 1919, ein Teil des „Demob"-Programms, der Demobilmachung der deutschen Truppen nach dem Waffenstillstand. Hier wurden vor allem die rheinischen Regimenter der 16. Division unter Aufsicht der Entente aufgelöst.

hier in einer Mausefalle gelandet wären, das war eben das „Paradis Latin", so eine Pariser *Revue*, die man gesehen haben musste, wie mein Vater schon im Zug gesagt hatte. Halbnackte Frauen auf der Bühne, aber „ästhetisch", wie er betonte, dazu Varieté-Künstler und Essen und Getränke inbegriffen. Das Wort „inbegriffen" hatte er, vor *Sänkongtä*, mehrfach wiederholt, es schien für ihn den besonderen Reiz dieser Sache auszumachen.

Ich ging die große Treppe zum Empfang hoch, ihn suchend, aber die vielen Bilder der Revue-Tänzerinnen, die hier schon mal eine Kostprobe ihrer Vorzüge ins Schaufenster stellten, verlangsamten meine Schritte.

„Der ewige Traumtänzer!", schnauzte seine vertraute Stimme von hinten. Den Mantel war er los geworden, stattdessen war er schon mit einem Champagnerglas bewaffnet. „Und gib deinen Mantel ab!". Er drückte mir drei Francs in die Hand und setzte die Flöte an den Mund.

„Tisch 54!" donnerte er noch hinter mir her, und es klang, als hätte das Champagnerglas wie ein Schalltrichter gewirkt. Mir war gar nicht wohl dabei, dass er das auf Deutsch tat. Es klang in meinen Ohren wie „Ausweiskontrolle" oder „Achtung!". Einige der älteren Männer in den schwarzen Anzügen hatten sich nach ihm umgedreht. Es gefiel mir nicht, dass er jetzt hier, ausgerechnet hier, unter all den ehemaligen Feinden, die jetzt unsere Freunde waren, so aufdrehte. Als ich den Mantel abgab, war mir klar, dass mein Plan hier und heute Abend zur Ausführung kommen musste.

Drinnen spielte bereits die Vorkapelle. Nach der bescheidenen Außenfassade öffnete sich mir ein weiteres Rätsel französischer Winkelarchitektur, ein riesiger Theatersaal, plüschig wie der Rest des Hauses mit Tischen und Stühlen im Parkett, einer großen Bühne, flinken Kellnern, die riesige Tabletts jonglierten – war das schon ein Teil der Revue? –, weißen Tischdecken, riesigen Menükarten, Champagnerkühlern, die von dienstbaren Geistern geräuschvoll neben die Tische geschoben wurden. Nein, das hatte ich noch nicht in meiner alternativen Hamburger Welt, in der ich in abbruchreifen Fabrikhallen oder heruntergekommenen Lofts spielte, gesehen. Das hier war tatsächlich etwas neues und anderes. Das hier, das war – Paris.

Kaum hatte ich neben ihm Platz genommen, als bereits ein beflissener Kellner sich an uns heranschob und nach den Wünschen fragte.

„Alles inbegriffen!" betonte mein Vater nochmal, so als hätte ich, der Traumtänzer, das was er mir im Zug fünf, wenn nicht acht Mal gesagt hatte, zwischen Noyon und Compiegne bereits wieder vergessen.

Wir bestellten zur Vorspeise eine Foie de Canard, zum Hauptgang sollte es ein Pavé de Boeuf geben, „medium", wie mein Vater dem Kellner mehrfach auf französisch mit englischen Akzent sagte. Den Nachtisch würden wir anschließend entscheiden, als Aperitif nähmen wir eine Flasche Champagner.

„Alles inbegriffen!" sagte er noch mal zu mir.

„Es ist schön, dass du mich eingeladen hast und wir uns endlich mal aussprechen", sagte ich. „Lass uns darauf anstoßen!"

Ich kippte das Glas herunter, er zögerte, nahm dann aber einen kräftigen Schluck und ich griff die Flasche und schenkte uns nach.

„Weil es so schön ist, noch einen", sagte ich.

„Mein Sohn in Geberlaune."

„Wann sehen wir uns schon mal. Du weißt doch, dass es vieles gibt, was ich dich fragen wollte", sagte ich ihm und prostete ihm dabei noch einmal zu.

Er tat so, als habe er mich durch den Knall eines Champagnerkorkens am Nachbartisch, der vom hysterischen Aufschrei der amerikanischen Ehefrauen begleitet wurde, nicht gehört.

Ich sah ihn an und ich sah, wie seine Augen blinzelten, und ich wusste genau, dass er mich verstanden hatte. Er nahm das Glas, hielt es in meine Richtung, schwenkte es zweimal und trank. Und dann tat er das, was er immer in solchen Momenten tat. Er schwieg.

Ich trank das dritte Glas, ich trank mir Mut an, ich stellte es auf den Tisch und schaute ihn fest an.

„Was war mit Karl? Mit meinem Großvater, deinem Vater? Warum war er so? Was hat er gemacht? Sag's mir!"

Einen Moment schaute er fast böse, seine Augen blinzelten noch mehr. Er fixierte mich, doch dann wurde er ganz ruhig und seine Gesichtszüge entspannten sich. Er setzte das Glas ab, legte seine Hände auf den Tisch zu beiden Seiten des Tellers, flach mit den Handrücken nach unten.

„Also", sagte er, und er klang feierlich dabei, „dein Großvater –" Er hielt kurz inne und sammelte sich.

Ich war elektrisiert. Da war er, der Moment! Mein Plan war aufgegangen, ich hatte ihn in *meine* Mausefalle gelockt, hier unter all den ehemaligen Feinden, jetzt konnte er mir nicht mehr ausweichen, jetzt würde ich es erfahren, er würde mir alles erzählen, mein Vater! Jetzt würden wir Freunde werden, denn er würde mich einweihen in die dunkelsten Geheimnisse der Familie.

Er atmete noch einmal tief durch, dann setzte er noch einmal an und sagte:

„Dein Großvater –"

Tärää! Ein wuchtiger Tusch der Kapelle durchdrang die quirlige Stimmung des Theatersaals, augenblicklich erlosch das Licht, die Gespräche erstarben und ein Suchscheinwerfer kreiste grell durch den Raum. Ich saß da wie gelähmt und geschockt und dachte einen Moment an eine gewaltige Inszenierung, die mein Vater hier für diesen Augenblick nur für mich, seinen Sohn, den er für doch nicht so missraten hielt, mit Hilfe seiner Freunde, die draußen im Foyer an der Wand hingen, geplant hatte. Der Scheinwerferkegel traf unseren Tisch und im grellen Licht sah er nun aus wie ein Bajazzo und mir war, als stünde er

▲ **Landsturmmänner des 20. Landwehr-Infanterie-Regiments,
bei Magnée, Provinz Lüttich, Belgien, 1914**
Düster drein blickende Landwehrmänner posieren Wochen nach dem Einmarsch im Herbst 1914 an einem Gedenkkreuz für zwei Soldaten des In-
fanterie-Regt. Graf Tauentzien v. Wittenberg (3. Brandenbg.) Nr. 20. Auf
dem Schild steht: „6. 8. 1914 Durch Meuchlerhand fielen hier 2 Kameraden des 20. Inf. Regt."

So wie hier an einem Steinbruch zwischen Magnée und Olne-St-Hadelin
in der Provinz Lüttich spielten sich bis in den September hinein hunderte
grausame Szenerien ab. Ein vermeintlicher Schuss, „friendly fire", angebliche Lichtzeichen, die Zivilisten den Lütticher Forts sendeten, Priester, die
durch Glockensignale dem Feind geheime Botschaften übermittelten, die
allgemeine Wahnvorstellung von feindlichen Francs-tireurs, die mit ver-
deckten Waffen operierten, im Groben und Ganzen schlichte Paranoia und
Kriegshysterie, fanden ihren Ausdruck in der massenhaften Ermordung
wehrloser Kinder, Frauen und Männer. Nachdem diese zwei Soldaten des
IR 20 im Kampf getötet wurden, ermordeten Einheiten dieses Regiments in
Magnée 17 und in Olne-St-Hadelin 64 Zivilisten.

Eine hervorragende und abschließende Betrachtung dieser in Deutschland lange verdrängten Thematik findet sich in dem großartigen Werk
„Deutsche Kriegsgräuel 1914 – die umstrittene Wahrheit" von John Horne
und Alan Kramer.

Zur Besetzung von Brüssel.

Brüssel, den 22. August 1914.

**Deutschland
muß einheitliche Zeit haben.**

Diese Propagandapostkarte widerspricht entschieden den späteren Beteuerungen der Deutschen Reichsregierung, niemals die Absicht gehabt zu haben, das Königreich Belgien zu annektieren.

In der Kriegsschuld- und Kriegszielfrage stehen sich auch heute noch die beiden Hauptlager unversöhnlich gegenüber. Aufgrund der Dokumentenlage ist es für die Anhänger Fritz Fischers eindeutig, dass die damalige Reichsführung im Falle eines Sieges die Einverleibung Belgiens und die Einbindung der Niederlande und der Schweiz vorsah, darüber hinaus die Annektierung weiter Teile Nord- und Ostfrankreichs mit dem Erzbecken von Longwy und dem Liller Kohlerevier.

Pikant ist, dass Reichskanzler Bethmann Hollweg am 4. August im Reichstag – und somit vor aller Welt – kundtat, dass der Einmarsch in das neutrale Belgien sehr wohl einen Bruch des Völkerrechts darstelle:

„Wir sind jetzt in der Notwehr; und Not kennt kein Gebot. Unsere Truppen haben Luxemburg besetzt, vielleicht schon belgisches Gebiet betreten. (sic!) Meine Herren, das widerspricht den Geboten des Völkerrechts. Das Unrecht – ich spreche offen –, das Unrecht, das wir damit tun, werden wir wieder gutzumachen suchen, sobald unser militärisches Ziel erreicht ist."

Das Martyrium des kleinen Landes, in der angelsächsischen Welt auch „The Rape and Murder of Neutral Belgium" genannt, wird zur Fackel im Kampf gegen die deutschen Barbaren und Hunnen, und zum Kern der Kriegsschuldfrage, die bereits – auch in der neutralen Publizistik – ab dem August 14 leidenschaftlich diskutiert wird, u. a. von Schriftstellern ersten Ranges wie Bernard Shaw, H. G. Wells und Gerhard Hauptmann.

„Was war mit Charlie, mit meinem Großvater?!", schrie ich in das bacchanalische Inferno und kippte mir noch einen Champagner runter. Der Boden schwankte unter mir und ich wusste nicht, ob es vom Stampfen der Fruchtbarkeitsdienerinnen herrührte oder der mir ungewohnte französische Champagner den Boden unter den Füßen wegzog. Er klatschte in die Hände und seine Augen leuchteten und als beim Höhepunkt der Ouvertüre barbusige Vestalinnen mit Federn an Po majestätisch in hochhackigen Schuhen über die Bühne schritten, erreichten ihn meine Worte nicht mehr.

Mir wurde schlecht. Die lange Zugfahrt, der wenige Schlaf und jetzt die vier hastig runter gestürzten Champagnerflöten. Ich hielt mich am Stuhl fest, um die kreisenden Bewegungen auszugleichen, und suchte nach einem Halt. Ich blickte auf die Bühne und ich sah Brüste, die im Scheinwerferlicht wippten, aber einen Halt gaben sie mir nicht. Ich versuchte irgendetwas im Raum zu fixieren. Ich suchte eine Erdung, die mich zurückholte. Und dann sah ich sie wieder. Die alten Männer, die ich schon im Foyer gesehen hatte. Der Altersheim-Ausflug. Ganz schön großes Altersheim, dachte ich mir. Ich sah sie mir genauer an, denn keiner von ihnen schaute zurück, sie hingen ja alle mit ihren Augen wie kleine Buben an den nackten Brüsten der Frauen mit den hochhackigen Schuhen und den Federn am Po, die weiter majestätisch über die Bühne schritten. Sie hatten alle Orden. Nicht die halbnackten Frauen, sondern die alten Männer. Orden über Orden. Sie hat-

auf und sänge für mich die Arie des verlorenen Großvaters. Dann kreise der Scheinwerfer weiter durch den Saal, mein Vater versank in der Dunkelheit und sah wieder ganz normal aus und er schaute mich auch nicht mehr an, sondern blickte dort hin, wo alle jetzt hinblickten, auf die Bühne.

Kreischende Frauen stürmten dort auf das Proszenium und zogen immer wieder, geradezu manisch und obzessiv, zur rasenden Musik ihre Röcke nach oben und es wirkte wie der Fruchtbarkeitstanz eines alten gallo-römischen Stammes, war aber, wie einer der Ehemänner der jetzt nicht mehr vom Kreischen abzuhaltenden Amerikanerinnen, etwas, das sich „Can Can" nannte. Die Amerikanerinnen kreischten daraufhin noch mehr, was aber nicht weiter auffiel, da die Tänzerinnen, die sich ihre Röcke wie wild und rasend geworden weiter über die Unterhosen nach oben zogen, noch lauter kreischten.

▲ Battice, Provinz Lüttich, Belgien, August 1914

Die Ermordung belgischer Zivilisten wurde von der deutschen Seite keineswegs bestritten, wie diese Postkarte von 1914 zeigt. Im Gegenteil wurden sie als gerechte Strafe einer sich widersetzenden Bevölkerung gegenüber angesehen. Die Tatsache, dass die Abwehr eines Feindes auch von Bürgerwehren, wie sie die Garde Civique darstellte, ausdrücklich durch die Haager Landkriegsordnung zugelassen war, interessierte die deutsche Seite insofern wenig, als dass sie den belgischen militärischen Widerstand überhaupt als ein Verbrechen am Deutschen Volk verstand.

Hatte der Kaiser – aus deutscher Sicht – bei König Albert höflichst angefragt, man möge doch bitte die deutschen Truppen Richtung Frankreich passieren lassen, so pochte dieser auf die Verteidigung der belgischen Neutralität. Die nur aus 6 Divisionen bestehende belgische Armee schaffte es immerhin bis zum 16. August 1914, die Deutschen in Lüttich aufzuhalten, um sich dann nach Antwerpen zurückzuziehen. Die bis Ende Oktober andauernde Belagerung band zwei weitere deutsche Korps, die eigentlich zum Durchbruch an der Marne dringend erforderlich gewesen wären. Manche Historiker sehen gerade in dem belgischen Widerstand einen entscheidenden Punkt im Versagen des deutschen Angriffsplans – was wiederum die Wut der deutschen Soldaten über die „belgischen Verräter" erklärt, die eine blutrünstige Soldateska zum Anlass nahm, allein in Belgien über 6000 Zivilisten zu ermorden und eine der ältesten Bibliotheken der Welt, die Bibliothek von Löwen, in Brand zu stecken. In diesen Tagen wurde das Bild vom deutschen Barbaren mit Pickelhaube und Monokel geboren, das bis heute für den deutschen Imperialismus und Militarismus jener Zeit steht. Das deutsche Wort „Kultur" wurde in seiner deutschen Aussprache in den Ländern der Welt zum Unwort und der Sinnspruch „Am deutschen Wesen soll die Welt genesen" erhielt eine blutrote Färbung.

Auf der Postkarte findet sich das immer wiederkehrende Motiv des die Deutschen freundlich begrüßenden Bürgermeisters, der dann die Waffe zieht und den deutschen Offizier tötet. Manchmal ist es angeblich auch die Tochter oder der Sohn des jeweiligen Bürgermeisters. Aufgrund der deutschen Behauptungen fragte sich ein englischer Diplomat sarkastisch, ob es sich wohl bei den Belgiern um ein den syrischen Assassinen ähnliches Volk handele. Die Berichte über die Gräueltaten hätten sicherlich ausgereicht, gerecht über die deutschen Übergriffe empört zu sein, folgten aber der in Kriegszeiten üblichen hysterischen Empörungs- und Propaganda-Maschine-

▲ Herve, Provinz Lüttich, Belgien, August/ September 1914

Waren die Kriegsgräuel der ersten Tage eher eine Bewegung von unten – d.h. die unmittelbare Reaktion auf vermeintliche Übergriffe von Francs-tireurs oder bewaffneten Priestern, oder sonstigen, in der Masse eingebildeten Feinden – so war die folgende zweite, weitaus schlimmere Massakerwelle eine von der Armeespitze angeordnete Einschüchterungskampagne, um die sich wehrenden Belgier ein für allemal in Schach zu halten. Längst werden die eigentlich für die Bahnwachen abgestellten Landwehrmänner als Reserve der Kampftruppen gebraucht. Die Eisenbahnnachschubtransporte durch Feindesland werden schon jetzt aufgrund der gesprengten Tunnels und Brücken immer schwieriger.

Dass es aus der Truppe beim Töten wehrloser Frauen, Kinder und älterer Männer keinen nennenswerten Widerstand gibt, rührt aus der langjährigen Einschwörung auf den Kampf mit dem inneren Feind. So und nicht anders hätten die Armeen des Kaiserreichs auf eine Revolution noch vor oder während des Krieges im eigenen Land reagiert, so und nicht anders reagierten Offiziere der ehemaligen kaiserlichen Armeen als Freikorps und Reichswehr-Angehörige während des deutschen Bürgerkriegs in Berlin, Leipzig, München und dem Ruhrgebiet. So und nicht anders begann der unselige Geist, der zum Vernichtungskrieg der Wehrmacht im Osten 27 Jahre später führte.

In Herve werden am 8. August 1914 38 Zivilisten ermordet und 300 Häuser als Vergeltungsmaßnahme von Soldaten der Infanterie-Regimenter 39 und 165 niedergebrannt, beteiligt dabei sind Kavalleristen.

Den Höhepunkt erreichen die Massaker in Belgien ab dem 20. August 1914 mit der Ermordung von Zivilisten in Aarschot (156 Tote), Andenne (262 Tote), Tamines (383 Tote), Ethe (218 Tote), Dinant (674 Tote), Löwen (248 Tote) und Arlon (133 Tote).

rie, die es später umso schwieriger machte, den wahren, düsteren und unmenschlichen Kern dieser Gewalttaten aufzuklären.

In Battice wurden am 6. August 1914 33 Zivilisten ermordet und 147 Gebäude als Vergeltungsmaßnahme von Soldaten der Infanterie-Regimenter 16 und 165 niedergebrannt. Auf die Postkarte hat der Absender über das Bild der Ruinen „Fröhliche Weihnachten" geschrieben.

ten Narben. Einem fehlte ein Bein, einem anderen ein Arm. Sie waren alt, manche über achtzig, andere an die neunzig. Ich trank einen großen Schluck aus der Wasserflasche und das brachte mich langsam wieder runter. Wer waren die? Was machten die hier? Sie konnten in dem Alter meines Großvaters Charlie sein. Ja, er wäre jetzt 88, wenn er nicht vereinsamt, damals, als ich fünfzehn war, gestorben wäre. Und da war klar: Die da, die alten Männer – das sind seine ehemaligen Feinde. Die echten, wahren Feinde, die aber jetzt unsere Freunde sind. Es sind Veteranen. Echte Veteranen des Ersten Weltkriegs. Es sind die alten Männer, die in den Schützengräben gegen meinen Großvater gekämpft hatten. Es sind die Männer, die mein Großvater töten wollte und musste und deren Kameraden er getötet hatte.

Ich schlich mich aus dem Theatersaal und irrte durch das plüschige Labyrinth auf der Suche nach dem erlösenden Schild „messieurs". Ich verbrachte einige Zeit hinter der abgeschlossenen Tür des WCs und versuchte mich zu sammeln. Ich fühlte mich einsam in der Höhle des Feindes und ich wusste, dass mein Plan gescheitert war. Wie dumm von mir, mit ein paar Gläsern Schaumwein an die Geheimnisse des Krieges zu kommen! Ich hatte von meinem Vater keine Antwort bekommen und ich würde von ihm keine bekommen. So nicht. Stattdessen hatten mir die ehemaligen Feinde eine Botschaft zukommen lassen: Wir sind da, wir leben noch. Wir haben ihn nicht vergessen, La Grande Guerre. Und jetzt sind wir Freunde. Vielleicht.

Ich verließ das WC und die Concierge bat mich um das *Pourbois*. Ich griff in die Hosentasche und suchte nach drei Francs, aber ich fand nur Markstücke und Groschen. Die Reisekasse mit dem französischen Geld hatte mein Vater, der sich oben vergnügte.

„Ich habe kein französisches Geld", sagte ich auf Deutsch. Und ich weiß nicht und werde nie wissen, warum ich, der ich schon mit sechs Jahren angefangen hatte, Französisch auf der Schule in Antwerpen zu lernen, es auf Deutsch gesagt habe.

„Sie sind Deutscher?", fragte die Concierge und sie schaute mich streng an. Sie hatte es auf Deutsch gesagt. Mit klarer Aussprache.

„Ja, oui", sagte ich und ich wäre am liebsten in das Klo zurückgeflüchtet und hätte mich dort eingesperrt und gewartet, bis mich mein Vater mit der versammelten Pariser Feuerwehr dort herausgeholt hätte.

„Ich werde das Geld holen, ich habe es oben am Tisch", sagte ich mit einer Geste der Entschuldigung.

Von hinten drängten nun viele Männer in das enge WC und schoben mich an den Rand, oben war jetzt scheinbar Pause. Ich machte Platz und drehte mich um. Es waren die alten Männer mit den vielen Orden. Der Mann mit dem fehlenden Arm war dabei. Der Mann mit dem fehlenden Bein stellte seine Krücken an die Wand.

Die Concierge sah meinen Blick. Sie hatte mich noch nicht entlassen.

„*Les briscards*. Sie haben heute freien Eintritt. Es ist ihr Tag," sagte sie zu mir.

Ich wusste keine Antwort und schaute sie fragend an.

„Es ist der 11. November", sagte sie.

„*L'armistice*. Wir nennen es *Victoire*."

Jahrzehnte später begann ich die Orte der Westfront zu besuchen, Verdun, Ypern, die Somme. 2010 war ich dort mit meinem alten Freud Flo, der seit 30 Jahren als Maler in den USA lebt. Wir waren auf den Spuren von Otto Dix, George Grosz und anderen Künstlern, die versucht hatten, ihre Kriegstraumatisierungen in Bilder zu fassen. Ich hielt die Orte mit der Kamera fest, La Main de Massiges, Reims, Belleau Wood, Chateau-Thierry. Nachdem wir drei Tage lang die endlosen Soldatenfriedhöfe in der Champagne und an der Marne gesehen hatten, beschlossen wir umzudrehen.

Der Septemberhimmel lag dunkel über den leeren Feldern und die vom Atlantik hereinwehenden Wolken schoben sich nach Osten. Hinter Saint-Hilaire-le-Grand bogen wir in eine D-Straße ab und an der Ferme de Wacques auf einen Weg, der auch kein „D" mehr kannte, und erreichten eine flache Mulde. Ich hielt den Wagen an.

„What the hell?", sagte Flo. „Hier ist nichts!"

„Ich weiß auch nicht. Aber ich will das hier unbedingt fotografieren", sagte ich.

Er blieb im Wagen, ich nahm die Kamera und knipste drauf los.

Da war wirklich nichts. Kein Graben, kein Denkmal, keine Mauerreste, nur der Gestank von französischem Klärschlamm, der zur Düngung irgendwo in der Nähe abgekippt worden war und dessen Geruch mir immer unangenehmer in die Nase trieb. Aber irgendetwas faszinierte mich an diesem leeren, trostlosen Ort. Die Wolken wurden dunkler, das Licht zum Fotografieren war weg.

„Lass uns nach Hause fahren", sagte Flo aus dem Auto.

Ich schaute nochmal auf den bedrohlichen Himmel und versuchte, irgendeine Wolkenlücke zu finden, dann gab auch ich auf.

„We don't have this back home", sagte Flo auf der Weiterfahrt.

„Und der amerikanische Bürgerkrieg? Gettysburg?" „Weit weg von Frisco", sagte er, „bei uns nur so irgendwas von den Indianerkriegen. In den Rockys."

Unvermutet schickte die Sonne einen kleinen Strahl durch die Wolken.

„Lass mich noch ein letztes Foto versuchen", sagte ich.

Ich hielt den Wagen an der Straße kurz hinter Sommepy an und öffnete die Tür. Als ich meinen linken Fuß auf den Boden

▲ *Visé, Provinz Lüttich, Belgien, 22. August 1914*
Auch die Presse versinkt im Strudel des patriotischen Überschwangs, der Blut geleckt hat und Opfer fordert. Manche Formulierungen in den rheinischen Tagesausgaben jener Zeit erreichen einen derart ekelhaften Tiefpunkt, dass man geneigt ist, an Meldungen aus dem Dritten, aber nicht aus dem Kaiserreich zu glauben.

Auch in den in der Zeit der Weimarer Republik erscheinenden Regimentsbüchern, wie zum Beispiel der Kriegsgeschichte des Jäger-Bataillons Nr. 7, werden die Massaker an der Zivilbevölkerung keineswegs verleugnet, sondern als, wenn auch „schauderhafte", so doch kriegswichtige Maßnahme beschrieben. Das Unrecht, so wird dargestellt, haben ja die sich wehrenden Belgier begonnen.

In Visé werden am 16. August 1914 23 Zivilisten ermordet und 600 Häuser als Vergeltungsmaßnahme von Soldaten der Infanterie-Regimenter 52 und 75 niedergebrannt, beteiligt sind dabei Pioniere und Kavalleristen.

▲ *Deutsche Soldaten marschieren in Belgien ein, Provinz Lüttich, Belgien, August 1914*
Eine seltene Privataufnahme eines Offiziers von den ersten Morgenstunden des 4. August 1914 unweit der deutschen Grenze, vermutlich bei Franchorchamps. Deutlich ist in der Mitte ein Husar, eventuell des Krefelder Regiments, das hier nachweislich die Grenze überschritt, zu sehen. Im Verlaufe der ersten Kriegswochen löste das Auftauchen deutscher Kavallerie, verbunden mit den Berichten deutscher Greueltaten, bei der Zivilbevölkerung panische Reaktionen aus, allein in Belgien war ein Drittel der Bevölkerung auf der Flucht vor den Deutschen. „Les Uhlans! Les Uhlans!" war der Ruf, der Schrecken auslöste. Oft wird es sich aber auch um Husaren gehandelt haben – alle deutschen Kavalleristen trugen mittlerweile Feldgrau und beide Gattungen waren mit Lanzen ausgerüstet. Wenn heutige Politiker flink mit der Zunge sind und in Bezug auf Nachbarstaaten schon mal die Kavallerie einsetzen wollen, sollten sie sich mal besser an die fest eingebrannten Schreckensbilder unserer Nachbarn erinnern.

▶ *Zivilisten während des Einmarsches, Provinz Lüttich, Belgien, August 1914*
Belgische Zivilisten betrachten mit Vorsicht und Misstrauen das einmarschierende deutsche Heer im deutsch-belgischen Grenzgebiet. In vielen belgischen Briefen und Tagebüchern jener Zeit finden sich Bemerkungen, dass neben den Kriegsgräueln und den Requirierungen das Unerträglichste der ständige, dunkle und kriegerische Gesang der Deutschen gewesen sei. Diese Behauptungen sind keinesfalls aus der Luft gegriffen, denn um Marschleistungen von über 40 Kilometern täglich, unter sengender Sonne und Todesgefahr, zu erbringen, war der Marschgesang und die Marschmusik ein Mittel der psychologischen Motivation.

setzte, fühlte ich etwas Weiches, und ich spürte, das es mich nicht mehr los ließ. Ich dachte an den Klärschlamm, aber es war Kreide. Klebrige, französische Champagnerkreide. Der Kreideschlamm hielt mich so fest, dass ich gezwungen war, ganz auszusteigen, um nicht das Gleichgewicht zu verlieren.

„Bleib bloß drinnen!", sagte ich Flo, „es reicht, wenn ich schon alles versaue."

Die Kreide hielt mich solange gefangen, bis sich die Sonne wieder hinter den schwarzen Wolkenbergen versteckt hatte. Dann begann es zu schütten und ich sprang mit einem Satz ins Auto und startete den Motor.

„Hey Dude!", sagte Flo, „I get the willies here. Come on, let's go back home."

Der Rückweg führte uns über die Maas bei Dun, unweit von Verdun, und dann durchfuhren wir auf dem Heimweg alle die Orte, die das Elend des Krieges gesehen hatten. Das belgische Bastogne hatte es sogar fünf Mal gesehen, 1914 beim Einmarsch, 1918 beim Rückzug, 1940 beim Überfall, 1944 bei der Befreiung und Weihnachten 1944 und Neujahr 1945 bei der deutschen Belagerung während der letzten Offensive. Abends schauten wir noch „Im Westen nichts Neues" und dann betranken wir uns und Flo wollte vom Krieg nichts mehr wissen.

Kurze Zeit darauf begann ich mit der Arbeit an diesem Buch. Ich besorgte mir Unterlagen und Bücher zur Geschichte der rheinischen Regimenter im Ersten Weltkrieg. Die Champagne war der Ort, an dem viele von ihnen die ersten zwei Kriegsjahre gekämpft und hohe Verluste erlitten hatten. Und dann fand ich sie wieder, die Senke bei Souain-Perthes-lès-Hurlus, die ich in meiner Unwissenheit so ausgiebig fotografiert hatte.

Am 26. September 1914 hatte hier ein Angriff der drei Bataillone des aus Bonn, Diez und Euskirchen stammenden Infanterie-Regiments 160 stattgefunden. Der Angriff wurde von den Franzosen zurückgeschlagen, das Regiment erlitt beim Angriff in der Senke hohe Verluste. Einer der Soldaten, der hier im

◀ *Lager Friedrichsfeld, 1916*
Wie in vielen Lagersystemen der Welt wurde auch in den Kriegsgefangenenlagern eine begrenzte Eigenverwaltung eingesetzt, um die deutschen Bewacher zu entlasten und möglichst indirekt Druck auf die Gefangenen ausüben zu können. Meist war dies der ranghöchste Offizier der jeweiligen Armee, denn die Soldaten behielten auch in der Gefangenschaft ihren jeweiligen Rang und Status, so dass dieser im Schatten eines Baumes sitzende französische Offizier durchaus die Befehlsgewalt über seine ihm Untergebenen ausüben konnte.

▶ *Esperantistengruppe im Kriegsgefangenenlager Friedrichsfeld bei Wesel, April 1916*
Der Erste Weltkrieg brachte auch im Kriegsgefangenenwesen ungekannte Änderungen mit sich, denn noch nie war man mit so einer Masse an gefangenen Gegnern im Land konfrontiert. Dies bezog sich auf die Bewachung, die Versorgung und Beschäftigung. Die 1907 veränderte Haager Landkriegsordnung sah eine klar humanitäre Behandlung des jeweiligen kriegsgefangenen Feindes vor, wobei der Arbeitseinsatz ausdrücklich erlaubt war, soweit er nicht kriegswichtigen Zielen folgte. Dies war in einem auch ökonomisch geführten Krieg jedoch immer schwieriger zu trennen.

Im Deutschen Reich befanden sich am Ende des Krieges über 2,4 Millionen Soldaten aus 13 Staaten in Gefangenschaft, wobei die Todesrate in den Lagern bei etwa 3,5% lag.

Auf dieser Fotoaufnahme sind russische, französische und britische Kriegsgefangene im Lager Friedrichsfeld bei Wesel zu sehen. Der grüne 5-zackige Stern weist sie als Esparantisten aus. Die Kunstsprache Esperanto erfreut sich zu dieser Zeit unter den Kriegsgefangenen großer Beliebtheit und war aufgrund ihrer Universalität oft die einzige Möglichkeit der Verständigung.

Kampfeinsatz getötet wurde, war der Kompanieführer und Offiziersstellvertreter August Macke, bürgerlicher Beruf Kunstmaler.

Ich denke zurück an den schweren, bleiernen Himmel über der Champagne und an die vielen Kreuze auf den unzähligen Soldatenfriedhöfen an den Straßenrändern. Und ich denke daran, dass es gut wäre, für Politiker einen Wanderausflug entlang der ehemaligen Todeszone zu veranstalten, damit sie wissen, über was sie reden, wenn sie über Europa reden.

▶ *Deutscher Bauer mit Söhnen und Kriegsgefangenen. Undatiert*
Vor allem die Arbeit in der Landwirtschaft war für viele französische Kriegsgefangene eine willkommene Abwechslung von der monotonen Lagerhaft, die ihrerseits zu schweren psychosomatischen Krankheiten führte („Stacheldrahtkrankheit").

Frankreich war (und ist) ein Land mit großen landwirtschaftlichen Regionen, aus denen viele der einfachen Infanteristen stammten. Auch wenn sie jetzt für den Feind arbeiten mussten, so konnten sie oft eine vorübergehende Heimat finden, wo ihnen Tätigkeiten abverlangt wurden, die sie von Kindesbeinen an kannten. Das war allemal ein besseres Dasein, als das derer, die in den Bergwerken oder in gefährlichen Einsätzen in der Industrie Zwangsarbeit leisten mussten.

Esperantista Friedrichsfeld 1915-1916 GRUPO

◀ **Russische Kriegsgefangene im Arbeitseinsatz, ca. 1917**
Schon im Ersten Weltkrieg bilden die russischen Kriegsgefangenen die unterste Stufe der Lagerhierarchie – ihre Verpflegung ist gegenüber den anderen miserabel, die Todesrate doppelt so hoch wie im Durchschnitt. Aufgrund der schlechten Versorgung der deutschen Kriegsgefangenen in Russland sind sie auch öfter Repressalien ausgesetzt und werden als billige Arbeitskräfte zu Schwerstarbeiten herangezogen.

▶ **Kriegsgefangene in der Propaganda, Postkarte, ca. 1915**
Der Einsatz „farbiger" Kolonialtruppen befeuerte immer wieder die deutsche Empörungsmaschinerie, da man hierin einen Verstoß gegen die Regel sah, dass Weiße sich nur unter einander töten und Kolonialvölker gemeinsam von Weißen getötet werden, wie seinerzeit beim Boxer-Aufstand in China („The Germans to the Front!", sagte da der britische Admiral Seymour und Kaiser Wilhelm hielt im Konzert die berüchtigte „Hunnenrede", man hatte sich also schon selber die Steilvorlagen gegeben!). Natürlich hätten auch die Deutschen ihre Kolonialgruppen auch eingesetzt, sie konnten sie nur aufgrund der englischen Seeblockade nicht nach Deutschland transportieren. Also kämpften diese für das Deutsche Reich in Afrika.

Umso mehr entdeckte die Propaganda-Postkartenindustrie neue Absatzmärkte mit den Portraits französischer Zouaven, Tirailleurs Algeriens und Sénégalais und anderer exotischer Krieger, wie hier auf einem Foto vom Kriegsgefangenenlager in Wahn bei Köln.

▶ **Kriegsgefangene in Stolberg (Rheinland), 1914–1918**
„Souvenir de Captivité, Filiale 1653 – Hölter – a Stolberg Allemagne" schreibt einer der kriegsgefangenen Franzosen auf dieser Privataufnahme an seine Frau.

Die Kriegsgefangenenarbeit außerhalb der Lager konnte die Hölle sein, oder aber, wie es hier zumindest den Anschein hat, auf menschliche und freundliche, ja kameradschaftliche Weise ablaufen.

Wir sehen im Sägewerk Hölter zwei deutsche Bewacher, von denen einer seinen Sohn in Matrosenanzug mitgebracht hat, der wiederum auf den Knien eines französischen Offiziers sitzt. Mit dabei sind ein Engländer, ein Chasseur Alpine, ein belgischer Soldat mit Katze auf dem Arm, ein Infanterist und zwei ältere französische Unteroffiziere einer dem deutschen Landsturm ähnlichen Truppengattung.

◀ **Gemüsegärten, Lager Friedrichsfeld, 1916**
Mit der sich zunehmenden verschärfenden Versorgungslage im Deutschen Reich wurde auch die Proviantversorgung der Kriegsgefangenen problematisch. Die geringe Lagerration wurde in der Regel durch Hilfslieferungen aus den Heimatländern aufgebessert, das auf dem Bild gezeigte Anlegen von Gemüsegärten war also durchaus keine Beschäftigungstherapie, sondern diente direkt der Selbstversorgung. Am schwierigsten war die Situation der gefangenen Russen, da durch den Zusammenbruch des zaristischen Regierungssystems und der Oktoberrevolution die dringend benötigten Hilfslieferungen ausblieben.

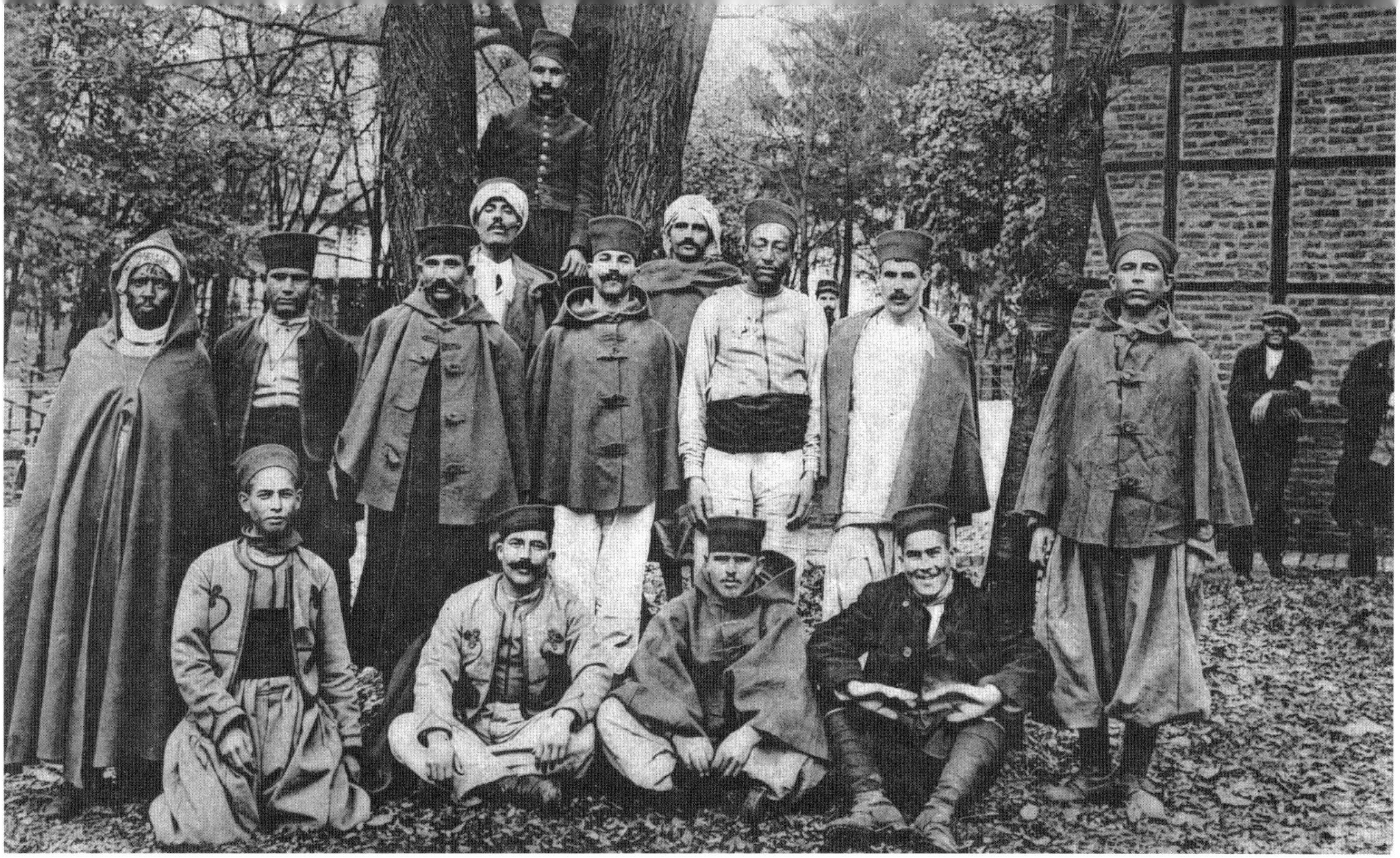

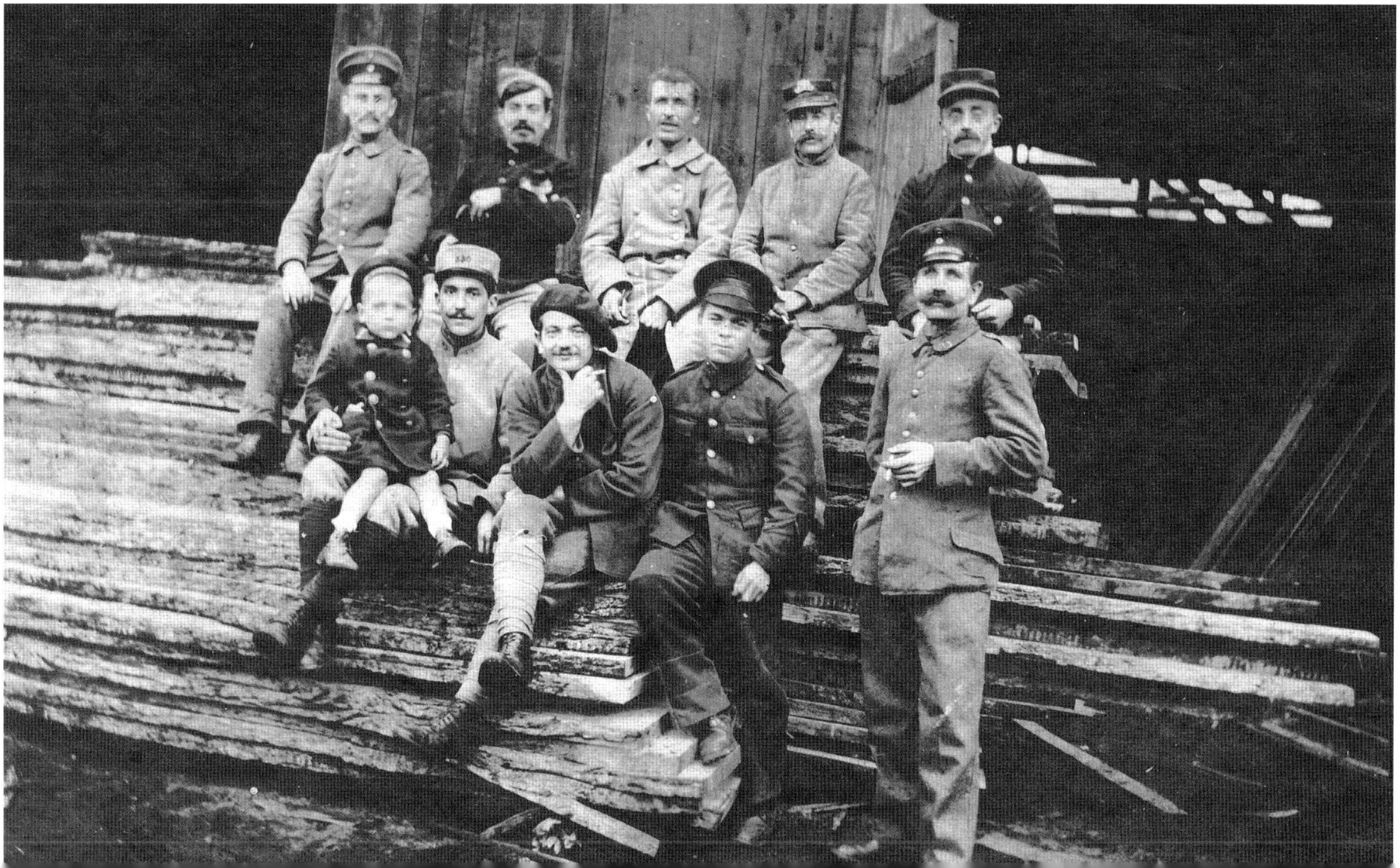

◀ **Denkmalbau in Friedrichsfeld, bei Wesel, 1917**
Auf der Rückseite des Denkmals steht, noch heute in französischer, englischer, russischer und italienischer Sprache: „Dieses Denkmal wurde von den belgischen, britischen, französischen, italienischen, russischen, serbischen und portugiesischen Soldaten errichtet zum Gedenken an ihre Kameraden, die in Gefangenschaft starben." Die Soldaten aus Frankreich, England, Belgien, Italien und Portugal wurden 1920 in ihre Heimatländer umgebettet.

Im Zweiten Weltkrieg fanden die in den Lagern Friedrichsfeld und Voerde verstorbenen Zwangsarbeiter oder Familienmitglieder aus osteuropäischen Ländern hier ihre letzte Ruhestätte. (Zitate von Webseite der Stadt Voerde)

▶ **Deutsche Kriegsgefangene in Frankreich, undatiert**
Diese zehn deutschen Soldaten (von ca. 350.000 Mann) in französischer Kriegsgefangenschaft mögen nicht glücklich über ihr Los sein, doch gegenüber den 2,5 Millionen Gefangenen der Mittelmächte in russischer Kriegsgefangenschaft, die einer Todesrate von 25% ausgesetzt sind, sind ihre Chance, lebend nach Hause zu kommen, groß. Trotzdem werden die meisten von ihnen erst nach der Ratifizierung des Versailler Vertrages im Januar 1920 entlassen. Ihre Heranziehung zur Aufräumung und notdürftigen Wiederherrichtung der ehemaligen Kriegszone führt in Deutschland zu großer Empörung und wird als eine weitere Schmach der Siegermächte empfunden.

▶ **Denkmalbau, Friedrichsfeld bei Wesel, September 1917**
Diese seltene Fotoaufnahme zeigt den von der deutschen Lagerkommandatur ausdrücklich unterstützten Bau des Denkmals auf dem heutigen „Franzosenfriedhof" durch Kriegsgefangene aller im Lager vertretenen Nationen. Es ist heute mit dem Franzosenfriedhof der einzige Überrest des ehemaligen Truppenlagers Friedrichsfeld.

„Im Ersten Weltkrieg 1914/1918 diente der Friedhof als Begräbnisstätte von Kriegsgefangenen verschiedener Nationalitäten aus dem Gefangenenlager Friedrichsfeld. Auch ihnen zum Gedenken erbauten Kriegsgefangene aus sieben europäischen Nationen während des Krieges das die symmetrische Anlage im Zentrum beherrschende monumentale Denkmal aus rotem Sandstein. Es wurde 1916 eingeweiht und enthält unter Emblemen des Krieges und zwischen zwei Schwertern in Übersetzung folgende lateinische Inschriften: Vorderseite: „Der Herr gebe ihnen die ewige Ruhe und das ewige Licht leuchte ihnen. Ihren Verbündeten, die, nachdem sie tapfer gekämpft haben hier in der Fremde liegen, haben ihre Kameraden dieses Ehrenmal mit größter Ehrfurcht zum Gedenken im Jahre 1916 errichtet. In Pflicht und Ehre für das Vaterland!" (Zitiert von der Webseite der Stadt Voerde)

◀ **Deutsche Kriegsgefangene bei französischen Bauern mit Bewacher, undatiert**
Auch für viele deutsche Bauernsöhne war die Arbeit als Kriegsgefangene in der Landwirtschaft nicht das schlechteste Los im Krieg, auch wenn sie noch über Jahre von der Heimat und der Familie abgeschnitten sein sollten und die einzige Verbindung mit der Heimat Briefe waren. Aber hier fiel einem keine Granate auf den Kopf, warf einem keiner eine Handgranate vor die Füße und auch sonst wurde einem vielleicht höchstens vom Erbfeind ein petit ballon rouge angeboten.

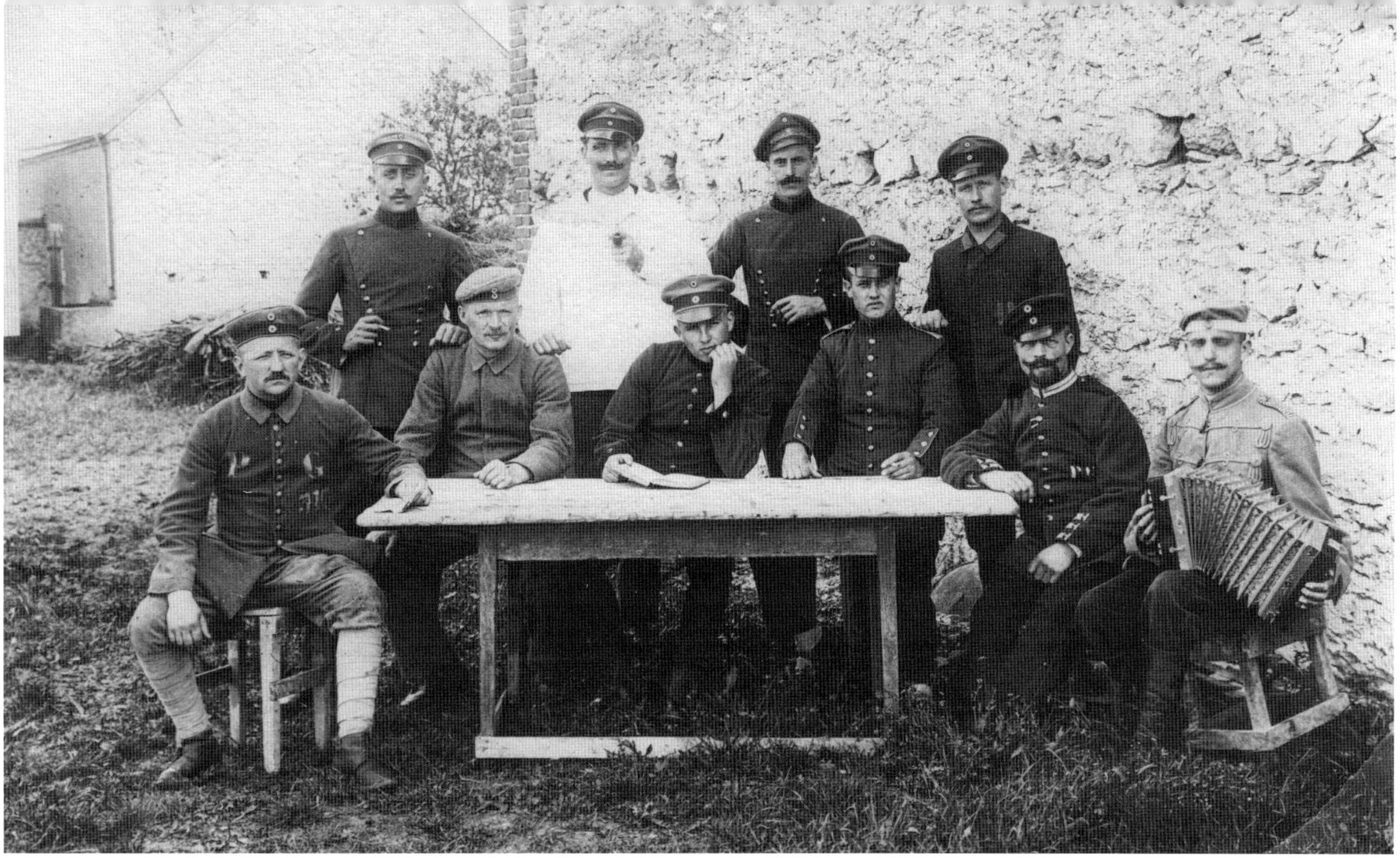

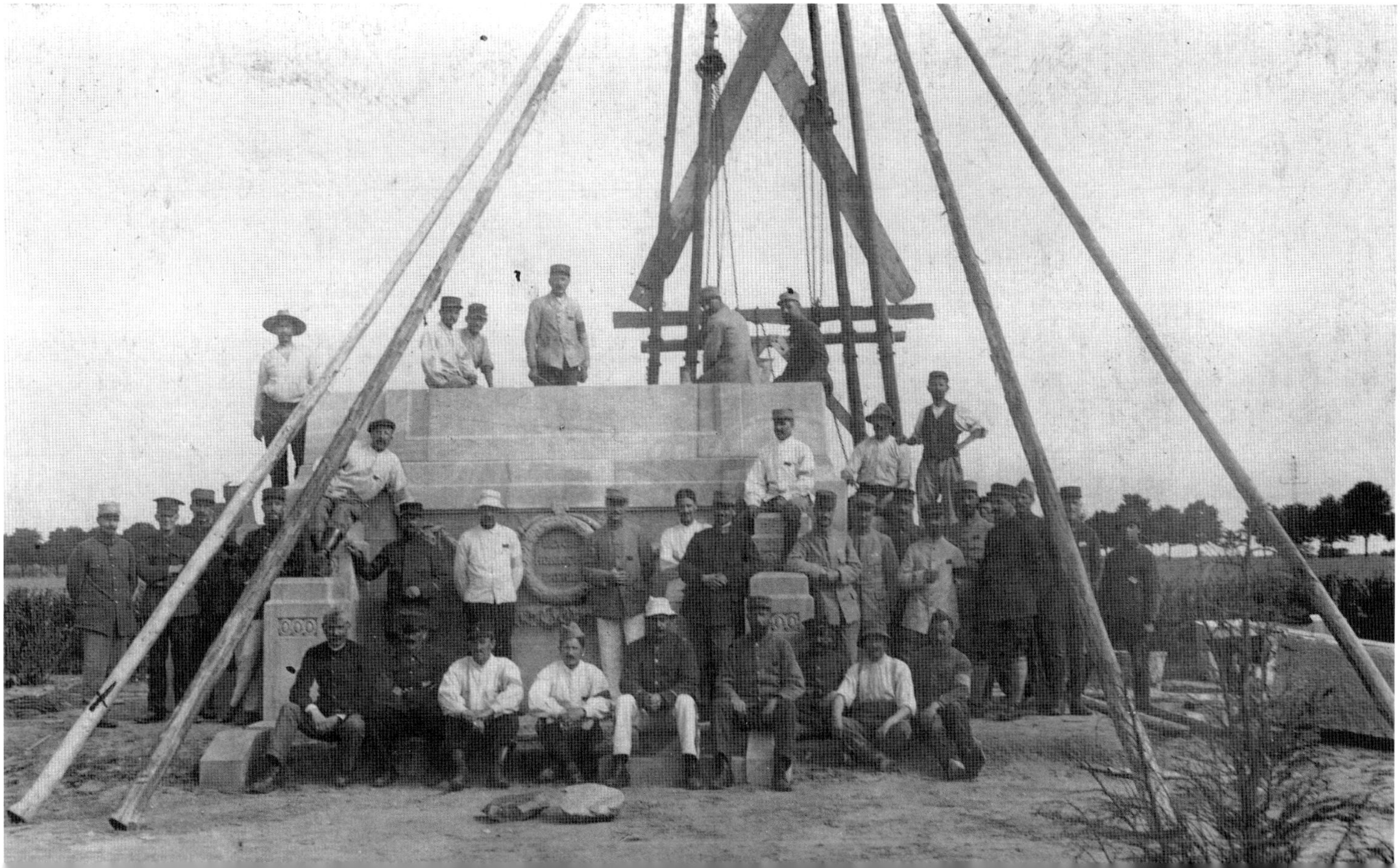

▲ **Oflag in Krefeld, ca. 1916**
Etwas vornehmer geht es hier im ersten Akt vom „Miguette et sa Mere" im Offizierslager in Krefeld zu. Wer Filme wie Jean Renoirs „Die große Illusion", „Hart's War" mit Bruce Willis oder Billy Wilders „Stalag 17" gesehen hat, weiß (und nicht nur seit „Ein Käfig voller Helden" aka „Hogan's Heroes"), dass hinter jeder Theaterprobe in einem Offizierslager bereits der gemeinsame Ausbruch und die Flucht in Ketten geplant wird. Von einem Massenausbruch im Oflag Krefeld ist dem Autor jedoch nichts bekannt geworden.

▶ **Deutsche Kriegsgefangene spielen einen Schwank, Frankreich, 1917/18**
Kaum zu glauben, dass diese einen Schwank vorbereitenden Herren und Herren als Damen noch vielleicht wenige Wochen zuvor mit Pickelhaube oder Stahlhelm, mit Maschinengewehr und Handgranaten als Tötungsmaschinen befehligt wurden, gegnerische Schützengräben zu stürmen, um möglichst viele Feinde umzubringen. Die Kunst bringt die guten Seiten unseres Seins an das Licht.

◀ **Der Traum vom Wilden Westen, Frankreich, 1917/18**
Drei deutsche Kriegsgefangene leisten sich in einem Lager in Frankreich den Traum vom Westen und großer Freiheit: Les „Boches" mit papierenen Kostümen als Wyatt Earp, Buffalo Bill und Calamity Jane. Der Autor hätte gerne gewusst, was der französische Lagerkommandant seinerzeit darüber gedacht hat.

◀ **Comedy Francaise im Kriegsgefangenenlager Friedrichsfeld, bei Wesel, 1917**
Für das Lagerleben waren kulturelle Veranstaltungen wie Theateraufführungen durch die Soldaten, aber auch Kinofilme und der Besuch der Lagerbibliothek eine willkommene Abwechslung des Gefangenenalltags und eine Form, dem Lagerkoller zu entgehen.

▶ **Herren als Damen, Lager Friedrichsfeld, 1917**
Die Kriegsgefangenen bewiesen in der Auswahl der Stücke und der Fertigung der Kostüme, vor allem aber in der grandiosen Möglichkeit des Rollentausches und dem Ausschöpfen künstlerischer Freiheit großes Geschick und nutzten diese wenigen Momente der Abwechslung wie ein Geschenk des Himmels. Bald wurden diese Freizeitaktivitäten aufgrund des vermehrten Einsatzes der Gefangen in der Kriegswirtschaft eingeschränkt bzw. abgeschafft.

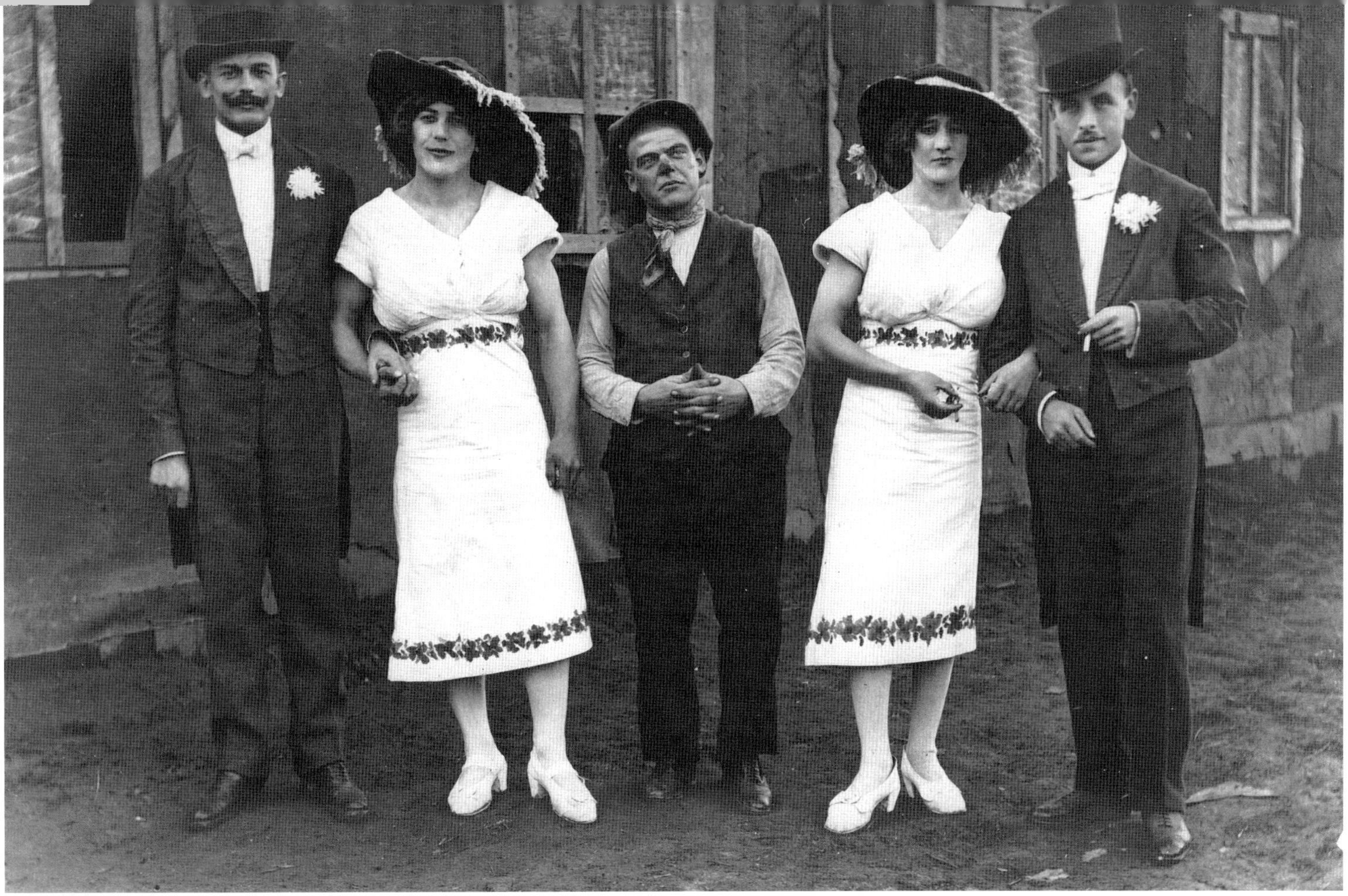

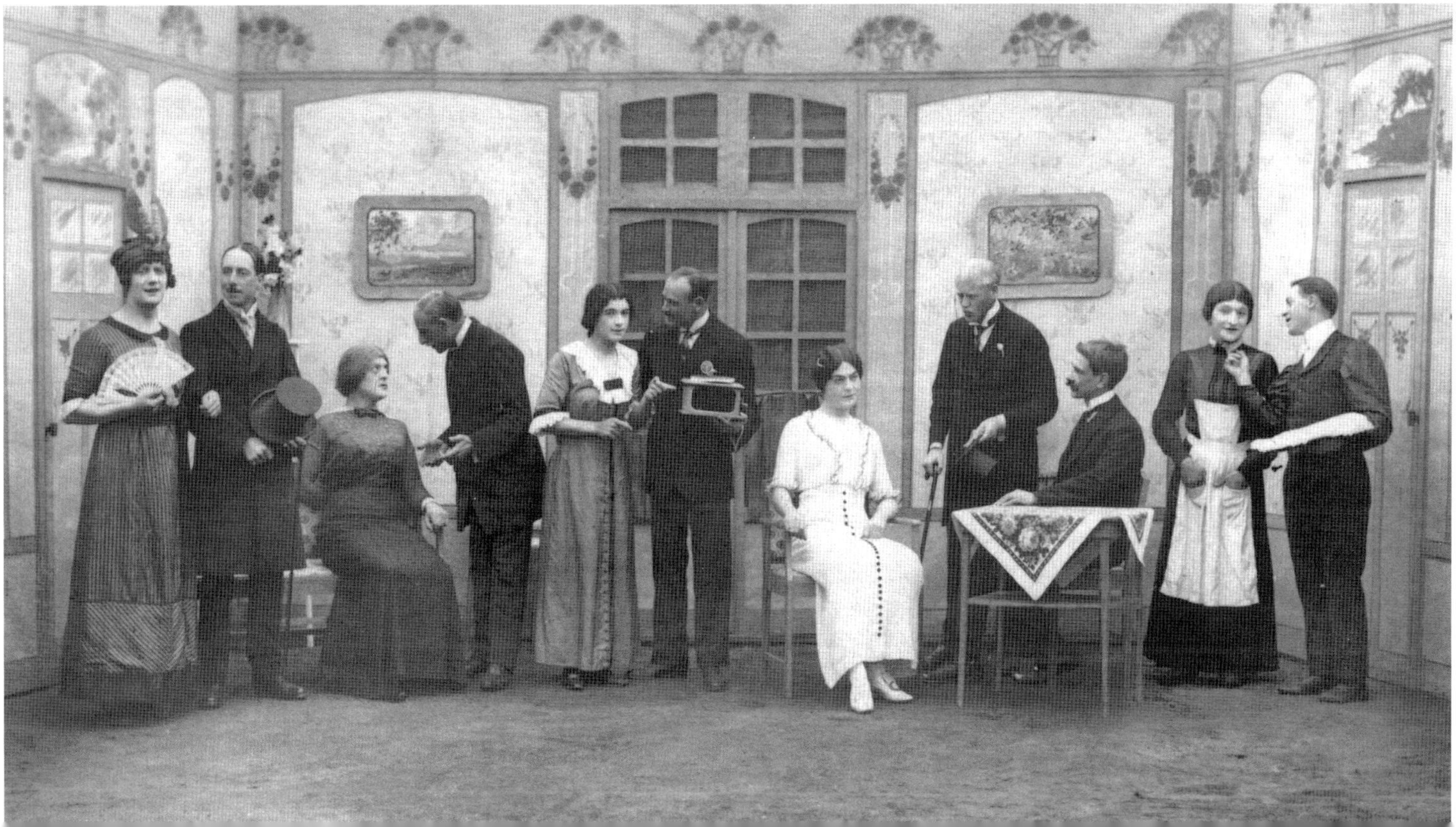

▲ Rumänische Kriegsgefangene in Krefeld, 1916/17
Die rumänischen Kriegsgefangenen erlitten mit etwa 33 % die höchste Todesrate aller Nationen. Wieso diese Zahl so eklatant hoch ist, lässt sich
nicht gesichert klären.

In dem nicht enden wollenden Krieg wurden zunehmend auch kleinere
Staaten bewogen, sich dem jeweiligen Bündnis anzuschließen, um so das
Gleichgewicht der Kräfte zu verschieben. Nachdem Bulgarien im Herbst
1915 an der Seite der Mittelmächte in den Krieg trat, erklärte Rumänien
dem Deutschen Reich und Österreich-Ungarn im August 1916 den Krieg.

Der Großvater des Autors kämpfte zu dieser Zeit als Offiziersanwärter
des Reserve- Jäger-Bataillon Nr. 20 in den rumänischen Karpaten, während
diese gefangenen Rumänen in Krefeld als Arbeitskräfte eingesetzt wurden.

▲ Russische Kriegsgefangene beim Bahnbau, ca. 1917
Vor allem beim Bahn- und Brückenbau griff man auf Russen als kostenlose
Arbeitskräfte zurück. Beim von der Firma Bilfinger erbauten Viadukt von
Moresnet unmittelbar an der Grenze zu Belgien und den Niederlanden ka-
men Hunderte von ihnen ums Leben. Ihre Gräber finden sich auf dem Wald-
friedhof in Aachen.

**▶ Denkmal für 128 ermordete Zivilisten, Soumagne,
Provinz Lüttich, Belgien**
Denkmal für die 128 zivilen Opfer des Massakers von Soumagne. Die Wut
über die die Souveränität des neutralen Belgiens verteidigende belgische
Armee und die Massenhysterie der ersten Kriegswochen verleiteten eine
entfesselte Soldateska zu grausamen Vergeltungsmaßnahmen. Soumagne ist
nur ein Ort von vielen. Weitere Massenhinrichtungen von Zivilisten gab es
in Löwen, Tamines, Dinant, Mélen, Aarschot, Andenne, Aron und an anderen Orten.

Insgesamt wurden etwa 7000 Zivilisten in Belgien und Frankreich zwischen August und Oktober 1914 ermordet.

Moralisch hat das Deutsche Reich zu diesem Zeitpunkt den Krieg bereits
verloren. Von den deutschen „Hunnen" und „Barbaren" ist nicht nur in der
Entente-Presse die Rede, die deutsche „Kultur" wird zum Schimpfwort.

Eine offizielle Entschuldigung der Bundesrepublik Deutschland für die
Kriegsgräuel des Jahres 14 erfolgte im Jahre 2001(!).

A LA MEMOIRE
DES 128 CIVILS
FUSILLES PAR
LES ALLEMANDS
LES 4-6-8 ET
12 AOUT 1914

A NOS MORTS

Ehemaliges Schlachtfeld an der Navarin-Ferme, Souain Perthes-les-Hurlus, Département Marne, Champagne-Ardenne
Noch heute zeigt die Landschaft im Nordosten Frankreichs die Spuren und Narben des Krieges. In der Champagne kämpften nach dem Rückzug an die Aisne im September 1914 vor allem rheinische Regimenter wie das Infanterie-Regiment 160 aus Bonn, Dietz und Euskirchen. Hier findet sich der Todesort des berühmten Expressionisten August Macke, der auf dem Friedhof in Souain-Perthes-lès-Hurlus begraben wurde. Nach den Umbettungsmaßnahmen in der völlig zerstörten Kriegslandschaft wurde von den französischen Militärbehörden in Souain ein Sammelfriedhof für die verstreut in provisorischen Grabstätten während der Kämpfe beigesetzten oder später beim Aufräumen des Schlachtfeldes gefundenen Gefallenen angelegt. (Quelle: Volksbund)

August Macke ruht dort in einem anonymen Massengrab.

Der Ort Perthes-lès-Hurlus gehört zu den dutzenden „Villages detruits", die in einer so zerstörten Kampfzone lagen, dass sie nicht wieder aufgebaut wurden. Die Dörfer haben jedoch noch heute einen Maire (Bürgermeister), der jährlich am 14. Juli dort eine Feier abhält. Das bekannteste dieser Dörfer ist Fleury-devant-Douaumont bei Verdun.

▲ Deutscher Soldatenfriedhof Belleau, Departement Aisne, Picardie, Frankreich

Unweit des amerikanischen Soldatenfriedhofs Belleau Wood mit 2288 Toten befindet sich der Deutsche Soldatenfriedhof Belleau mit 8630 Toten, von denen über die Hälfte in Massengräbern liegen und von denen wiederum die Hälfte unbekannt sind.

Die Unversöhnlichkeit zwischen den Erbfeinden Frankreich und Deutschland führte auch zum Streit über den Umgang mit den Kriegstoten. Als Folge wurden die deutschen Friedhöfe ohne Beteiligung deutscher Stellen angelegt, meist abseits der Straßen. Durch die Umbettung, bürokratische Schlamperei, aber auch schlicht durch die Unkenntnis deutscher Namensschreibweisen gingen dabei noch einmal viele personenbezogene Daten verloren. Erst in der Ära Stresemann kam es zu einer vorsichtigen Annäherung und somit auch zu einer Zusammenarbeit mit dem Volksbund Deutsche Kriegsgräberfürsorge e. V.

Über den Volksbund, aber auch durch das Internetprojekt weltkriegs-opfer.de ist es möglich, online Informationen über die hier ruhenden Kriegstoten zu recherchieren.

Der in der Mitte beigesetzte deutsche Soldat jüdischen Glaubes ist Grenadier Fritz Stern. Er wurde am 19.10.1898 in Bigge geboren, kämpfte in der 3. Kompanie des Res.-Inf.-Reg. 201 und verstarb am 23.09.1917 in französischer Kriegsgefangenschaft. Er wurde somit gerade einmal 19 Jahre alt.

Wie Fritz Stern starben viele der hier beigesetzen Soldaten sehr jung – viele in den letzten Kriegsmonaten, vor allem bei der zweiten Marneschlacht, der letzten deutschen Offensive im Westen.

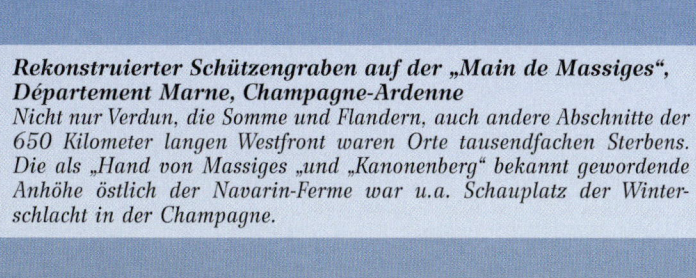

**Rekonstruierter Schützengraben auf der „Main de Massiges",
Département Marne, Champagne-Ardenne**
Nicht nur Verdun, die Somme und Flandern, auch andere Abschnitte der
650 Kilometer langen Westfront waren Orte tausendfachen Sterbens.
Die als „Hand von Massiges "und „Kanonenberg" bekannt gewordene
Anhöhe östlich der Navarin-Ferme war u.a. Schauplatz der Winter-
schlacht in der Champagne.

Denkmal für Antoine Fonck, Thimister-Clermont, Provinz Lüttich, Belgien
Der Kavallerist Antoine Fonck war der erste belgische Soldat, der am Morgen des
4. August gegen 10 Uhr unweit von Thimister-Clermont im „Großen Krieg", dem
„Grande Guerre" oder „Gro(o)te Oorlog", wie er noch heute in Belgien heißt, getötet
wurde. Das Denkmal liegt an der Route Charlemagne von Aachen nach Lüttich.
Insgesamt starben 39.000 belgische Soldaten, gemessen an der Bevölkerung und
der in der Armee eingesetzten wehrfähigen Männer liegen die belgischen Verluste
prozentual nur knapp unter denen der deutschen Seite.

◀ **Denkmal, Krefeld**
Die Krefelder Husaren waren eine der ersten Truppen beim Einmarsch
in Belgien in den frühen Morgenstunden des 4. August. Die Nachricht
ihrer Sichtung führte u. a. zur englischen Kriegserklärung noch am selben Tag. Der deutsche Reichskanzler Bethmann Hollweg quittierte dies
mit der Bemerkung, die britische Neutralitätsgarantie für Belgien sei
doch nichts als ein Fetzen Papier. „Scrap of paper" ist seitdem ein geflü-
geltes Wort für deutsche Vertragsbrüchigkeit.
    Das Denkmal für das 2. Westfälische Husaren-Regiment Nr. 11 wur-
de von Bildhauer Walther Wolff und Architekt Gotthold Nestler in den
Jahren 1927–29 errichtet und steht auf dem Grafschaftsplatz an der
Moerser Straße.

▶ **Reserve Lazarett II, Girmesdyk, Krefeld, September 1914**
Am 10. September 1914, fünf Wochen nach Kriegsbeginn, müssen bereits
Schulen zu Lazaretten umfunktioniert werden, da man mit der Masse der
Verwundeten überfordert ist. Ein verletzter Soldat lässt sich vom Fotografen
in die Karten schauen.

▶ **Reserve Lazarett II, Girmesdyk, Krefeld 1914**
November–Dezember 1914, Saal VII. Auch nach seiner Verwundung bleibt
der Soldat Teil des militärischen Apparates, er durchläuft eine Kette von
Verbandsplätzen und frontnahen Feldlazaretten, um vielleicht, wenn er
Glück hat, in der Heimat weiter versorgt und gepflegt zu werden. Nach sei-
ner möglichen Genesung wird er als Soldat bald möglichst wieder dem
Kriegseinsatz zugeführt.

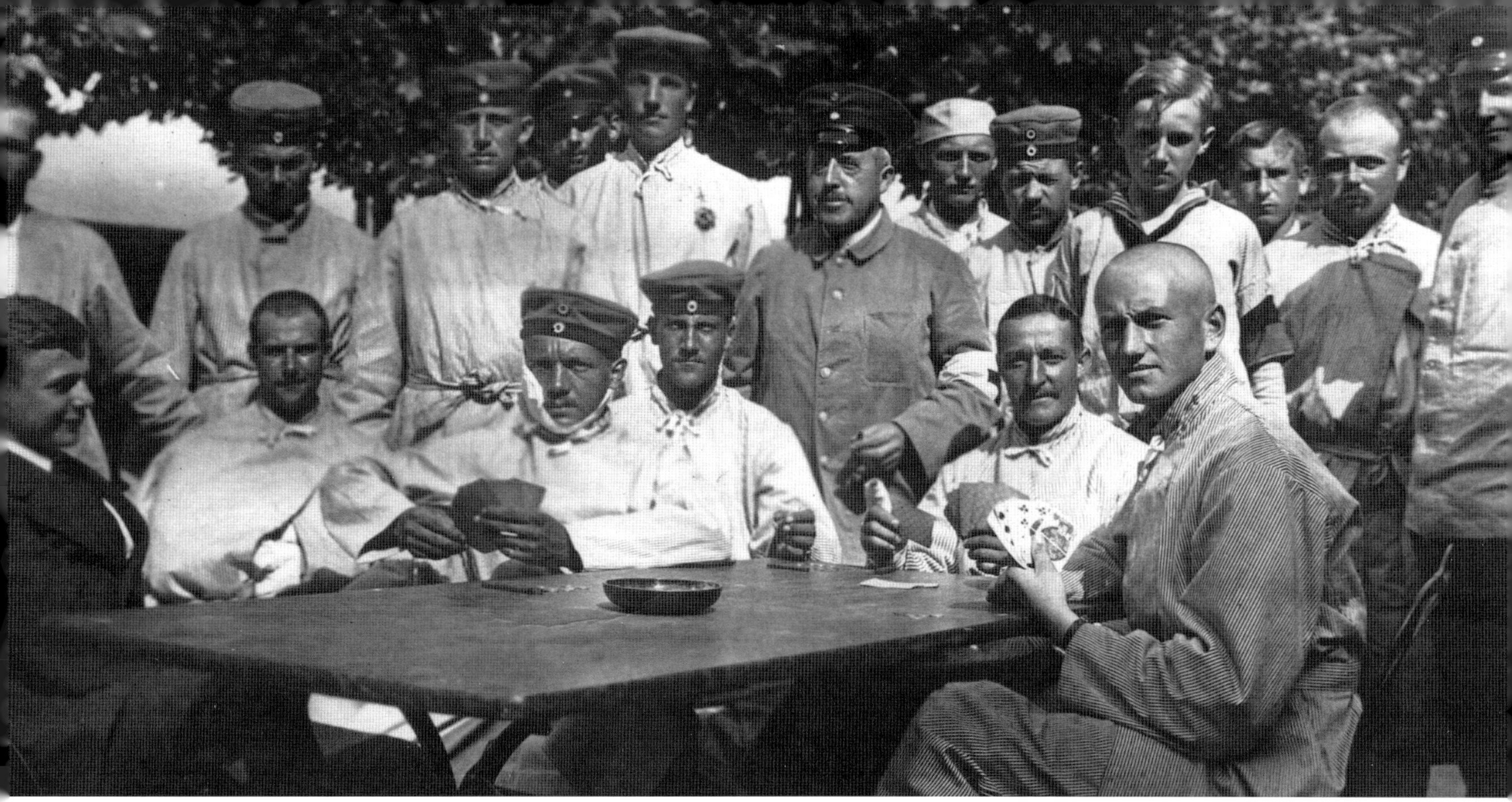

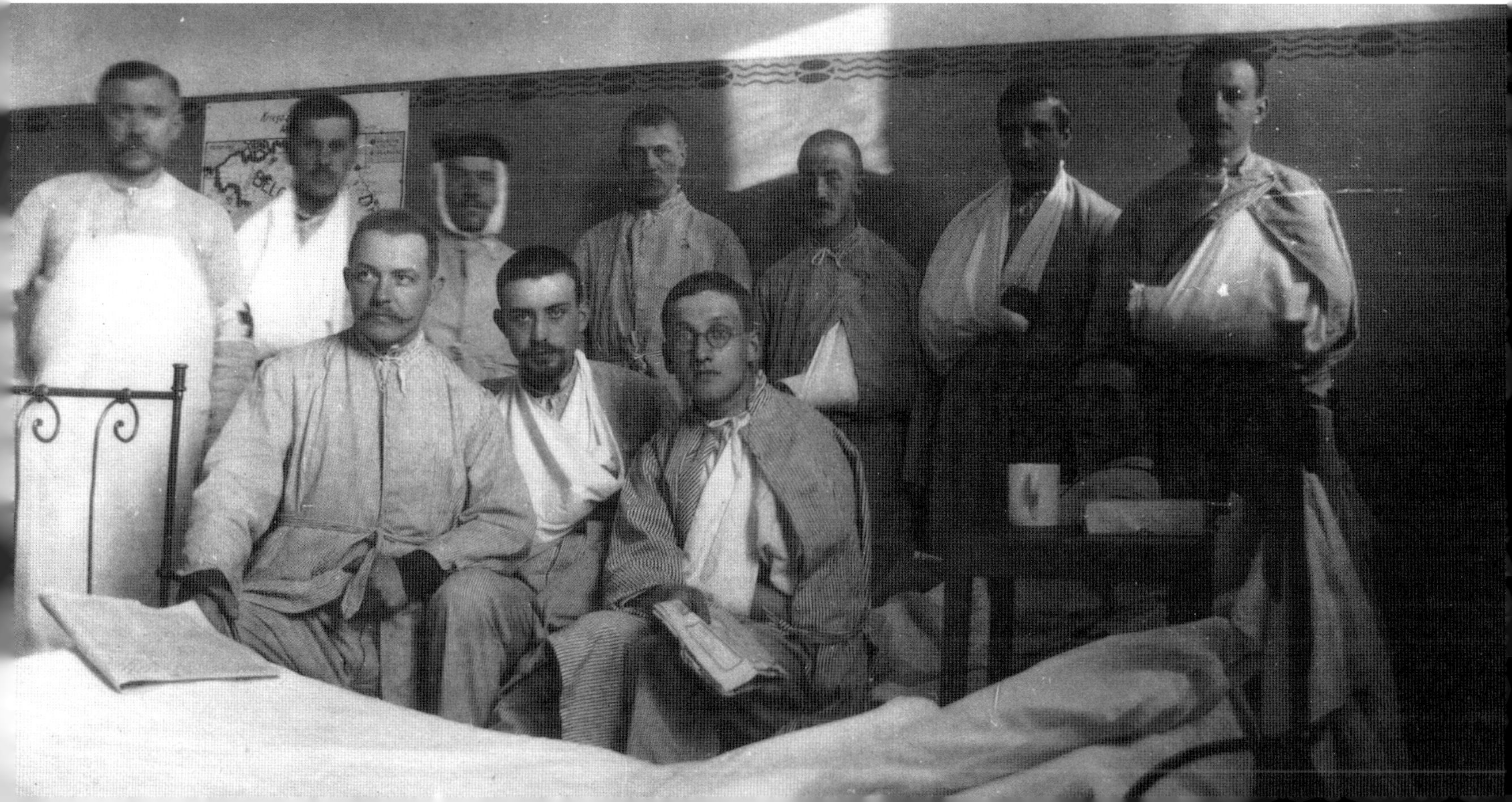

▲ Lazarettzug der Stadt Köln, Belgien, 1915

Im Etappenort Ostende am Ärmelkanal wartet der Lazarettzug der Stadt Köln, Stiftung Mevissen, auf den Abtransport Verwundeter. Alle großen Städte konkurrieren mit eigens gestifteten Zügen, um „ihre" Verwundeten nach Hause zu bringen. Ein möglicher Beleg dafür, wie wenig das Militär auf die Versorgung der unerwartet hohen Zahl an Verwundeten in einem immer länger andauernden Krieg vorbereitet war und wie wenig man einen modernen Materialkrieg mit hunderttausenden von Opfern eingeplant hatte.

▶ Reservelazarett, Mönchengladbach, 1915

Sterbeorte des Kriegs sind nicht nur das Schlachtfeld, sondern auch die vielen über das Land verteilten Lazarette. Oft finden sich in der Nähe ihrer ehemaligen Standorte noch kleinere Soldatenfriedhöfe, die an das Schicksal der Soldaten erinnern, oft wurden sie auch auf abgegrenzten Abteilungen der örtlichen Friedhöfe beigesetzt.

Die Station VII lässt sich zu einem Gruppenfoto abbilden. Die Soldaten sind teilweise bettlägerig und haben schwere Verwundungen an den Gliedmaßen.

◀ Reservelazarett-Fichtenhain bei Krefeld, 1914

Reservelazarett in der Provinzial-Heilstätte Krefeld-Fichtenhain, im Volksmund auch als „Trinkerheilanstalt" bekannt. Ab Mitte der 1930er Jahre war hier ein SA-Schulungslager und im Herbst 1944 das Hauptquartier des Oberkommandierenden der Heeresgruppe B, Generalfeldmarschal Walter Model.

▶ Reservelazarett Trier, ca. 1915

Das Reserve Lazarett VII lag in der Goeben-Kaserne in Trier-Nord. Nach dem Krieg wurde die Kaserne von amerikanischen und nach deren Abzug von verschiedenen französischen Regimentern genutzt. Allein die Stadt Trier führt in ihrem Bereich für die Zeit 1914–18 acht Reserve- und acht Vereinslazarette auf.

◀ Operationswagen, 1915

Operationswagen im „Vereinslazarettzug G2 der Stadt Cöln". Nach unbestätigten Angaben soll allein die Domstadt 25 dieser Züge unterhalten haben. Sie verfügten über eine eigene Kapelle, um beim Transport sterbenden Soldaten die letzte Ölung zu verabreichen, eine Großküche und Wohnräume für die Zugleitung.

Reserve Lazarett
Trier 1914·15

▲ **Lazarett in Vluyn, Niederrhein, 1914**

Aus dem Lazarett am Niederrhein schreibt am 18. Dezember ein verwundeter Soldat: „Liebe Eltern, hiermit sende ich euch eine Fotografie. Ich bekomme erst Januar Ausgang. Beste Weihnachtsgrüße, Anton."

▼ **Festungslazarett, Köln, September 1915**

Vor der Schule im Dau entsteht dieses Gruppenbild im Festungslazarett in Köln.

Die moderne Medizin konnte auf Kriegsverletzungen ganz anders reagieren als in früheren Kriegen. Amputationen in großer Zahl, dazu oft mit Todesfolge, wie in den napoleonischen Kriegen und noch im Krieg 70/71, wurden durch die vorbeugenden Maßnahmen gegen Wundstarrkrampf immer seltener. Was die heilende Medizin verbesserte, vernichtete jedoch der massive Einsatz von modernen Waffen im Materialkrieg. Das Bild der Kriegskrüppel in der Nachkriegszeit in den Bildern von George Grosz und Otto Dix sind eine bleibende Erinnerung an einen Krieg, dessen Folgen sich in den Körpern der Überlebenden zeigte, den Amputierten, den Vernarbten, den Männern mit weggeschossenem Gesicht.

▶ **Frontlazarett bei Montcornet, Frankreich, Weihnachten 1915**

Wer leichter verwundet, oder so schwer, dass er nicht transportfähig war, musste seine Verletzung in Frontnähe überstehen.

Das Frontlazarett Montcornet lag etwa 50 Kilometer hinter der Kampflinie und war somit vor schwerer Artillerie geschützt. Ebenso geschützt war das unweit liegende Große Hauptquartier in Charleville-Mezieres. Hier weilte auch gerne Kronprinz Wilhelm.

▼ **Verwundeten-Kompanie, Worringen, ca. 1915**

Genesende Soldaten werden in einer Verwundeten-Kompanie auf ihren nächsten Kriegseinsatz vorbereitet. Was die Amerikaner einen „lucky shot" nannten, die Deutschen den „Heimatschuss", bedeutete im Totalen Krieg nichts. Nach erfolgreicher Genesung war man wieder „Menschenmaterial" für die Schützengräben.

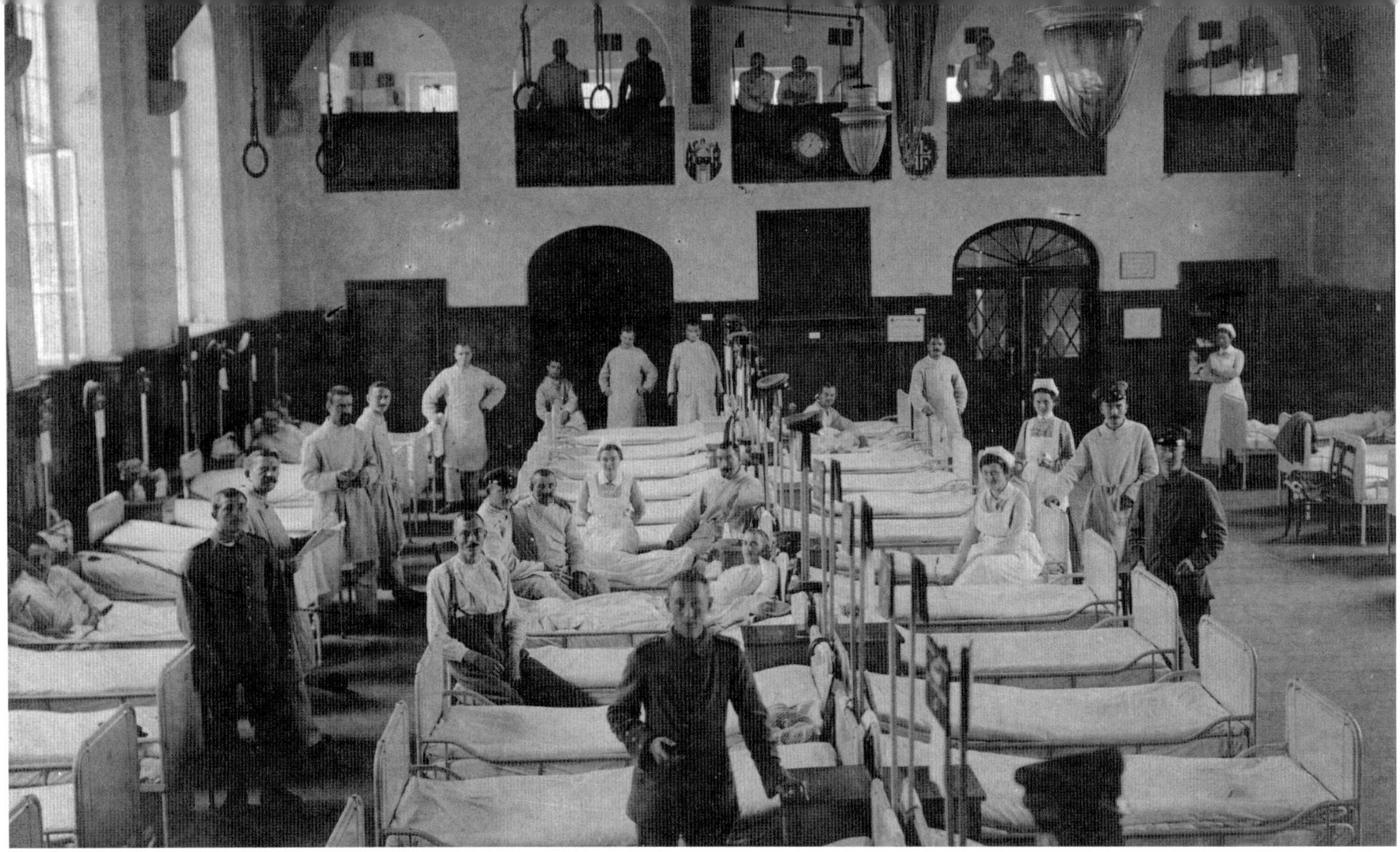

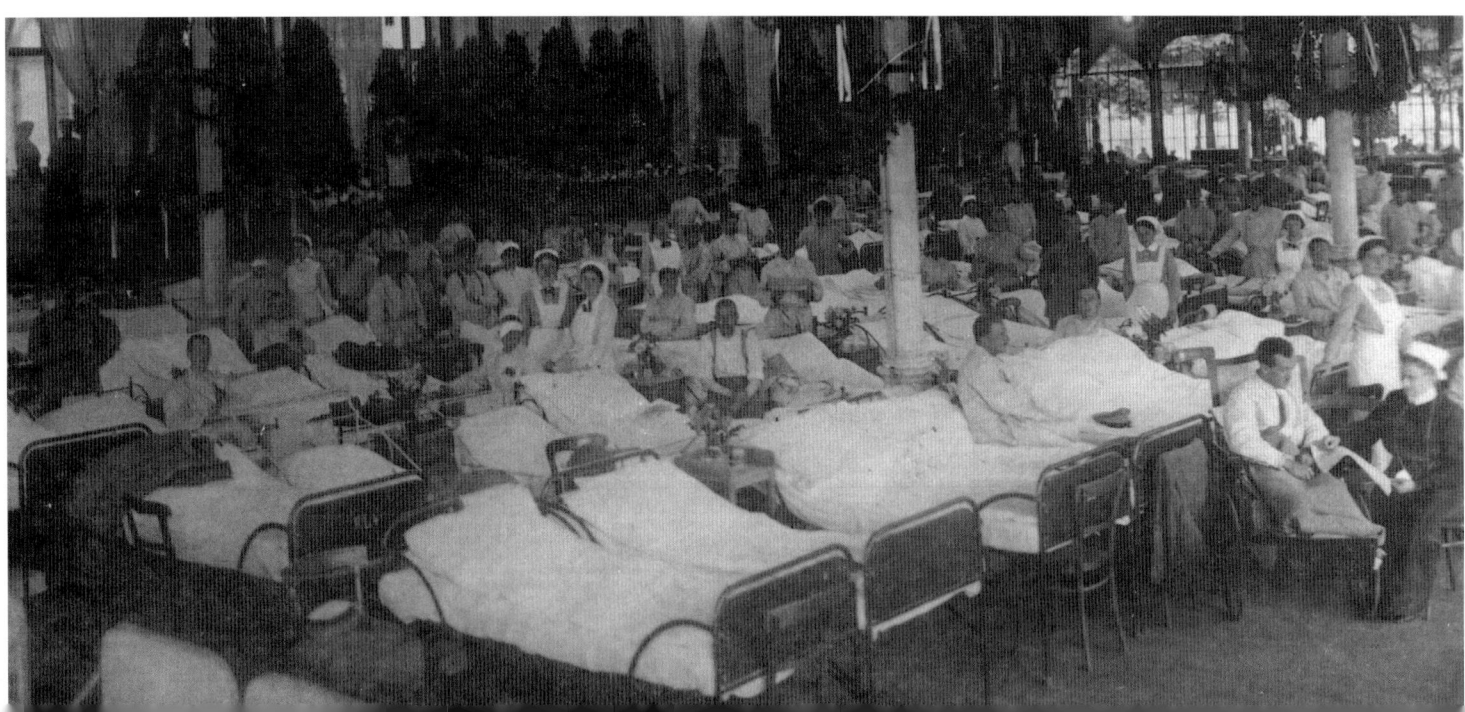

▲ Turnhalle als Notlazarett, ca. 1915

Selbst Turnhallen, wie diese unbekannte Jahnhalle, werden zu Notlazaretten umgebaut. Jahnhallen wurden vor allem um die Jahrhundertwende gebaut und könnten aus der heutigen Sicht als „Mehrzweckhallen" bezeichnet werden. Sie dienten nicht nur der körperlichen Ertüchtigung, sondern auch für Bälle und gesellschaftliche Feiern. Turnvater Jahn war im Übrigen ein ganz besonderes Ekelpaket deutschen Wahns, man lese seine Schriften.

▼ Ankunft eines Verwundetentransportes in Aachen, 1918

Am 26. 9. 1918 werden verkrüppelte und schwerverletze Kriegsgefangene, die nicht mehr „kriegsverwendungsfähig" sind, über Vermittlung des Roten Kreuzes aus England nach Deutschland überführt und in Aachen in einem eigens dafür errichteten Festzelt bewillkommnet. Sie werden dort gegen englische Kriegsgefangene, die ein ähnliches Schicksal erlitten, ausgetauscht.

▲ **Des Kriegers Traum, 1917**

Engel erleben während des Krieges Hochkonjunktur, nicht nur auf Postkarten. Überall finden Gesichte statt, Erscheinungen, spirituelle Erlebnisse. Frauen sehen bei der Feldarbeit plötzlich ein flammendes Schwert über der Eifel, andere empfangen Botschaften von vermissten Angehörigen.

Ein immer wiederkehrendes Motiv in vielen Berichten jener Zeit ist das angebliche Wahrnehmen des Kanonendonners von der Westfront. Tatsächlich liegt eine der am heftigsten umkämpften Schlachtfelder, die Front vor Verdun, nur etwa 180 Kilometer Luftlinie von der Eifel entfernt.

Nach Aussage von Physikern ist es durchaus möglich, den massiven Einsatz schwerster Artillerie über diese Distanz bei gewissen Wetterlagen auf-

▲ **Propagandapostkarte, 1917**

Je nach Weltanschauung stehen Engel für die richtige Sache ein, mal für den Frieden, oder wie hier, für den Sieg.

grund der Schallspiegelung der Stratosphäre als ein fernes Grollen zu vernehmen.

Ähnliche Berichte aus England erwähnen, dass man im Süden des Landes (Grafschaft Kent) das Donnern des einwöchigen Trommelfeuers an der Somme und das Geschützfeuer von Ypern vernommen habe. Auch hier liegen die Distanzen zwischen 130 und 180 Kilometern.

Die Sonne sank im Westen.

Die Sonne sank im Westen,
Mit ihr schied aus die Schlacht.
Es senket ihre Schleier
Die tiefe, dunkle Nacht.
Und zwischen vielen Toten,
Lag sterbend ein Soldat,
Es kniet an seiner Seite
Sein treuer Kamerad.

◄ *Die Sonne sank im Westen, Propagandapostkarte, Jahr 1914/15*

Angesichts der großen Verluste ist auch der Tod auf dem Schlachtfeld Mittelpunkt zahlreicher Postkarten. Neben plattitüdenhaften Volksliedern war vor allem der Sinnspruch des römischen Dichters Horaz: „Süß und ehrenvoll ist's, für's Vaterland zu sterben" Teil der Einstimmung auf das große Kriegserlebnis, nicht nur in Deutschland.

So wie wir heute noch zusehen, wie sich Kriegsparteien über Jahre in grausamen Bürger- und anderen Kriegen opfern, wie sich Selbstmordattentäter für eine Sache mit ihrem vermeintlich ehrenvollen Tod einsetzen, so war die Generation unsere Großväter und Urgroßväter auf den Krieg eingestimmt.

„Dulce et Decorum est" ist auch der Titel des Gedichts des neben Siegried Sassoon und Robert Graves berühmtesten britischen Kriegsdichters, Wilfried Owen. Seine Interpretation des Spruchs des Horaz war jedoch eine bittere Abrechnung mit der Grausamkeit des Kriegs und schildert den Gastod eines unbekannten Soldaten. Die letzte Zeile des Gedichts lautet:

„The old Lie: Dulce et decorum est / Pro patria mori."

„Die alte Lüge: Süß und ehrenvoll ist's, für's Vaterland zu sterben."

Owen wurde, eine Woche vor Kriegsende, an der Aisne im Kriegseinsatz getötet.

Mir zwei mir hant noch goode Mooth, Mir hant noch Käs on Woosch on Brotl

► *Kraftfahrerkapelle, ca. 1915*

Im Angesicht von Tod und Zerstörung wird die Travestie zur willkommenen Abwechslung im Frontgebiet. Eine Kraftfahrereinheit setzt sich als lustige Revuetruppe ein.

◄ *Genügsame Rheinländer, 1917*

Zwei Bilder einer Serie mit als Etappensoldaten verkleideten rheinischen Darstellern, die demonstrieren, dass sie trotz der englischen Blockadepolitik mit ausreichend Proviant versorgt sind.

Zwei genügsame Düsseldorfer.

► *Fronttheater, unbekannter Ort, zwischen 1914 und 1918*

Soldaten in der Etappe wohnen einer Frontrevue deutscher Schauspielerinnen bei. Die Abwechslung im Frontalltag durch kulturelle Veranstaltungen wurden auch von der Heeresleitung in Angriff genommen, gegen Ende des Kriegs sollen etwa 150 Theatertruppen im Einsatz gewesen sein. Allerdings kam die von oben verordnete Hochkultur – schließlich ging es ja in diesem Krieg um die Verteidigung eben jener „deutschen Werte" – bei den einfachen Frontsoldaten gar nicht gut an. Oft nahmen sie die Unterhaltung mit „leichter Muse" selbst in die Hand.

Auf französischer und englischer Seite entstand während des Krieges eine eigene Pop(ulär)kultur, die herzzerreißende Chansons und Songs wie „Keep the home fire burning" oder „La Chanson de Craonne" hinterlassen haben. Beide Lieder atmen noch heute die Verzweiflung der in den elenden Schützengräben um ihr Leben kämpfenden Männer. In der deutschen Liedkultur jener Zeit ist kaum etwas Entsprechendes zu finden.

▲ *Fritz Humbach, Düren, 1913/14*
Über den in Düren seinerzeit vielleicht weltbekannten Komiker Fritz Humbach konnte auch bei der dortigen Geschichtswerkstatt nichts herausgefunden werden, der Text auf der Postkarte gibt darüber auch keine Auskunft.

Ob sich sein Wirken alleine auf den Karneval oder auch auf Truppenbesuche ausdehnte, blieb ungeklärt. Anhand der Pose schien es sich aber um einen extrem lustigen Militärsketch zu handeln.

LES BELLES PLUMES FONT LES BEAUX OISEAUX

▲ *Der Kronprinz als Ganove, Französische Propaganda-Postkarte, 1916*
Als Heeresführer der Armeen vor Verdun löst der Kronprinz Wilhelm den Kaiser als meist gehassten Mann in Frankreich ab. Der Spruch unter dem Bild lautet sinngemäß „Kleider machen Leute".

▲ **Soldaten spielen die deutsche Geschichte nach, Westfront,
ca. 1916**
*Die Größe deutscher Geschichte stellen diese Soldaten in einem unbekann-
ten Theaterstück nach. Wie schon in den am Anfang gezeigten Ritterspielen,
so war die Darstellung deutscher Helden und Sagengestalten der Ausdruck
der „überlegenen" deutschen Kultur. Das in dieser muffigen Atmosphäre keine Schlager wie „Over there" entstanden, wird nach der Betrachtung des
Bildes überdeutlich. Die Tatsache aber, dass dieser Popsong sogar von En-
rico Caruso auf Schellack-Platte verewigt wurde, wirkte auf die Deutschen
in etwa so grotesk, als habe der große Mime Werner Krauß den Fronttrup-
pen zur Belustigung Max und Moritz vorgelesen.*

▶ Jesus zeigt den Weg, 1915

Religiöse Postkartenmotive waren im Krieg auf allen Seiten vertreten. Was genau diese deutsche Karte aber aussagen will, lässt sich auch so deuten: Der Offizier zeigt die Schussrichtung, während Jesus das Ziel auf 11 Uhr korrigiert.

▶▶ „Der Kölsche Boor in Eisen", Köln, 1915

Nagelungsfiguren stehen in allen großen deutschen Städten. Es gilt als patriotische Pflicht, gegen eine Kriegsspende einen Eisennagel in eine hölzerne Figur zu treiben. In einem nationalen Wettbewerb konkurrieren die Städte darum, welche als erste ihre Figur komplett in Eisen eingehüllt hat. Während es in anderen Orten eiserne Hindenburgs, Rolands oder Siegfried-Statuen gibt, präsentiert die Stadt Köln vor dem Gürzenich den „Kölsche Boor", umringt von französischen Beutekanonen des 70/71er Krieges. Er ist heute im Kölner Stadtmuseum zu besichtigen.

▶ Deutschland unter alles, Frankreich, 1915

Als Antwort auf die „deutschen Barbaren" und in Anspielung auf die Augustmorde in Belgien und Frankreich zeigt diese französische Propagandapostkarte eine aus dem Leim gegangene und kindermordende Germania.

▶▶ Gruß vom Schießplatz Wahn, Köln, 1916

Im Stile Münchhausens reiten diese Herren auf einer Granate durch die Lüfte. Mit viel Glück konnte man den Krieg auch in der Etappe, oder wie hier, in der Ausbildung auf einem heimischen Schießplatz er- und überleben. Während die Kanoniere in Köln auf ihren Einsatz vorbereitet werden, erleben die Soldaten an der Front mit den Schlachten von Verdun und an der Somme die neue Führung des „Ausblutungskrieges", der nur noch nach der sinnlosen Strategie der Verursachung größtmöglicher gegnerischer Verluste operiert. Am Ende geht diese Rechnung für keine Seite auf, da auf beiden Seiten die Verluste gleich hoch sind.

▶ Französische Propagandapostkarte, 1915

In einer weiteren Bildfolge dieser Postkartenserie trägt die Germania unverkennbar die Züge von Kaiser Wilhelm II.

Da der Text umgangssprachlich ist, hier eine freie Übersetzung:

Germania: (In schlechtem Französisch) „Guter Freund, lass uns Frieden machen, lass mich gehen, ich will nach Hause, ich gebe dir Paris."

Belgia: „Damit Du's weißt, ich kenne Dich, mach Dich vom Acker!"

Die Belgia trägt die Uniform der Garde Civique, einer Einheit, die in etwa dem deutschen Landsturm entspricht. Sie wurde später oft als Grund angegeben, warum man die belgischen Soldaten als Francs-tireurs angesehen habe, entsprach allerdings durchaus der Haager Landkriegsordnung.

Gruß vom Schießplatz Wahn   Im Fluge über die Wahner Heide

Nach der
Heimat

Reserve zieht bald der Heimat zu.   Noch ~~mehr frische~~ Tägelein

Der Kinder Wunsch und Fleh'n.

Wollen für ihn beten, daß ihm
nichts gescheh',
Daß er ungefährdet aus dem
Kampfe geh'.

▲ **Der Kinder Wunsch und Fleh'n, Postkarte, 1915**
*Die Angst um das Leben der Männer, Väter und Söhne im Krieg drückt sich
auch in alltäglichen Postkarten aus. Die Zahl von über 2 Millionen toten
Soldaten gibt uns eine Ahnung von der Masse der Kriegswaisen.*

▲ **Kleiner Mann, 1915**
*Ein aus heutiger Sicht geradezu makaber anmutendes Bild: kleiner Junge
mit aufgepflanztem Bajonett. Bereits vor, aber vor allem während des Krieges gibt es einen regelrechten Boom an Kriegsspielzeug, das in den patrio-
tisch gesinnten Eltern bereitwillige Abnehmer findet. Die Jungs braucht
man, siehe Bild, sicher gar nicht erst zu fragen.*

▶ **Kinder spielen Krieg, Neuwied, ca. 1917**
*Es war so, es ist so, und es wird – so ist zu befürchten – immer so bleiben:
Jungs spielen Krieg. Während heute Computerspiele wie Counterstrike und
Company of Heroes virtuelle Kriegsführung ermöglichen, begnügen sich
diese Kinder am Rhein mit Spielzeug-Säbeln und -Pistolen. Rechnen wir auf
dieses Bild 25 Jahre drauf, sehen wir die Generation von Stalingrad.*

▶ Totenfeier, Ehrenbreitstein, vermutlich 1914/15

Wenigen Soldaten, meist höheren Offizieren oder prominenten „Fliegerassen" wurde eine Totenfeier wie diese auf dem Ehrenbreitstein in Koblenz gewidmet.

Es ist die Totenfeier für einen Offizier der Abteilung II des Reserve-Feldartillerie- Regiments Nr. 9, das in Köln-Sülz beheimatet war.

Auf der Ehrentafel des Regiments ist vermerkt:

„In den Reihen des Regiments gaben 20 Offiziere, 264 Unteroffiziere und Mannschaften ihr Leben für das Vaterland".

▶ Beutekanonen auf dem Neumarkt, Köln, 1914

Unzählige Postkarten und Fotografien zeigen die Ausstellung erbeuteter französischer 7,5-cm-Geschütze auf dem Kölner Neumarkt. Die sichtbaren Trophäen des Kampfes sollen die Siegeszuversicht des Volkes stärken. Selbstverständlich lässt es sich die französische Regierung nicht nehmen, ihrerseits auf dem Pariser Place de la Concorde erbeutete deutsche Waffen zu zeigen. Im Invalidendom, hinter der Kuppel mit dem Sarkophag Napoleons, hängen noch heute die erbeuteten Fahnen deutscher Regimenter.

Die „Souixante-Quinze" war die gefürchtete französische Feldkanone, von der bei Kriegsbeginn etwa 3840 Stück im Einsatz waren, zum Kriegsende stieg ihre Zahl auf 5484. Mehr und mehr gingen aber auch die Franzosen aufgrund des Grabenkriegs zu schweren Mörsern mit steiler Geschossflugbahn über. Hatten sie davon anfangs nur 300 Stück, so lag die Zahl der eingesetzten Geschütze bei Kriegsende bei ca. 5000.

Die Artillerie vor allem war es, die den Krieg materialisierte – der Kampf „Mann gegen Mann" wich dem ohnmächtigen Erleben massierten Trommelfeuers. Über 70 % der Verletzungen und Todesfälle an der Westfront rührten von Artilleriegeschossen her, abgefeuert von Männern weit hinter den Gräben, die von den unmittelbaren Folgen und der Wahrnehmung ihres Tuns weit genug entfernt waren.

Eroberte französische Feldgeschütze auf dem Neumarkt in Cöln
7,5 cm Rohr-Rücklauf-Geschütze m. Schutzschildern

▶ Heldenhain, Aachen, 1915

Die wenigsten Kriegstoten werden in der Heimat beerdigt, die meisten in improvisierten Friedhöfen in der Etappe beigesetzt, für manche bleibt nur das anonyme Massengrab.

Auf dem Waldfriedhof in Aachen werden ab 1914 in einem eigens dafür eingerichteten Areal Kriegstote beigesetzt. Neben deutschen Soldaten, die in den Augusttagen jenseits der Grenze getötet wurden, liegen hier vor allem in den Lazaretten Verstorbene. Viele der beim Bau der Groener-Linie ums Leben gekommenen russischen Kriegsgefangenen sind ebenfalls hier beigesetzt. Bis Ende 1918 werden 2455 deutsche und ausländische Kriegstote bestattet.

Am 1. November 1939 beschließt die Stadt Aachen neue Gräberfelder für die ersten Gefallenen des 2. Weltkrieges anzulegen. Insgesamt werden auf diesem Ehrenfriedhof in den Jahren 1939–1945 weitere 2623 Kriegstote beigesetzt. (Quelle: Volksbund)

Heldenhain im Aachener Stadtwald.

Wand'rer betrete mit Ehrfurcht
des Waldes geheiligte Stätte.
Krieger vom Freund und vom Feind
ruh'n hier im Tode vereint

▲ **Weiterleitungstelle bei Bonn, 1915/16**
Täglich passieren hunderte Militärzüge das Rheinland, um Soldaten und Nachschub an die Fronten zu bringen und Truppen von Ost nach West und Süd zu verschieben. In der Heimat sind es vor allem ältere Soldaten und Bahnbeamte, die für die reibungslose Abwicklung des Massenverkehrs sorgen.

▼ **Junge Soldaten, Alpen am Niederrhein, Juni 1918**
„Liebe Eltern, sende euch anbei eine Fotografie. Auf diesem Bild sind nur Essener und Mülheimer." Postkarte, abgeschickt am 27. Juni 1918 aus Alpen am Niederrhein.
    Die jungen Rekruten sind Teil des Ersatzbataillons und in der 2. Corporalschaft der 1. Kompanie des Reserve-Infanterie-Regiments Nr. 56. Wenn Sie Glück haben, wird ihre Ausbildung bis Kriegsende gehen.

▲ Familie im Kriegsjahr 1916/17
Längst haben die nicht enden wollenden Verlustzahlen von den Fronten und die Briefe der Männer aus den Schützengräben auch den Daheimgebliebenen die Schrecknisse des Krieges ins Gesicht gezeichnet. 1917 wird für die Deutschen zum Hungerjahr und durch den Kriegseintritt der USA zum Wendepunkt des Krieges. Noch wäre ein Verständigungsfrieden möglich, aber die Oberste Heeresleitung hält am „Siegfrieden" fest. Bis zum Waffenstillstand werden weitere Millionen Menschen sterben. Die Gesichter dieser Aachener Familie blicken in eine ungewisse Zukunft.

▲ **Drei Schwestern, Aachen, 1917**
*Drei Schwestern lassen sich bei einem Fotografen in Aachen mit dem Bild
ihres gefallenen Bruders abbilden.*

▲ **Pennäler bei der Rübenernte, 1917**
Diese noch nicht K.V. (kriegsverwendungsfähig) gestellten Schüler helfen bei der Rübenernte. Die zum Symbol des Hungerwinters gewordene und daher bis heute verpönte Steckrübe ist jedoch mit den hier abgebildeten Zuckerrüben nicht zu verwechseln. Sie ist – auch bekannt als Kohlrübe – eine Unterart des Raps.

▲ **Zwei Munitionsarbeiterinnen, 1917**
Durch den Mangel an Arbeitskräften werden immer mehr Frauen in von Männern dominierten Berufen und als Hilfskräfte eingesetzt, vornehmlich in der Kriegswirtschaft.

Die ganze Komplexität der Rolle der Frauen im Ersten Weltkrieg, zumal in Deutschland, drückt sich schon in dem für heutige Ohren geradezu absurd klingenden Namen „Vaterländischer Frauenverein" aus. In einer Zeit, da Frauen weder ein passives, noch aktives Wahlrecht besaßen, war ihnen der Zugang zur gesellschaftlichen Gestaltung größtenteils verwehrt.

Frauen sollten in allererster Linie, so die chauvinistische Einstellung, dem kämpfenden Mann als Dienerin zur Seite stehen. Die Frauenvereine und der Nationale Frauenrat engagierten sich vor allem, schon vor Kriegsausbruch, für die Versorgung Verwundeter und die Fürsorge. 118.000 Frauen arbeiteten im Krieg für das Rote Kreuz. Eine sehr viel höhere Zahl engagierte sich über lokale Frauenvereine in den sogenannten „Liebesdiensten", den Erfrischungsstationen an Bahnhöfen, sowie in der Lazarett-Aushilfe. Außerdem fiel in den Bereich der Frauenvereine die Fürsorge für Kriegerfrauen und ihre Kinder.

Die Frauenvereine leisteten, neben anderen zivilen Organisationen, aus der Sicht der Obersten Heeresleitung einen wichtigen Beitrag zur „Inneren Mobilmachung".

Nur eine Minderheit, wie die Gruppe um Clara Zetkin, stellte sich offen gegen den Krieg. Ihre Konferenzen 1915 mit dem Aufruf an alle Frauen, sich für die Beendigung der Kämpfe zu engagieren, wurden von den nationalen wie internationalen Frauenorganisationen abgelehnt.

▶ **Schaffnerinnen mit Schaffner, 1917**
Diese als Schaffnerpersonal eingesetzten Damen üben mit ihren Ausbildern den militärischen Gruß.

Kritisiert aufgrund seiner Ausblutungsstrategie bei Verdun, die in den eigenen Reihen einen gleich hohen Blutzoll gefordert hatte wie beim Feind, wurde Erich von Falckenhayn Ende 1916 durch das Duumvirat Hindenburg/Ludendorff ersetzt. Von dieser 3. Obersten Heeresleitung (OHL), angeführt vom „Sieger von Tannenberg", erhofften sich viele Deutsche den Siegfrieden in einem Krieg, dessen Opferlisten immer länger wurden.

Die 3. OHL übte de facto eine Militärdiktatur aus und begann sofort mit einem radikalen Umbau der Kriegswirtschaft. Letztendlich konnte der Plan, mit Zwangsverpflichtungen Frauen bei der Kriegsarbeit einzusetzen, nicht ausgeführt werden. So waren es vor allem der „Nationale Ausschuß für Frauenarbeit im Kriege", der die Frauenarbeit im Sinne der OHL mobilisierte.

Wichtigstes Ziel war es, Männer von ihrer kriegswichtigen Arbeit zu entbinden, um sie an der Front einsetzen zu können, neugeschaffene Arbeitsplätze in der Rüstungsindustrie, vor allem den Munitionsfabriken, mit Frauen zu besetzen.

▶ **Verpflegungsstelle, Essen, November 1915**
Auf dem Essener Bahnhof sind auch 1915 Frauen weiterhin als freiwillige Helferinnen im „Liebesdienst"-Einsatz. Im Hintergrund warnt eine Inschrift vor feindlicher Spionage.

Soldaten! Vorsicht bei Gesprächen!

Erfrischungsraum

Abschied der großen Glocke von Alsdorf 26. Juni 1917

◄ **Alsdorf, Rheinland, 26. Juni 1917**

Für die in der Heimat verbliebenen alten Herren im katholischen Rheinland ist vor allem der Abtransport der Kirchenglocken ein schmerzhaftes Erlebnis, wie diese Postkarte aus Alsdorf zeigt. Die gesegneten Glocken werden eingeschmolzen, um aus ihnen Kanonen zu gießen, die Menschen töten.

► **Die lahmen Hacketäuer, Köln, 1917**

Der Beiname „Hacketäuer" bezieht sich auf das 3. Westfälische Infanterie-Regiment Nr. 16, das u.a. in Köln-Mülheim stationiert ist. Die Soldaten der Stube 22 fordern zur Zeichnung der 7. Kriegsanleihe auf.

Insgesamt wurden 9 Kriegsanleihen ausgegeben, die 98 Milliarden Reichsmark einbrachten und etwa 60 % der deutschen Kriegskosten deckten. Mit der Hyperinflation von 1923 entledigte sich das Deutsche Reich seiner Zahlungsverpflichtung und Millionen Kleinsparer verloren ihre Ansprüche und darüber hinaus ihr gesamtes Erspartes.

Die Rolle, die die Finanzierung über Kriegsanleihen spielt, zeigt auch noch einen ganz anderen Aspekt, warum so viele Männer und Frauen bis zuletzt an einen Sieg glaubten und mit aller Kraft dafür kämpften und arbeiteten. Über die Zeichnung war man „Shareholder" des Deutschen Reiches und jetzt ging es buchstäblich darum, mit der Waffe in der Hand seine Geldanleihe und sein Erspartes zu verteidigen und mit einem Sieg die Dividende zu erhöhen.

◄ **Pfingsten auf dem Rhein, 1917**

Die kleine Normalität im Großen Krieg: eine Familie verbringt ihren Pfingstausflug auf dem Raddampfer „Loreley" zwischen Koblenz und Bingen.

► **Parole Kohldampf, Köln, September 1918**

„Die Trümmer der 2. Korporalschaft" nennen sich diese jungen Musketiere des Infanterie-Regiments 53 aus Köln-Kalk. Eine Korporalschaft bezeichnete eine Gruppe von ca. 30 Mann und hat sich bis heute als Bezeichnung vor allem in Karnevals- und Schützenvereinen gehalten.

Die brutale Statistik des Ersten Weltkriegs sagt uns, dass von zehn Soldaten nur sechs den Krieg unbeschadet überstehen, von den anderen zwei ums Leben kommen und zwei mit schwersten physischen oder psychischen Verwundungen gezeichnet sind. Über die Traumatisierung der anderen sechs sagt die Statistik nichts.

Mit viel Glück bleibt diesen Muschkoten das grausame Schicksal erspart, vom Moment der Aufnahme sind es nur noch acht Wochen bis Kriegsende.

◄ **Elsenborn, 1917**

Während an den Fronten die Truppen Tod, Elend und Verwundung erleben, träumt Adolf Jung mit seinen Freunden im Pappflieger von der „Flucht aus Elsenborn". Er wird den Krieg als Etappensoldat überleben.

Die lahmen ~~Invaliden~~
Studenten
Zeichnet die 7. Kriegs~~anleihe~~

Die Trümmer der
2. Korporalschaft.
Parole Kohldampf

*◀ **Junge Frau mit Neugeborenem, Koblenz, März 1918***
Eine junge Frau zeigt ihrem Mann an der Front das neugeborene Kind.
Feldpostbriefe und beigelegte Fotos waren über lange Zeiträume die einzige Kontaktaufnahme zwischen Front und Heimat, zwischen Eheleuten und Angehörigen, und waren ein wichtiger Bestandteil der Kriegsmoral. Die OHL war sich dieser Tatsache sehr wohl bewusst und sorgte für einen möglichst reibungslosen Ablauf der Feldpost. Vor allem das Ausbleiben von Nachrichten von den Frontsoldaten in den ersten Kriegswochen, angeblich aus Gründen der Geheimhaltung, tatsächlich aber wohl eher aufgrund der Überlastung des Feldeisenbahnwesens, hatte zu großem Unmut bei den Soldaten und in der Heimat geführt. Selbstverständlich unterlag der gesamte Briefverkehr einer Bild- und Textzensur, was aber bei den täglich Millionen Feldpostkarten, Briefen, Päckchen, Zeitungen und Paketen, die in beide Richtungen transportiert wurden, nur stichprobenartig möglich war.
Ein Brief an die Front konnte jedoch auch mit einer lapidaren roten Inschrift versehen an den Absender zurückgesendet werden, der vielleicht erst so erfuhr, dass der Adressat „Auf dem Feld der Ehre gefallen" war.

*▼ **Kriegskindergarten, Bonn, 1918***
Echtbildkarte des „Vaterländischen Frauenvereins für den Landkreis Bonn".
Die Väter an der Front, die Mütter in der Rüstungsindustrie, die Kinder im Kriegskindergarten. Bis heute hat sich das Wort „Kindergarten" in vielen Sprachen der Welt in seiner deutschen Form erhalten.

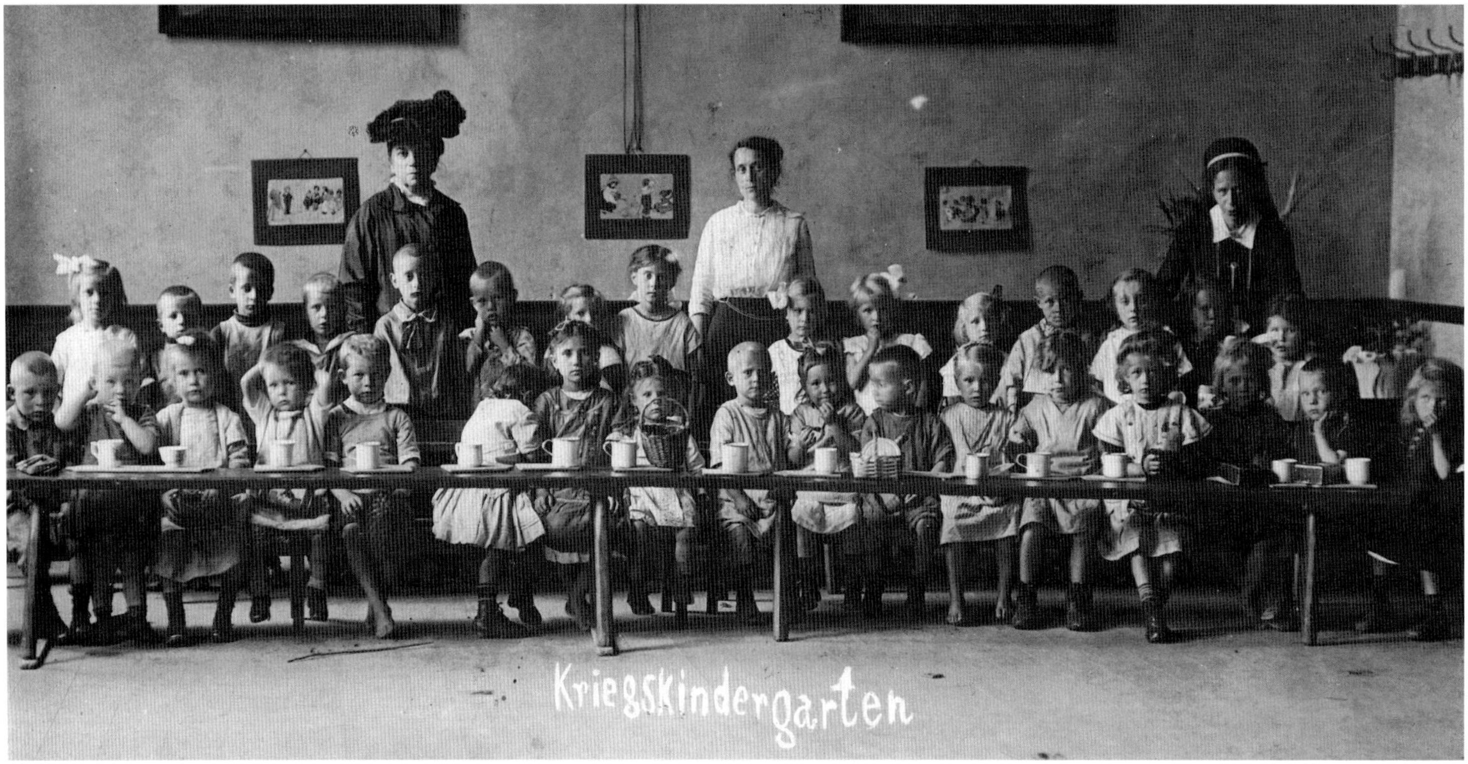

Kriegskindergarten

▲ **Der Kaiser rief und alle alle kamen, Köln, 1915**
Ein weiterer Klassiker aus der Zeit der Befreiungskriege, der ursprünglich
„Der König rief und alle kamen" hieß und hier, hundert Jahre später, neue
Verwendung findet.

▲ **„Eschte Fründe", 2. April 1915, Köln**
Zwei fußkranke Soldaten in Pantoffeln posieren im Krankenhaus Bayen-
thal für den Fotografen.

▲ Arbeiterinnen einer Munitionsfabrik mit Aufseher, 1916

„Die lustigen Kugelfüllerinnen" steht auf dem Schild, das die beiden jungen Frauen in der Hand halten. Auch in der Eifel werden Granaten für die Westfront geschmiedet, so in der Sprengstofffabrik Espagit bei Hallschlag, die über die Vennquerbahn bestens an den nördlichen Frontabschnitt angebunden ist.

◀ Munitionsfabrik, 1917/18

Die Herstellung von Munition für den Kriegseinsatz war neben der Waffenherstellung eine der zentralen Aufgaben der Kriegswirtschaft. Neben den verschiedenen Metallbestandteilen für die Geschosshülsen, Sprengköpfe und Zünder, war die Herstellung des Sprengstoffs durch den Salpetermangel ein großes Problem der Munitionsherstellung.

Salpeter wurde hauptsächlich in Chile gewonnen und war durch die englische Seeblockade im Deutschen Reich Mangelware. Erst mit der Anwendung des Haber-Bosch-Verfahrens, der Gewinnung von Ammoniak aus Stickstoff und Wasserstoff, wurde diese Lücke geschlossen. Fritz Haber begann nach Kriegseintritt mit Versuchen mit Phosgen und Chlorgas, die ihm den unrühmlichen Beinamen „Vater der Giftgaswaffen" einbrachte.

Somit war ein weiterer Kampfstoff im Tötungsarsenal vorhanden, dessen Verwendung – erstmals in den Kämpfen vor Ypern im Frühjahr 1915 – mit dem Gaskrieg eine neue Facette eines mörderischen Kriegs darstellte. Den Nobelpreis für Chemie erhielt Fritz Haber im Jahre 1919 trotzdem – für seine Erfindung des Kunstdüngers. Wie oft in der Geschichte vereinen sich Größe und Fall in einer Person.

Viele Munitionsfabriken und Anlagen zur Herstellung von Giftgas fanden sich auch in der Rheinprovinz, u.a. bei Bayer Leverkusen, in Köln-Flittard, Troisdorf, sowie bei der Espagit in Hallschlag in der Eifel.

▲ Impfung, 1916

Der Einsatz an der Front bedeutete nicht nur Kampfeinsatz und Etappenruhe, sondern ging auch mit Vorsorgemaßnahmen einher. Dazu gehörten extra herangeführte Badezüge, Entlausungsstationen und, wie hier auf dem Bild, Tetanus-Schutz-Impfungen. So zynisch es klingen mag, aber durch die moderne Hygiene und die vorbeugenden Maßnahmen starben erstmals in einem Krieg mehr Soldaten an ihren Verletzungen als an Krankheiten. In den vorangegangenen Kriegen des 19. Jahrhunderts kamen noch auf jeden durch Kriegseinsatz Getöteten sechs an Krankheit Verstorbene.

▼ „Herberge zur Heimat!", Belgien, 1915

Ältere Männer des VII. 41. Landsturm-Infanterie-Bataillons aus Barmen versehen ihren Dienst als Besatzungstruppen in Belgien. Der Bauernhof, den sie spöttisch „Herberge zur Heimat" nennen, liegt unweit des berühmten Schlachtfeldes von 1815 bei Waterloo im kleinen Ort Braine le Comte.

Frankreich 1914-16
Vrizy, Kölnerstraße

Gestürmter Graben an der Navarinferm

auf der fahrt von Vogesen nach Belgien

◀ **Kölner Straße, Vrizy, Departement Ardennes, 1916**

Der Kölner nimmt seine Heimat immer mit: Kölner Straße im französischen Vrizy. Das kleine Dorf war ein typischer Etappenort an der Westfront, denn es lag etwa 20 Kilometer von der Frontlinie entfernt, so dass man hier vor Artillerieeinschlägen weitgehend sicher war. 1915 lag hier die Feldfliegerabteilung 10, bei der der junge Pilot Max Immelmann stationiert war.

▶ **Beerdigung, Westfront, ca. 1915**

Im Hinterland der Front werden, wie auf diesem Bild, die getöteten Mitkämpfer in feierlichen Zeremonien zu Grabe getragen. Sie dienen vor allem der Moral der Überlebenden, denen im Angesicht des Todes wenigstens die Hoffnung auf ein christliches Begräbnis bleibt.

Im den sich immer mehr zum Inferno steigernden Materialschlachten ab 1915 werden diese Beerdigungen im Frontgebiet oft unmöglich, da durch die Folgen des Trommelfeuers von vielen Soldaten buchstäblich nichts mehr aufzufinden ist. Viele Leichen liegen monatelang im Niemandsland und werden von weiteren Granaten atomisiert. Das Beinhaus am Douaumont bei Verdun mit den nicht identifizierbaren Knochen Abertausender ist ein ewiges Zeugnis dieser von Menschen geschaffenen Hölle.

◀ **Die Schrecken des Krieges, bei Perthes-les-Hurlus, Frankreich, 1914**

Nach dem Scheitern der Marneschlacht beschließt die Deutsche Heeresleitung den Rückzug an die Aisne. Es beginnt der Stellungskrieg und von Pfetterhouse gegenüber Basel bis Westende am Ärmelkanal bildet sich ein über 650 Kilometer langes System von Schützengräben. Dieses Bild von einem mit Leichen übersäten Graben an der Navarin-Ferme stammt aus den Septembertagen des Jahres 14, als die Gräben noch meist improvisiert und nicht sonderlich tief waren. Hier kämpfte zu dieser Zeit das Rheinische Infanterie-Regiment 160. Den gleichen Ort heute zeigt das Farbbild auf den Seiten 81 und 82.

▶ **Liebesgaben, Propagandapostkarte, 1915**

Liebesgaben sollten die Moral der Truppe stärken und wurden in patriotischer Pflichterfüllung von der Heimat gespendet. In den Paketen fanden sich Weinbrand, Zigarren, aber auch Socken und andere Kleidungsgegenstände für den nahenden Winter. In den ersten Kriegsmonaten, zu einem Zeitpunkt, als noch nicht alle Privat-PKWs konfisziert waren, machten sich ganze Trupps von Honoratioren in Fahrzeugkonvois zur Front auf, um die Pakete selbst zu übergeben und „um sich die Sache mal näher anzusehen". Überliefert ist unter anderem der sehr interessante Bericht des Euskircheners Thomas Eßer, der die Liebesgaben-Fahrt zum 3. Bataillon des 160. Infanterie-Regiments im Oktober 1914 wenig später niederschrieb. Er findet sich in den Publikationen des Euskirchener Geschichtsvereins.

Schon bald unterband das Militär diese Privatfahrten und regelte die Sache selber – sehr zum Unmut der Heimatfront, denn die Pakete wurden oft im Vorfeld von der Etappe requiriert und geplündert.

◀ **Halt bei Truppentransport, Eifel, ca. 1915**

Auf der Fahrt von den Vogesen nach Belgien posieren diese Soldaten irgendwo in der Eifel für den Fotografen. Die größtenteils scharf festgehaltenen Bewegungen der Soldaten widerlegen den Mythos, dass damals bei Portraits die Menschen nur aufgrund der langen Verschlusszeiten so ernst und regungslos in die Kamera blickten.

Ankunft von Liebesgaben hinter der Front.

rig.-Aufn. v. Kriegsschauplatze

1797

▲ Im Schützengraben, Frühjahr 1916

Dieses Bild zeigt Männer des Landwehr-Infanterie-Regiments 56 beim Stellungskampf in den Vogesen. Das Regiment wurde Anfang 1915 in Beverloo, Belgien, aufgestellt und bestand größtenteils aus Soldaten vom Niederrhein.

Der Schützengraben wird zum Lebensraum von Millionen von Männern. Durch den sich immer mehr steigernden Artillerieeinsatz graben sich die Soldaten immer mehr in die Erde, teilweise befinden sich die Unterkünfte drei Stock tief unter dem Erdniveau. Um die feindlichen Stellungen zu überwinden, gräbt man Stollen unter die jeweils gegnerischen Linien und jagt die Stellungen mit gewaltigen Minen in die Luft. In der flandrischen Erde liegen noch heute einige ungezündete Sprengkammern. Die vorerst letzte Explosion einer solchen Mine ereignete sich – ausgelöst durch Blitzschlag – am 17. Juni 1955 nahe dem belgischen Dorfs Le Pelerin bei Messines/Menen nah Ypern. Entlang der ehemaligen Westfront finden sich heute noch zahlreiche restaurierte oder mittlerweile wieder im Originalzustand hergerichtete Stellungen. Wer jedoch abseits des Weges in die Wälder geht, kann unvermutet auf alte Grabensysteme und Fundmunition stoßen. Der Autor selbst sah sich in einem Wald bei Guillemont (Somme) plötzlich mit einer seit über 95 Jahren dort liegenden scharfen deutschen 21cm-Mörsergranate konfrontiert.

▲ Alte Männer, Westfront, 1914

Der Erste Weltkrieg ist keineswegs nur ein Krieg der jungen Männer. Neben dem Landsturm, der aus bis zu 45-Jährigen bestand, finden sich in den rückwärtigen Stäben graue Herren wie diese, an denen die Strapazen des Kriegs nicht spurlos vorbeigegangen sind.

Generaloberst von Bülow (Rechts stehend), Chef der 2. Armee mit seinem Stab in einem Beobachtungsstand an der Westfront Ende 1914. Der Kampf von der Eifelgrenze bis kurz vor Paris, die Strapazen des Krieges und der Vorwurf, mit seinem taktischen Rückzug Anfang September den zum Greifen nahen Sieg an der Marne verspielt zu haben, lastet so schwer auf ihm, dass er Anfang 1915 einen Herzinfarkt erleidet und 1916 aus dem aktiven Kriegsdienst ausscheidet.

▲ Coucy-les-Eppes, bei Laon, Frankreich, 1917

*Dieses Bild zeigt fünf Husaren, zwei Wachtmeister und zwei einfache Sol-
daten in einem Waldlager an der Westfront. Auf dem großen Granatsplitter,
den der Husar in der Mitte in der Hand hält, steht „Coucy le Eppes (sic!)
II Mai 1917 Erinnerung 21 cm"*

Das Bild erzählt uns die Geschichte des Waldlagers bei Coucy-les-Eppes
südöstlich von Laon. Waldlager waren in rückwärtigen Stellungen Versamm-
lungs- und Ruheräume für die kämpfenden Soldaten, in Coucy-les-Eppes befindet sich 1917 die Artillerie des Cleveschen Feldartillerie-Regiments 43,
das u.a. mit schweren Minenwerfern aus dem Schatten des Hangs die französischen Stellungen am Chemin des Dames bombardiert. Anfang Mai ist
der Höhepunkt der Doppelschlacht an der Aisne und in der Champagne.
Auf französischer Seite ist sie auch als „Nivelle-Offensive" bekannt und un-
trennbar mit der Geschichte der großen Meutereien verbunden, in deren Verlauf französische Soldaten hingerichtet werden. Der preisgekrönte Film
„Paths of Glory" von Stanley Kubrick mit Kirk Douglas in der Hauptrolle
thematisiert dieses düstere Kapitel der französischen Kriegsgeschichte.

Coucy-les-Eppes liegt an der Bahnlinie Laon-Reims und war somit ein
wichtiger Ausladebahnhof für Munition und Nachschub. Hier kam es zu einem Volltreffer eines deutschen Munitionszuges. Augenzeugenberichte in
Kriegstagebüchern eines bayrischen Regiments erwähnen mehrfach für den
Zeitraum April/Mai 1917 solche Ereignisse. Vermutlich handelt es sich bei
diesem Erinnerungsfoto um ein Andenken an ein Ereignis, das man glücklich überstanden hat – die Explosion eines Munitionslagers oder eines Ei-
senbahnmunitionszuges. Das würde auch den Granatsplitter erklären,
denn solche großen Splitter treten nur auf, wenn Munition explodiert, die
noch nicht abgeschossen wurde.

Im Mai 1917 befinden sich sowohl rheinische als auch bayerische und
hannoveranische Regimenter im Raum Coucy-les-Eppes. Die Eskadronen
der Husaren-Regimenter, die 1914 als Vorhut der Deutschen Armee nach
Belgien einritten, sind mittlerweile über alle Kriegsschauplätze verteilt. An
der Westfront finden sie als Kavallerie im modernen Materialkrieg keine
Verwendung. Sie müssen ihre Pferde an die Trains und an die Artillerie ab-
geben und werden zum Objektschutz herangezogen, in Coucy–les-Eppes zur
Sicherung der Bahnlinie. Viele Husaren, die den Krieg noch aus der Sicht
des erhabenen Rittmeisters sehen, melden sich daraufhin zur Luftwaffe,
dem letzten Schutzgebiet für Männer, die den Krieg als Sport und Turnier
begreifen.

Welcher Einheit diese Husaren auf dem Bild angehören, konnte aufgrund der Zersplitterung der Kavallerieformationen ab 1916/17 nicht fest-
gestellt werden. Unweit von Coucy-les-Eppes (nicht zu verwechseln mit
Coucy-le-Chateau Auffrique) waren sowohl Eskadronen des Bonner Husaren-Regiments Nr. 7 wie des Reserve-Husaren-Regiments Nr. 8. Der Autor
dankt sachkundigen Lesern für Informationen.

Im Jahre 2010 wurde bei Kellerausschachtungen unweit der im Bild gezeigten Stelle ein 30-Tonnen-Munitionslager der Deutschen Armeen aus der
Zeit des Ersten Weltkriegs gefunden. Das Dorf musste daraufhin bis zum
Abschluss der Bergungsarbeiten für eine Woche evakuiert werden. Der
größte Bestand dieses Erdlagers waren schwere deutsche Minenwerferge-
schosse des Kalibers 21.

◄ **Lille, Privatfotografie, ca. 1916, Frankreich**

Im Gegensatz zum Zweiten Weltkrieg waren Privataufnahmen von Soldaten im Krieg 1914–18 aufgrund der Unhandlichkeit der Kameras seltener. Diese Aufnahme zeigt das bei der Belagerung im Oktober 1914 schwer zerstörte Lille in Nordfrankreich. Die Stadt war eine der bedeutensten deutschen Etappenorte der Westfront und aufgrund der Eisenbahnlinien ein wichtiger Nachschubort. Lille wurde erst 1918 von britischen Einheiten befreit.

▶ **Russland, 1917**

Rheinische Soldaten posieren irgendwo in Russland vor einer Birkenhütte und drücken ihr Heimweh mit einem Schild aus. „Parole Heimat Wiedersehn am Rhein Russland 1917".

Nach dem Waffenstillstand vom 15. Dezember 1917 unterzeichnet Sowjetrussland gegenüber den Mittelmächten am 3. März 1918 den Friedensvertrag von Brest-Litowsk und scheidet somit aus dem Krieg aus.

Ein Wiedersehen mit der Heimat wird es für die meisten Soldaten jedoch nicht geben – ein Teil der Deutschen Armeen besetzt die Ukraine, die Krim und Teile Weiß- und Südrusslands und marschiert sogar weiter nach Osten, während andere Truppenteile an die Westfront verlegt werden und von Winter bis Sommer 1918 die endgültige Entscheidung an der Westfront erzwingen sollen.

◄ **Peronne, ca. Ende 1916**

Schon während der Schlacht an der Somme 1916 wurde die Stadt Peronne schwer zerstört. Im September und Oktober des Jahres kämpfte hier die größtenteils aus rheinischen Regimentern aus Aachen, Koblenz und Köln bestehende 15. Infanterie-Division. Sie wurde ab Mitte Oktober an die Aisne und ab dem 6. November an die Ostfront verlegt. Ab Mai 1917 bis Kriegsende kämpfte die Division, der u.a. die rheinischen Regimenter 25, 65, 160 und 161 angehörten, in der Doppelschlacht an der Aisne und in der Champagne, am Chemin des Dames, in Lothringen, vor Verdun, in Flandern, Artois und nahm an der „Großen Schlacht in Frankreich" teil. Noch im September 1918 wurde sie erneut vor Verdun eingesetzt. Ab dem 12. November 1918 räumte sie das besetzte Gebiet und zog sich gemäß der Waffenstillstandbedingungen über den Rhein zurück. Die teilweise im Internet einsehbaren Verlustlisten der Regimenter ergeben ein erschreckendes Bild und machen hinter den anonymen Zahlenangaben persönliche Schicksale sichtbar.

◄ **Somme-Py, Frankreich 1916**

Der kleine Ort Somme an der Py liegt in der Champagne etwa 40 Kilometer östlich von Reims und hat mit dem gleichnamigen Schlachtfeld an der Somme nicht nur den Namen gemeinsam. Auch hier fanden ebenso verlustreiche und alles zerstörende Schlachten wie in der Region zwischen Bapaume und Albert statt.

Immer wieder halten die Soldaten in ihren Bildern die unglaublichen Zerstörungen fest, die man aus früheren Kriegen in diesem Ausmaß nicht kannte. Die Landschaft entlang der ehemaligen Westfront trägt noch heute die Trostlosigkeit des Krieges in sich.

Hier kämpfte in den Jahren 1914/15 vor allem die 15. Infanterie-Division, deren Regimenter u. a. aus Aachen, Bonn, Köln und Neuwied stammten.

Parole:
Heimat wiedersehn am Rhein
Russland 1917

▲ Eisenbahnbaukompanie, 1916

Die Eisenbahn bleibt das wichtigste Transportmittel von und zur Front. Nachdem in den ersten Monaten nach Kriegsbeginn vor allem in Belgien und Frankreich zerstörte Kunstbauten und Strecken wieder hergerichtet werden müssen, werden im Laufe des Krieges auch im Rheinland weitere Bahnlinien an die Front gebaut. Neben weiteren Strecken in der Eifel, wo die Vennbahn über Stavelot und Gouvy an die Kriegsbahnen in Nordostfrankreich angebunden wird, werden drei neue Rheinbrücken errichtet.

▶ Auf einsamer Wacht, Tubize, Belgien, 1914

Kurz nach Kriegsbeginn – mit Pickelhaube ohne Schutzüberzug – steht dieser alte Landsturmmann auf einsamer Wacht an einem Bahnhof in Belgien. Nicht ohne Selbstkritik schreibt er an seinen Sohn:

„Lieber Ernst! Deine liebe Karte mit Ansicht habe ich erhalten und habe mich recht groß gefreut und will Dir auch meine Photographie schicken aber leider bin ich nicht so gut getroffen und schicke Dir noch eine mit für Frau Wünsche. Es grüßt Dich herzlich Dein lieber Vater."

In Tubize war ein wichtiger Bahnknotenpunkt der Hauptstrecke Brüssel-Mons, hier gingen weitere Nebenstrecken ab. Unser Mann mit aufgepflanzten Bajonett steht an einem Bahnübergang an der Chaussée de Mons.

▲ Krefelder Husaren an der Ostfront, 1914/15

Während im Westen der Stellungskrieg vorherrscht, ist die Kriegsführung an der Ostfront noch wesentlich beweglicher und somit in den Augen der Obersten Heeresleitung ein ideales Terrain für den Kavallerie-Einsatz. Dieses Bild zeigt Offiziere des als „Krefelder Tanzhusaren" bekannt gewordenen 2. Westfälischen-Husarenregiment Nr. 11 mit Offizieren der K.U.K. Armee an der östlichen Reichsgrenze.

Das Regiment kämpft bis Ende 1917 u.a. an der Weichsel, am Bug und in der Ukraine. 1918 wird es im Westen bis Kriegsende als Schützen-Regiment bei Reims und Soissons eingesetzt.

▼ Schrecken der Westfront, Frankreich, 1918

Mit makabrem Humor, selbst gebauten Instrumenten und scharfen Granaten präsentiert sich diese Truppe auf dem Höhepunkt der „Großen Schlacht in Frankreich", die die deutschen Truppen noch einmal bis kurz vor Paris bringt. Mit dem Scheitern dieser letzten Großoffensive ist das Schicksal der deutschen Armeen besiegelt.

▲ Das Viadukt von Moresnet, Provinz Lüttich, Belgien

Aufgrund der, in diesem Fall vom Reich akzeptierten, Neutralität der Niederlande fiel der „Eiserne Rhein" über die Provinz Limburg als Eisenbahnstraße Richtung Westen aus. Ab 1915 begann der Bau der Groener-Linie, die aufgrund der Topografie im Aachener Korridor zwischen niederländischer Grenze im Norden und dem nur 18 Kilometer weiter südlich beginnenden Ardennen-Venn-Plateau, mit einem aufwändigen Viadukt das Geulbachtal überspannen musste. Beim Bau des Viadukts durch die Baufirmen Bilfinger, Dyckerhoff und Gutehoffnungshütte wurden vor allem russische Kriegsgefangene eingesetzt, von denen viele bei den Bauarbeiten ums Leben kamen. Die Toten wurden auf dem Aachener Waldfriedhof beigesetzt. Nicht überprüfbaren Gerüchten zufolge, aber durchaus möglich, sollen noch heute einige Leichen in den Betonpfeilern eingeschlossen sein.

▼ Ehemaliges zweites Gleis der Eifelbahn vor Oberbettingen, Eifel

Am südlichen Streckenabschnitt der zweigleisig ausgebauten Eifelbahn lagen u.a. die für den M-Tag vorbereiteten Ausladebahnhöfe von Kyllburg, Erdorf, Bitburg und Speicher, die von den aus Sachsen abfahrenden Einheiten der Dritten Armee über die so genannte Kanonenbahn von Wetzlar über Moseltal und Ehrang angefahren wurden.

▶ **Denkmal auf dem Franzosenfriedhof, Friedrichsfeld bei Wesel**

Das Denkmal für die im Lager verstorbenen Kriegsgefangenen mit den Gräbern auf dem sogenannten Franzosenfriedhof ist alles, was an das ehemalige Kriegsgefangenenlager und den Truppenübungsplatz in Friedrichsfeld bei Wesel erinnert. Das Gelände ist heute vollständig mit Siedlungen überbaut.

◀ **Einschnitt der Vennquerbahn bei Losheimergraben, Eifel**

Drei Kilometer langer Einschnitt der Vennquerbahn bei Losheimergraben. Mit dem Material der von Hand gegrabenen Schlucht wurden vor allem die großen Dämme der Umfahrung bei Hallschlag gebaut. Über diese Strecke fuhren unzählige Truppen- und Nachschubtransporte an die Westfront. Unweit von hier produzierte die Munitionsfabrik Espagit bei Hallschlag mit über 2000 Arbeiterinnen und Arbeitern Tag und Nacht Granaten für die Westfront, die ebenfalls über diese Strecke transportiert wurden.

▶▶ **Lissendorf, Eifel**

In Lissendorf wurde noch vor Kriegsbeginn die Eifelbahn über die Strecke Hillesheim-Dümpelfeld an die Ahrtalbahn angebunden. Hier war der Ausladebahnhof des Garde-Reservekorps, fechtende Truppe vom 11. bis 15. August, Kolonnen und Trains vom 14. bis 16. August 1914.

Aufgrund der starken Beanspruchung der Bahnstrecken war es nicht möglich, alle Einheiten in Grenznähe auszuladen, so dass der Aufmarsch weit in die Tiefe gestaffelt war. Rückwärtige Ausladestellen lagen bis zu 80 Kilometer im Hinterland. Bei der Marschleistung von 30 bis 40 Kilometern pro Tag war dies in den Aufmarschplänen aber einkalkuliert und stellte keinerlei Verzögerung dar.

◀ **Unvollendetes Viadukt der Moselablaufstrecke, Altenahr, Eifel**

Diese nicht fertig gestellte Eisenbahnbrücke über das Adenbachtal bei Ahrweiler ist Teil der im Volksmund auch „Unvollendete" genannten Moselablaufstrecke. Sie wurde während des Kriegs unter Verwendung zumeist italienischer Kriegsgefangener für den erhofften Siegfrieden gebaut und sollte das dem Reich einzuverleibende Erzbecken von Longwy als Erzbahn mit dem Ruhrgebiet verbinden. In Teilen fertig gestellt, wurde der Weiterbau von der französischen Besatzungsmacht schließlich untersagt. Im Hintergrund ist mit dem Silberberg-Tunnel der erste von vier weiteren Tunneln sichtbar, die bei Kriegsende bereits fertig gestellt waren. In den dahinter folgenden Trotzenberg- und Kuxberg-Tunneln wurde ab den 1960er Jahren der „Ausweichsitz der Verfassungsorgane des Bundes im Krisen- und Verteidigungsfall zur Wahrung von deren Funktionstüchtigkeit" – kurz „Regierungsbunker" – gebaut. Angeblich unter strengster Geheimhaltung, erfuhr der Autor bereits 1977 von einem am Bau beteiligten Polier eine genaue Beschreibung seiner Lage (hat's aber nicht weitergesagt).

Über weite Teile der ehemaligen Moselablaufstrecke führt heute von Ringen bis Weilerswist die Autobahn 61, im Raum Rommerskirchen ist der Bahndamm noch weithin sichtbar und als Radweg befahrbar.

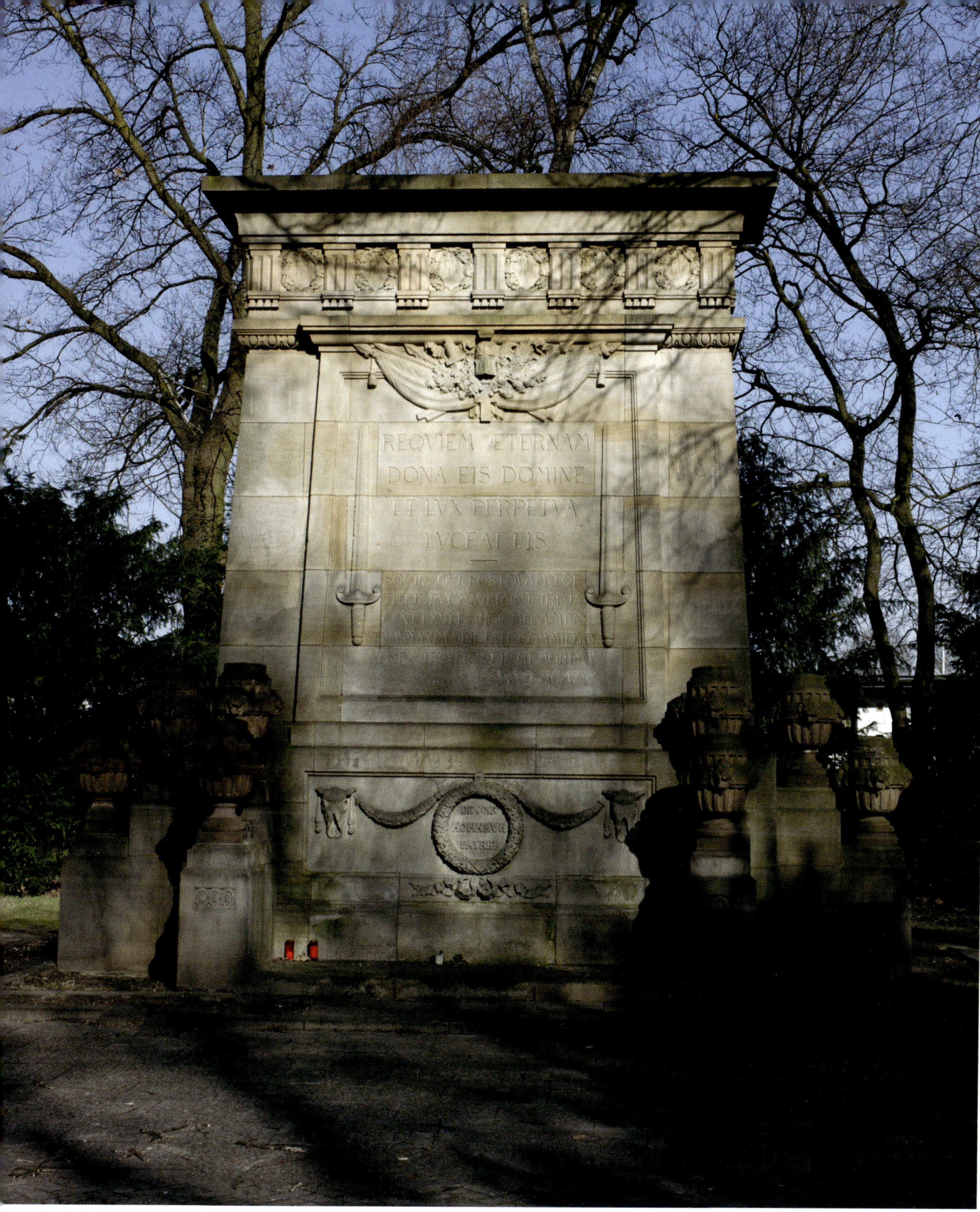
REQVIEM AETERNAM
DONA EIS DOMINE
ET LVX PERPETVA
LVCEAT EIS

BOSCH

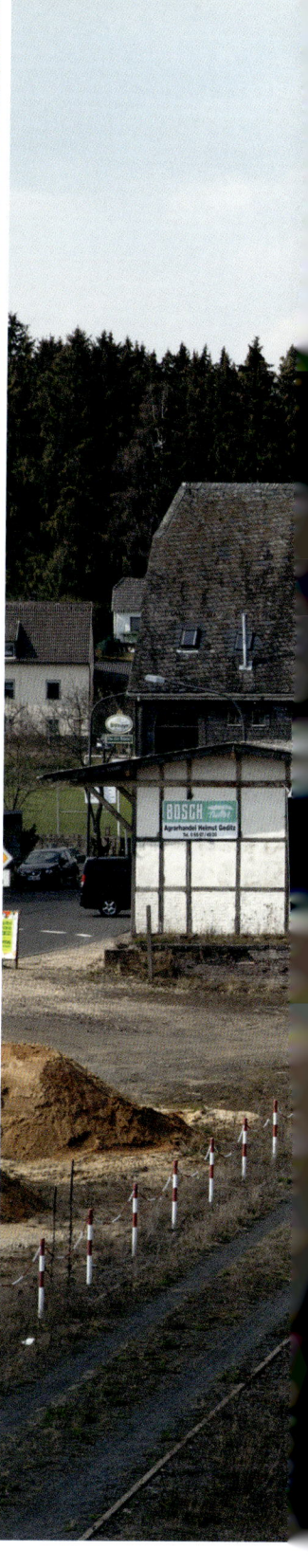

► **Tunnel bei Blankenheim, Eifel**

Für den Kriegsfall gebaute ehemalige Anbindung der Ahrtahlbahn an die Eifelbahn über Ahrdorf und Blankenheim. Das Letzte, was viele Soldaten von der Heimat sahen, war ein Stück Eifellandschaft aus dem Türschlitz eines Güterwaggons bei der Fahrt an die Front.

◄ **Alte Güterwagen am Bahnhof Montzen, Provinz Lüttich, Belgien**

In solchen Güterwagen, die für den Transport von „40 Mann oder 6 Pferden" vorgesehen waren, wurden Hunderttausende an die Front befördert. Der Güterbahnhof Montzen wurde im Zuge der Groener-Linie ab 1915 gebaut und war, neben den Bahnwerken in Aachen und dem Vorbahnhof Düren, eine wichtige Drehscheibe der Westfront.

► **Östlicher Brückenkopf der Ludendorff-Brücke, Remagen**

Aufgrund des andauernden Krieges wurde ab 1915 mit dem Bau weiterer Rheinbrücken begonnen, darunter die Hindenburg-Brücke bei Bingen, die Kronprinz-Wilhelm-Brücke bei Engers/Neuwied, und die Ludendorff-Brücke bei Remagen. Sie sollte die kriegswichtige Ahrtalbahn unter Umgehung von Köln direkt an die rechtsrheinische Strecke Richtung Ruhrgebiet anschließen.

Die 1917 fertiggestellte Brücke erreichte weltweite Bekanntheit, als sie am 7. März 1945 nach einer erfolglosen Sprengung amerikanischen Truppen in die Hände fiel. Durch die Sprengung und in Folge von Überbelastung stürzte sie wenige Tage später ein und wurde nicht wieder aufgebaut.

▲ Butzweiler Hof, Köln, ca. 1915
Vor den markanten Fliegerhallen des Butzweiler Hofs posiert die Führung der Flieger-Ersatz-Abteilung Nr. 7 für den Fotografen. Zweiter von links, die Hand auf der Brust, ist der Kommandeur der FEA 7, Major Georg von Tschudi.

▼ Bombenschäden, Köln, 1918
Folgen eines britischen Luftangriffs auf Köln im Sommer 1918. Als Antwort auf die deutschen Zeppelinangriffe auf London und die deutschen Luftangriffe auf Paris während der Marneschlacht kam es bereits 1914 zu britischen Gegenangriffen auf die Zeppelinhallen in Köln und Düsseldorf sowie 1915 auf das Chlorgas-Werk der BASF in Ludwigshafen. Nach Beginn der deutschen Luftoffensive 1917 mit 27 Angriffen auf die britische Hauptstadt nahm auch auf Seiten der Entente das Konzept des „Moral Bombing" Konturen an.

► **Zerstörtes Haus durch Luftangriff, Köln 1918**
Nachdem die Luftangriffe der ersten Kriegsjahre noch relativ harmlos waren, entwickelten sie sich aufgrund der immer größer werdenden Traglast der mittleren Bomber zur tödlichen Waffe.

◄ **Deutscher Flieger über Paris, Propagandapostkarte, ca. 1915**
Der Erste Weltkrieg trägt viele Vorboten des Zweiten in sich, die Führung des uneingeschränkten U-Bootkriegs, den Einsatz von Kampfpanzern und den Luftkrieg auf zivile Städte. Erste Luftangriffe auf London, Paris und Antwerpen werden bereits 1914/15 von deutschen Zeppelinen geführt.

Als Antwort auf die mit Gotha-Bombern durchgeführten deutschen Luftangriffe auf Paris antworten die Ententemächte mit Luftangriffen auf rheinische Städte, u.a. auf Bonn und Köln.

Eine kleine Anmerkung: Der berühmte Eiffelturm, Symbol der Weltausstellung von 1889, sollte eigentlich – und darauf hofften viele Pariser, die ihn äußerst hässlich fanden – nach 20 Jahren wieder abgerissen werden. Als aber das französische Militär seine Bedeutung als Sendemast erkannte, wurde gegen den Abriss verfügt. Tatsächlich gelang es den Franzosen während der Marneschlacht mit ihren Truppen weitaus besser in Verbindung zu bleiben, als den mit Funk unzulänglich ausgerüsteten Deutschen Armeen. Der Krieg als Vater aller Dinge? Zumindest der Eiffelturm wäre ohne ihn heute nicht mehr an seinem Platz.

▶ Bombenschäden, Köln, 1918

Ein zerstörter Dachstuhl in Köln. Zu dieser Zeit beabsichtigt die Oberste Heeresleitung Luftangriffe mit neu entwickelten Stabbrandbomben auf Paris und London, Deckname „Feuerplan". Am 23. September 1918 – kurz vor dem Start – werden die Angriffe von Generalfeldmarschall Ludendorff, dem Ersten Generalquartiermeister der Obersten Heeresleitung, gestoppt. Er fürchtet nicht zu Unrecht angesichts der sich anbahnenden Niederlage und der nur bedingten Abwehrbereitschaft schwere Luftangriffe auf deutsche Städte. Tatsächlich sind bei den Briten groß-angelegte Luftangriffe in Planung. Der Totale Krieg der 1940er Jahre wirft seine Schatten voraus.

DAMAGE. AT. COLOGNE BY. BRITISH. AIRCRAFT. 1918

▶ Rue de Tolbiac, Paris, 2. Juni 1918

Folgen eines deutschen Luftangriffs: Bombenschäden an einem Haus in der „Zülpicher Straße" in Paris, 13. Arrondissement.

Der Name der Straße und der gleichnamigen Seine-Brücke tragen nicht von ungefähr den Namen Zülpichs. Der Ort ist einer der Gründungsmythen der französischen Nation, hier soll der Frankenkönig Chlodwig 496 die Alemannen siegreich geschlagen haben. Kurz vor der Schlacht war er vom arianischen Glauben zum Katholizismus übergetreten und wurde daraufhin als erster katholischer König in Reims getauft.

Der Krönungsort, die spätere Kathedrale von Reims – im Ersten Weltkrieg während der vier Jahre andauernden Kämpfe schwer beschädigt, die Stadt vollkommen in Trümmern liegend – wurde aufgrund der gemeinsamen rheinfränkischen Geschichte als Ort der Verkündung der deutsch-französischen Freundschaft gewählt, die dort am 8. Juli 1962 von Charles de Gaulle und Konrad Adenauer in einer feierlichen Versöhnungsmesse besiegelt wurde.

RAID DE GOTHAS SUR PARIS
Rue de Tolbiac 2 Juin 1918

▲ Butzweiler Hof, Köln, 1915

Der Stempel auf der Rückseite dieses als Postkarte verschickten Fotos trägt das Datum vom 19.6.1915. Das Bild zeigt die Flieger-Ersatz-Abteilung (FEA) Nr. 7 auf dem Kölner Flughafen Butzweiler Hof, die Maschine ist nach sachkundiger Auskunft eine „ALBATROS B. II Typ C", also ein zweisitziger Aufklärer.

Schüler eines einwöchigen Lehrgangs der FEA 7 in Köln Anfang Juni 1915 sind u.a. der Krefelder Unteroffizier Werner Voß und der junge Leut-nant Manfred von Richthofen. Beide kamen von der Kavallerie, Voß vom 2. Westf. Husaren-Regiment Nr. 11, Richthofen vom Ulanen-Regiment Nr. 1.

Voß wurde 1916 Fluglehrer auf dem Butzweiler Hof und fand anschlie-ßend Verwendung in der Jagdstaffel 2. Er war eng mit von Richthofen be-freundet. Beide Kampfpiloten erhielten für ihre zahlreichen Abschüsse den Pour le Merite, die höchste Tapferkeitsmedaille des Deutschen Reiches.

Werner Voß wurde am 23. September 1917, Richthofen am 21. April 1918 im Lufteinsatz getötet.

▲ **Bruchlandung, Butzweiler Hof, Köln, 1917**
Unzählige Fotos zeigen auch die gescheiterten Ausbildungsbemühungen der Flieger-Beobachterschule Cöln: Lt. Schneiders verursacht am 24. August 1917 mit einer Albatros einen Totalschaden. Das Schicksal des Piloten konnte nicht ermittelt werden.

Anfang 1917 wird die FEA 7 nach Braunschweig verlegt. Auf dem Butzweiler Hof ist ab diesem Jahr die Flieger-Beobachterschule Cöln stationiert, ihr Kommandeur ist Hauptmann Sperrle.

Hugo Sperrle machte im Dritten Reich Karriere und war in der Zeit des Spanischen Bürgerkriegs der erste Kommandeur der Legion Condor. Als Oberbefehlshaber des Luftwaffenkommandos West fiel er nach der geglückten alliierten Invasion bei Hitler in Ungnade und erhielt bis Kriegsende keine weitere Verwendung.

Viele Kampfpiloten des Ersten Weltkrieges machten im Dritten Reich Karriere, die größte (und dickste) machte der spätere Kommandeur von Richthofens Staffel, Hermann Göring.

Catastrophe de Courrières

Les Femmes assises en rond
attendent sur le carreau
de la Fosse Salaumines
espérant toujours voir remonter
leur Mari ou leur Fils

▲ **Die Katastrophe, Courrières, Frankreich, 1906**
Ein Bild wie aus Emile Zolas „Germinal": Verzweifelte Familienangehörige warten auf Neuigkeiten über den Verbleib verschütteter Bergleute. Die Bergwerksleitung traf eine große Schuld, denn sie hatte trotz des ausgebrochenen und bereits gemeldeten Feuers die Morgenschicht in die Grube geschickt, bevor sich um 6:30 Uhr die verheerende Explosion ereignete.

▶ **Ankunft der deutschen Rettungsmannschaft in Courrières, Frankreich 1906**
Die mit neuesten Atemschutzgeräten ausgerüsteten Retter aus Gelsenkirchen und Herne dringen bis zum Unglücksort tief im Bergwerk vor, können aber nur noch Tote bergen.

▲▶ **Die Retter von Courrières, Krefeld, April 1906**
Kaiser Wilhelm der Zweite ehrt die Rettungsmannschaften von Courrières im Hof der Kaserne des Husaren-Regiments.

In der Zeit des Bergbaus waren Grubenunglücke an der Tagesordnung. Die Katastrophe vom 10. März 1906 in Courrières im nordfranzösichen Kohlerevier war jedoch auch für diese Zeit beispiellos und mit 1099 Toten, darunter vielen Kindern, das bis heute schwerste Bergwerksunglück Europas.

Nachdem Bergungsmannschaften etwa 600 Bergleute aus dem durch eine Kohlenstaubexplosion völlig zerstörten Bergwerk retten konnten, wurde die Suche nach weiteren Überlebenden aufgrund fehlender Atemschutzgeräte abgebrochen.

Am darauffolgenden Tag machte sich eine deutsche Rettungsmannschaft von 25 Grubenwehrmännern von den Zechen Shamrock und Rheinelbe zum Unglücksort auf. Sie waren mit den neuesten Draeger-Atemschutzmasken ausgerüstet und konnten bis zum Unglücksort vordringen, jedoch nur noch Tote bergen.

Gedacht als Signal der Brüderlichkeit der internationalen Arbeiterklasse wurde dieses Ereignis von Seiten des Kaiserreiches geschickt als Zeichen edlen Deutschtums umgedeutet: Die Welt sollte wissen, dass das Deutsche Reich auch seinem ärgsten Erbfeind zu Hilfe eilen würde, sollte dieser unverschuldet in Not geraten.

Exkurs: Courrières

Auf Patrouillenritt in Frankreich

COURRIÈRES

COURRIÈRES

Deutscher Ulan: „Courrières?! Den Ort kenne ich! Da habe
ich ja mit der deutschen Rettungsmannschaft die französischen
Kameraden aus dem brennenden Bergwerk gerettet! . . . . Und
nun überfällt uns diese Nation . . . ."

3548. COURRIÈRES – Le Puits n° 16 inondé par les Boches en retraite.
The Shaft n° 16 inondated by the Germans before retreating.

La Pensée

◄ **Deutscher Ulan vor Courrières,
Propagandapostkarte, 1914**
„Auf Patrouillenritt in Frankreich.
Deutscher Ulan: Courrières?! Den
Ort kenn ich! Da habe ich ja mit der
deutschen Rettungsmannschaft die
französischen Kameraden aus dem
Bergwerk gerettet! ... Und nun über-
fällt uns diese Nation ..."

Das Unglück wird zum Mittel der
Propaganda im Ersten Weltkrieg und
folgt der Logik der angeblichen französischen Angriffe vor Kriegsbeginn,
die die deutsche Kriegserklärung erst
nötig gemacht hätten.

◄ **Die Zerstörung der französischen Bergwerke, Frankreich,
1918**
„Courrières – Der Schacht Nr. 16, von
den Deutschen vor dem Rückzug ge-
flutet."

So wie auf diesem Bild verfahren
deutsche Truppen kurz vor dem Waffenstillstand mit fast allen Bergwerken im Liller Kohlerevier, nachdem
sie diese über vier Jahre ausgebeutet
hatten. Die Wut über diese sinnlose
Zerstörungsorgie während des Rück-
zugs auf die Hindenburg-Linie im Jahre 1917, in Kombination mit der rest-
losen Zerstörung von Häusern und
Kulturgütern in der 200 Kilometer
langen und bis zu 60 Kilometer breiten „Alberich-Zone", führt mit zur un-
erbittlichen Haltung der französischen Regierung bei der Erstellung
des Versailler Vertrags und wird mit
als Grund für die spätere Ruhrbesetzung angeführt, als das Deutsche
Reich sich den Reparationsforderungen widersetzt.

Während der Ruhrbesetzung werden Mitglieder der ehemaligen Rettungsmannschaft aufgrund der Teil-
nahme am Generalstreik von den
französischen Besatzungsbehörden
angeklagt. Als sie vor dem Gericht mit
den von der französischen Republik
1906 verliehenen Ehrenmedaillen erscheinen, lässt der Richter die Anklage fallen.

▲ **Deutsche Truppen überqueren die Hohenzollernbrücke, Köln, November 1918**

Nach der Unterzeichnung des Waffenstillstands am 11. November 1918 im Eisenbahnwaggon im Wald von Compiegne bleiben den deutschen Truppen nur 14 Tage, um das linke Rheinufer und einen 50 Kilometer breiten Streifen rechts des Rheins zu räumen. Wer dann dort noch angetroffen wird, gilt als Kriegsgefangener.

Das über vier Jahre so gut funktionierende Eisenbahnsystem versagt vollkommen und bricht zusammen, so dass fast alle Einheiten in großer Ei-

le zu Fuß Richtung Osten marschieren müssen. Der Kaiser ist geflohen, ebenso der Generalquartiermeister Ludendorff, die Republik ist in Berlin ausgerufen und die Macht liegt in den Händen von Arbeiter- und Soldatenräten. Nicht nur das Kaiserreich und die alte Ordnung, auch das Kommunikationssystem ist zusammengebrochen.

Was in der Totale wie der Jubel für vorbeiziehende Truppen aussieht, ist ein Bild der Verzweiflung: Brücken und Verkehrslinien werden zu wichtigen Nachrichtenstraßen, an denen Familienangehörige nach ihren vermissten Ehemännern, Vätern und Brüdern fragen.

▲ **Eifel, November 1918**
In großer Eile fluten die Soldaten der deutschen Armeen durch die westlichen Mittelgebirge Richtung Osten zurück, um vor Ablauf der mit den Waffenstillstandsbedingungen gesetzten Frist den Rhein überschritten zu haben.

▶ **Hohe Straße, Köln, November 1918**
Die beliebte Einkaufsstraße ist für die heimkehrenden Truppen festlich mit kaiserlichen Reichsfahnen geschmückt. Auf der Straße sind unbewaffnete Soldaten und Offiziere, viele der Frauen tragen Witwenkleidung.

▲ Deutzer Hängebrücke, Köln, November 1918
Von der Westfront zurückflutende deutsche Einheiten marschieren über die in den Jahren 1913–15 neu errichtete Deutzer Hängebrücke (ab 1935 in Hindenburgbrücke umbenannt). Im Hintergrund Groß Sankt Martin.

▲ Köln, 1918

„Der deutsche Strom Der Kölner Dom Grüssen die Heldenschar! Ihr wart uns Schutz Dem Feind zum Trutz! Dank sei euch immerdar!"

Wie Sieger wird das Deutsche Heer in Köln und anderswo empfangen. Noch sind die harten Waffenstillstandsbedingungen in Deutschland nicht bekannt geworden und der Mythos von der im Feld unbesiegten Armee ist in aller Munde. Es ist die Stunde, in der eine Legende entsteht, deren Gift Deutschland 27 Jahre später in den Untergang treiben wird, die Legende vom Dolchstoß.

Hindenburg schrieb dazu 1920 in seinen Memoiren:

„Wie Siegfried unter dem hinterlistigen Speerwurf des grimmigen Hagen, so stürzte unsere ermattete Front; vergebens hatte sie versucht, aus dem versiegenden Quell der heimatlichen Kraft neues Leben zu trinken."

Dabei waren es Hindenburg und Ludendorff selbst, die im September – nach der gescheiterten letzten Großoffensive, dem feindlichen Durchbruch an der Siegfried-Stellung, aufgrund des nahenden Zusammenbruchs der K.u.K.-Armee sowie der rapide sinkenden Kampfkraft der eigenen Truppe – die Reichsregierung aufforderten, den Forderungen des US-Präsidenten Wilson nach einer Demokratisierung Deutschlands nachzukommen, um einen möglichst milden Friedensschluss zu erzielen. Man überließ es schließlich dem Staatssekretär Matthias Erzberger, das Waffenstillstandsabkommen im Eisenbahnwaggon von Compiegne zu unterzeichnen.

Erzberger wurde drei Jahre später, am 26. August 1921, von zwei Mitgliedern der rechten „Organisation Consul" ermordet.

Besatzungszone Rheinland

1919–1930

1919–1930

1919

Die Nationalversammlung beschließt am 17. Februar das Gesetz über die Bildung einer Vorläufigen Reichswehr. Bis 1921 soll das neue Berufsheer aufgebaut werden und die Reduzierung auf 100.000 Mann erfolgen.

Bei der Bekämpfung des von den Berliner Spartakisten ausgerufenen Generalstreiks im März werden über 1200 Menschen durch Freikorps-Soldaten getötet.

Nach blutigen Straßenschlachten endet die Münchner Räterepublik Anfang Mai mit der Besetzung Münchens durch regierungstreue Verbände. Etwa 450 Aufständische und 150 Angehörige der regierungstreuen Truppen werden getötet.

Die Reichsregierung erlässt Aufrufe gegen den „Gewaltfrieden von Versailles". Auch die britische Labour Party und die französische Gewerkschaft CGT protestieren gegen den Vertragsentwurf.

Unterzeichnung des Friedensvertrags durch das Deutsche Reich im Spiegelsaal des Versailler Schlosses am 28. Juni.

11. August: Reichspräsident Ebert unterzeichnet die Weimarer Reichsverfassung.

Die alliierten Staaten fordern Deutschland im November auf, den noch nicht erfüllten Waffenstillstandsbedingungen nachzukommen. Dazu gehört u.a. die Ablieferung der gesamten deutschen Handelsflotte.

In der Stellungnahme vor dem Untersuchungsausschuss des Reichstags über die Friedensmöglichkeiten im Ersten Weltkrieg tätigt Hindenburg den Ausspruch, die deutsche Armee sei nicht besiegt, sondern von hinten „erdolcht" worden.

Der US-Senat lehnt mit 53 zu 38 Stimmen die Ratifizierung des Versailler Vertrags ab und tritt auch nicht dem Völkerbund bei.

1920

Der Friedensvertrag von Versailles tritt am 10. Januar in Kraft.

Eine umstrittene Volksbefragung entscheidet über den Verbleib der ehemaligen preußischen Landkreise Eupen und Malmedy beim Königreich Belgien.

Auf Drängen der Alliierten ordnet der sozialdemokratische Reichswehrminister Gustav Noske am 29. Februar die Auflösung der Freikorps Ehrhardt und Löwenfeld an.

Als Reaktion auf Noskes Anordnung besetzt die Marinebrigade Ehrhardt am 13. März das Berliner Regierungsviertel, der Kapp-Lüttwitz-Putsch beginnt. Im Ruhrgebiet bildet sich eine „Rote Ruhrarmee", 12 Millionen Arbeiter beteiligen sich reichs-

▲ (Seite 142/143) **Bei Friedrichsfeld, 1923**
Während der Ruhrbesetzung lässt sich ein französisches Brückensicherungskommando unweit des ehemaligen Kriegsgefangenenlagers und Truppenübungsplatzes Friedrichsfeld portraitieren.
„Plein la g….. (ueule) pour pas un rond" bedeutet in etwa „Schnauze voll für nix und wieder nix"

▶ *Inder in Köln, ca. 1919*
Mit den Besatzungstruppen kommen auch viele Kolonial-Einheiten nach Deutschland. Im Rheinland halten sich in der Zeit von 1918 bis 1919 aus militärischen Gründen, als Soldaten oder Kriegsgefangene, unter anderem Franzosen, Belgier, Engländer, Schotten, Waliser, Nordiren, Portugiesen, Italiener, Kroaten, Serben, Rumänen, Bulgaren, Russen, Inder, Australier, Neuseeländer, Kanadier, Nordamerikaner, Senegalesen, Algerier und Marokkaner auf.

weit am Generalstreik, der Putsch bricht zusammen. Kapp und Lüttwitz verlassen Deutschland.

Am 2. April marschieren Reichswehreinheiten ins Ruhrgebiet ein. Aus Protest gegen den Einmarsch besetzen französische Truppen u.a. Frankfurt/Main, Darmstadt und Hanau.

In Kehr in der Eifel explodiert am 29. Mai bei der Entsorgung von Giftgasmunition die Munitionsfabrik „Espagit".

Im Oktober beginnt der Abbruch der Kölner Festungsanlagen.

1921

Einmarsch französischer und belgischer Truppen am 8. März in das Sanktionsgebiet um Düsseldorf und Duisburg, da das Deutsche Reich seinen Zahlungen nicht nachkommt.

Die Reparationskommission in Paris bewilligt im April die Errichtung einer Zollgrenze im besetzten Rheinland. Das besetzte Areal wird zu einem eigenständigen Wirtschaftsgebiet der Alliierten.

Wegen Gefährdung der öffentlichen Ordnung und Schädigung des Ansehens der Besatzungsmacht werden im April mehrere deutsche Zeitschriften im Rheinland verboten.

Die Alliierten drohen im Mai in einem Sechs-Tage-Ultimatum mit der Besetzung des gesamten Ruhrgebiets, um das Deutsche Reich zur Annahme des „Londoner Zahlungsplans" zu zwingen.

▶ *Kyllburg, Eifel, Ende 1918*
Amerikanische Trucks in der Eifel. Die US-Army ist auch zu dieser Zeit bereits die mobilste Armee der Welt und beeindruckt mit einem gigantischen Fuhrpark. Zusätzlich werden Schiffsladungen schwerer vierachsiger Güterwaggons und Lokomotiven nach Europa gebracht, die teilweise bis in die 1970er Jahre bei den französischen und belgischen Staatsbahnen ihren Dienst versehen.

(Bildquelle: Library of Congress)

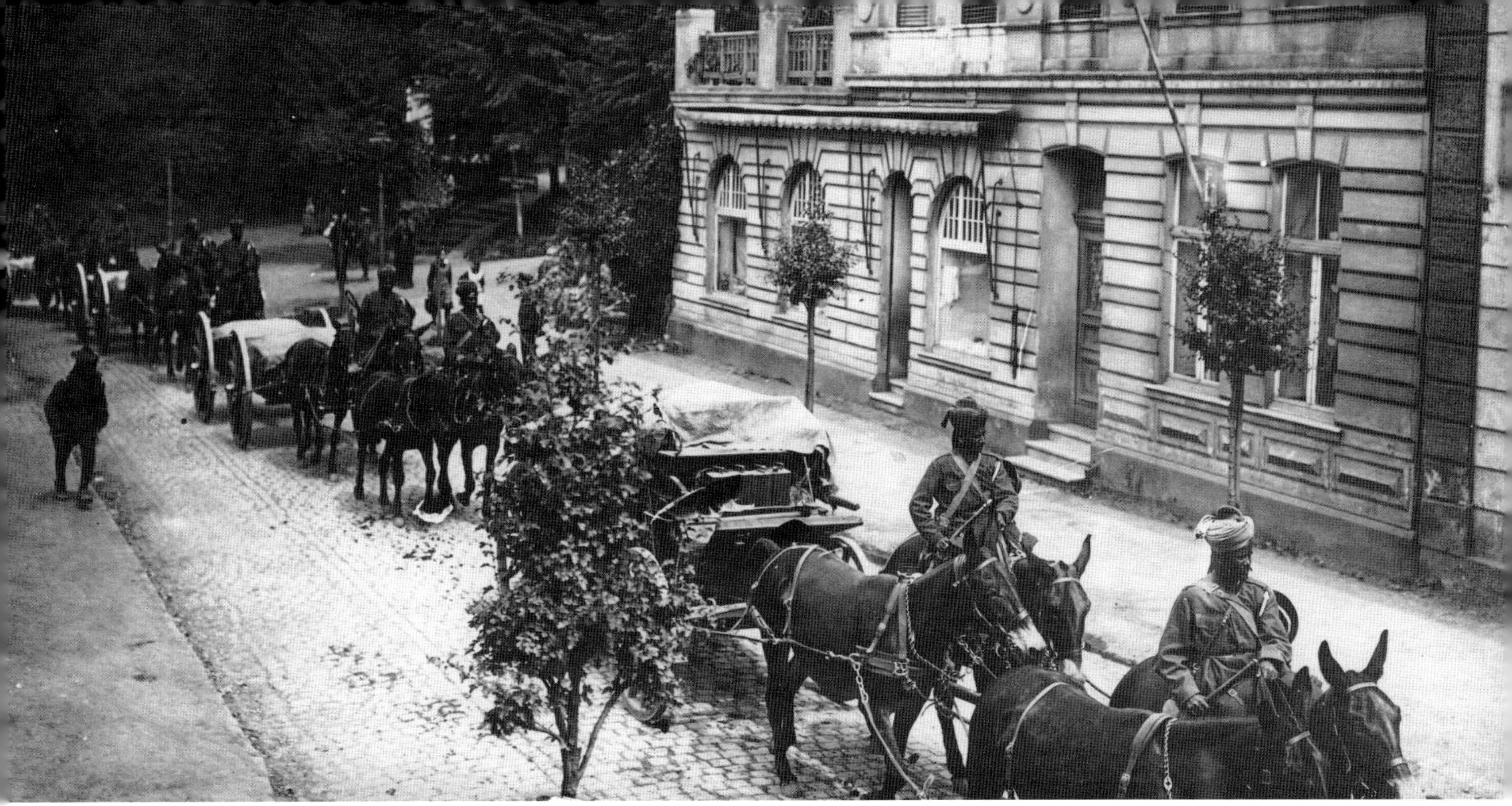

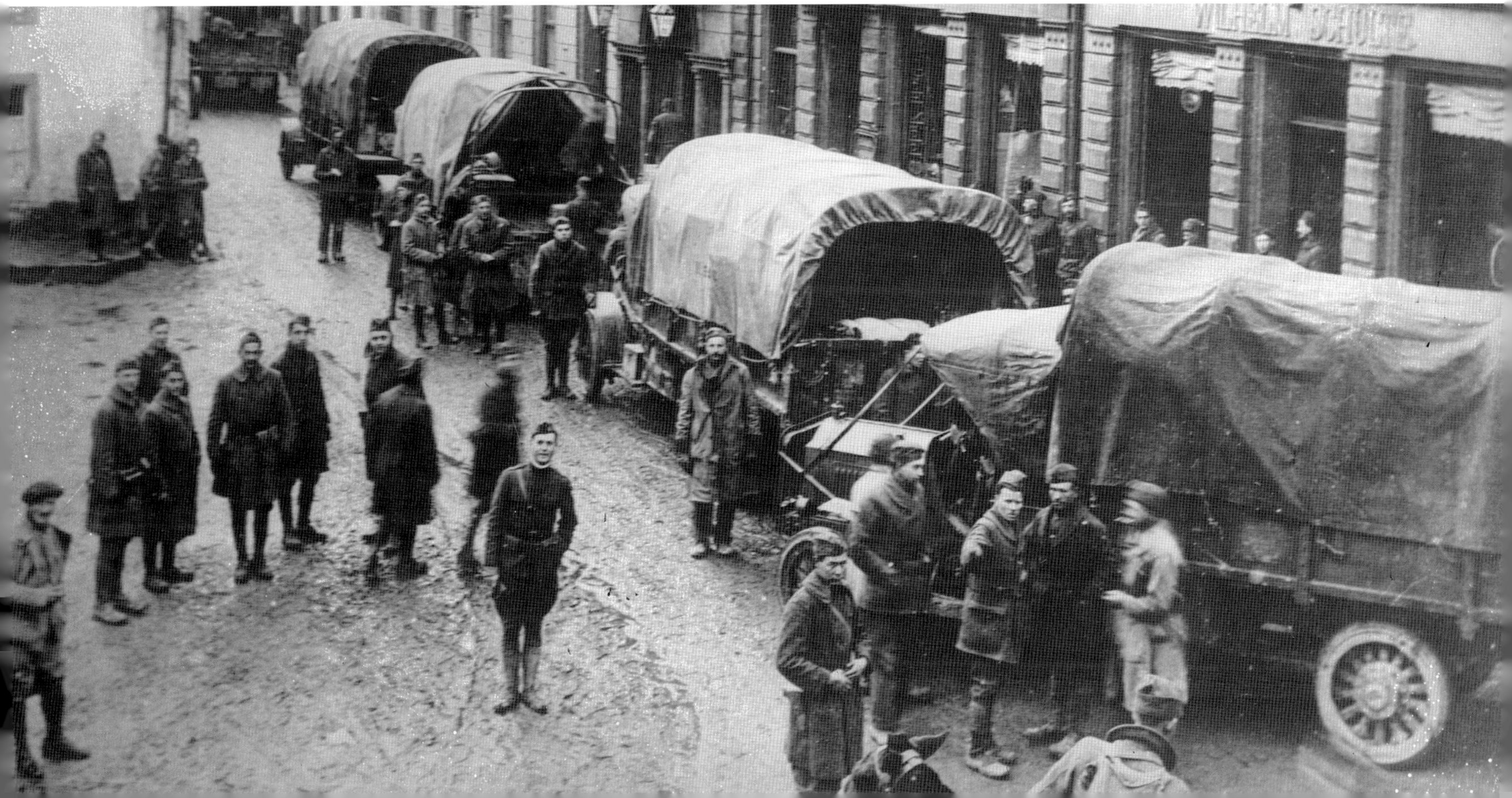

26. August: Tödliches Attentat auf den Politiker Matthias Erzberger durch zwei Mitglieder der rechtsradikalen Organisation „Consul".

Im November kommt es zu einer Grenzregulierung mit Belgien. Randgebiete des ehemaligen Kreises Eupen gehen an Deutschland zurück, die Vennbahn geht in belgische Verwaltung über.

1922

Die alliierte Reparationskommission akzeptiert im Mai die deutsche Bitte um Aufschub der Reparationszahlungen.

Der Reichsaußenminister Walther Rathenau wird am 24. Juni von Mitgliedern der rechtsradikalen Organisation „Consul" in Berlin ermordet. Im Nachruf auf den ermordeten Rathenau verurteilt Reichskanzler Wirth (Zentrum) die republikfeindliche Hetze der nationalistischen Parteien mit den Worten: „Der Feind steht rechts!"

Mitte des Jahres beginnt die galoppierende Inflation, es herrscht Panikstimmung an den deutschen Börsen. Der Wert des US-Dollars ist auf 860 Mark gestiegen.

In Berlin schließt der Industrielle Hugo Stinnes mit dem Präsidenten der französischen Generalbeschaffungskommission ein Abkommen über Lieferungen deutschen Baumaterials zum Wiederaufbau der im Ersten Weltkrieg zerstörten Gebiete Nordfrankreichs.

Das Monumentalepos von Karl Kraus über den Ersten Weltkrieg, „Die letzten Tage der Menschheit", erscheint.

1923

Auf der Konferenz der Alliierten Anfang Januar in Paris fordern Delegierte der britischen Regierung einen vierjährigen Zahlungsaufschub für das Deutsche Reich. Die Gespräche werden ergebnislos abgebrochen. Der Wert des US-Dollars steigt auf 7525 Mark.

Gegen den Einspruch Großbritanniens stellt die alliierte Reparationskommission am 9. Januar den Rückstand der deutschen Kohlelieferungen fest.

Am 11. Januar besetzen französische und belgische Truppen das Ruhrgebiet. Die Reichsregierung stellt daraufhin einen Tag später alle Reparationslieferungen und Sachlieferungen an Frankreich und Belgien ein.

Am 13. Januar verkündet Reichskanzler Wilhelm Cuno im Reichstag den „passiven Widerstand" gegen die Besatzungstruppen im Ruhrgebiet. Dazu gehört die Verweigerung jeglicher Zusammenarbeit mit den Besatzern. Der Wert des US-Dollars erreicht einen Stand von 23.000 Mark.

Das Londoner Ultimatum der alliierten Reparationskommission wird am 26. Januar in Kraft gesetzt. Deutschland ist damit zu jährlichen Zahlungen in Höhe von 3,6 Milliarden Mark verpflichtet.

Der Oberbefehlshaber der französischen Besatzungstruppen im Ruhrgebiet erlässt am 20. Februar ein Einreise- und Aufenthaltsverbot für alle deutschen Regierungsmitglieder.

Die Besatzungsmächte im Ruhrgebiet drohen die Todesstrafe für Sabotageakte und passiven Widerstand im Eisenbahntransportwesen an.

Die von Reichspräsident Friedrich Ebert erlassene Verordnung über Spionage stellt die Zusammenarbeit mit den französischen und belgischen Besatzungsbehörden unter hohe Zuchthausstrafe.

Blutiger Karsamstag in Essen, bei dem am 31. März dreizehn Arbeiter der Krupp-Werke durch französische Soldaten getötet werden.

In Essen verhaftet die französische Militärpolizei am 7. April den ehemaligen Freikorpsoffizier Albert Leo Schlageter wegen mutmaßlicher Beteiligung an einem Sprengstoffanschlag auf die Eisenbahnstrecke Dortmund-Duisburg. Schlageter wird am 26. Mai in der Golzheide hingerichtet.

Durch einen deutschen Sabotageakt auf den Rhein-Herne-Kanal wird der Abtransport von größeren Kohlemengen beträchtlich erschwert.

▶ *Parade, Köln, 28. Juni 1919*
Der Vertrag wird von der überwiegenden Mehrheit als demütigend empfunden. Es sind nicht nur die Besetzung, Gebietsabtretungen und die Reparationsforderungen, die die Deutschen empören. Es ist vor allem der im Vertrag verankerte Kriegsschuldparagraph, der den Mittelmächten die Alleinschuld gibt und damit den deutschen Männern an die Ehre geht. Die neugegründete Reichswehr darf die Größe von Hunderttausend Mann nicht übersteigen, Panzer und Flugzeuge sind nicht zugelassen. Das Tragen und der Besitz von Waffen in der besetzten Zone ist – auch bei Schützenvereinen – untersagt.

Die Propaganda von rechts setzt genau an diesem vermeintlich wunden Punkt der Ehr- und Wehrlosigkeit an. Adolf Hitler präsentiert sich in seiner Schrift „Mein Kampf" als kleiner Soldat aus der vorderen Grabenlinie, der das an den deutschen Männern begangene Unrecht heilen wird.

▶ *Römerbrücke, Trier, Dezember 1918*
Zum ersten Mal seit den napoleonischen Kriegen marschieren fremde Besatzungsarmeen in das Deutsche Reich ein. US-Truppen überqueren die Trierer Römerbrücke über die Mosel.

Der Einmarsch in das Deutsche Reich beginnt am 17. November 1918, bis Mitte Dezember hat die 3. US-Armee ihre Hauptquartiere in Mayen und Koblenz etabliert und ist über die Rheinbrücken von Remagen, Engers und Koblenz auf das rechte Rheinufer vorgedrungen, einem der vier im Waffenstillstandsabkommen vereinbarten Brückenköpfe.

Für den Fall, dass die Deutsche Regierung den Versailler Vertrag nicht unterzeichnet, bleiben die Kampfeinheiten der Siegermächte auch im Jahr 1919 am Rhein. Ab Frühjahr gibt es konkrete Pläne für einen alliierten Vormarsch nach Berlin, die erst durch die deutsche Unterzeichnung gestoppt werden. Erst drei Monate später werden die Kampfeinheiten nach und nach durch Besatzungstruppen ersetzt.

NDUSTRIE
MILLIONEN MARK
BLUMEN
FRISCHE BLUMEN
Ewige Lampe
N.A.C.B. BRITISH OFFICERS CLUB
EWIGE LAMPE

Am 30. April kommt eine französische Untersuchung zu dem Ergebnis, dass sich die französischen Truppen in den Krupp-Werken im Zustand der Notwehr befunden hätten, als sie auf die streikenden Krupp-Arbeiter schossen.

Der Aufsichtsratsvorsitzende der Firma Krupp, Gustav Krupp zu Bohlen und Halbach, wird im Zusammenhang mit dem Zwischenfall im Essener Krupp-Werk am 1. Mai von den Franzosen verhaftet. Das französische Kriegsgericht in Düsseldorf verurteilt Gustav Krupp wenige Tage später zu 15 Jahren Gefängnis und 100 Millionen Mark Geldstrafe.

Der US-Dollar erreicht im Juni einen Wechselkurs von 100.000 Mark.

Am 30. Juni erfolgt eines der schwersten Sprengstoffattentate auf einen belgischen Militärzug auf der Duisburg-Hochfelder Brücke mit acht Todesopfern.

Im August wird Gustav Stresemann als neuer Reichskanzler und Außenminister vereidigt. Er bildet eine Große Koalition von DVP, DDP, Zentrum und SPD.

Am 7. September wird der US-Dollar mit 53 Millionen Mark gehandelt, zehn Tage später steht er bei 200 Millionen Mark. Im besetzten Rheinland beginnt die Rheinlandkommission mit der Ausgabe von Notgeld.

Ende September kostet ein Laib Brot 10,37 Millionen Mark; das Kilo Rindfleisch 76 Millionen Mark.

Reichskanzler Stresemann gibt den Abbruch des passiven Widerstands und die Wiederaufnahme von Reparationslieferungen bekannt.

Bei Auseinandersetzungen zwischen rheinischen Separatisten und der Schutzpolizei am sogenannten „Düsseldorfer Blutsonntag" am 30. September gibt es zehn Tote und siebzig Verletzte. Die Ausrufung einer Rheinischen Republik durch Josef Matthes scheitert.

Der Wert des US-Dollars springt im Oktober auf 2,9 Milliarden Mark.

Am 21. Oktober folgt eine weitere Ausrufung der „Rheinischen Republik" in Aachen. Auch diese scheitert kurz darauf.

Am Vorabend des 9. November verkündet Adolf Hitler im Münchener Bürgerbräukeller die „nationale Revolution". Der „Marsch auf Berlin" wird an der Münchener Feldherrnhalle von der Polizei gewaltsam gestoppt, die NSDAP anschließend verboten.

Höhepunkt der Separatistenkämpfe ist die sogenannte Schlacht am Aegidienberg am 15. und 16. November. Danach bricht die Rheinlandbewegung zusammen.

Am 16. November beginnt mit der Ausgabe der neuen Rentenmark die Währungsreform.

1924

Am 28. Februar hebt Reichspräsident Friedrich Ebert den im September 1923 verhängten Ausnahmezustand auf.

Das US-Repräsentantenhaus bewilligt im März 10 Millionen Dollar zum Ankauf von Lebensmitteln für notleidende deutsche Frauen und Kinder.

Im Rahmen des Dawes-Plans erhält das Deutsche Reich einen Kredit von 800 Millionen Mark, um die neu ausgehandelten Zahlungen in Gang setzen zu können.

1925

Am 26. April wird Paul von Hindenburg zum neuen Reichspräsidenten gewählt. Er siegt mit 48,3 Prozent knapp vor Marx mit 45,3 Prozent. Thälmann erreicht 6,4 Prozent.

Dr. Robert Ley, NS-Gauleiter Rheinland, gründet im Mai in Köln die Wochenzeitung „Westdeutscher Beobachter".

Ab dem 14. Juli räumen Belgier und Franzosen das Ruhrgebiet, am 25. August folgt die Räumung der „Sanktionsstädte" Düsseldorf und Duisburg.

30. November: Beginn des Abzugs der britischen Besatzungssoldaten und Räumung der Kölner Zone.

▶ *Sourbrodt, Königreich Belgien, 1922*
Belgische Artillerie decharchiert am Bahnhof Sourbrodt und zieht zum ehemals preußischen Truppenübungsplatz Elsenborn. Aufgrund der Bestimmungen fallen die preußischen Landkreise Eupen und Malmedy, die wiederum ehemals über Jahrhunderte dem Herzogtum Limburg und den habsburgischen Niederlanden angehört hatten, zu Belgien. In einer fragwürdigen Volksabstimmung, bei der die Stimmabgabe massiv behindert wird, stimmt eine Mehrheit für den Wechsel. Neben den beiden Landkreisen wird das gesamte Gelände der auch durch Deutschland führenden Vennbahn dem Königreich Belgien zugeschlagen.

▶ *Aix la Chapelle, Quatorze Juillet 1919, Aachen 1919*
Französische Artilleristen paradieren am französischen Nationalfeiertag durch die Straßen Aachens. Wenn die Deutschen solche Aufmärsche als nationale Demütigung empfinden, muss man ihnen leider sagen, dass sie auch genauso gemeint sind: Als Revanche für die große Parade auf den Champs Elysees 1871, der Krönung des deutschen Kaisers im Spiegelsaal von Versailles, der jahrelangen Besetzung, Ausbeutung und Zerstörung französischer Regionen von 1914–1918 und für die Tötung von 1,3 Millionen französischer Männer. Im Gegensatz zum Deutschen Reich mit seinen Ballungszonen und einer um ein Drittel größeren Population wird sich die Republik nie von diesem demographischen Schock erholen. Die überall vor den französischen Rathäusern stehenden Denkmäler des Grande Guerre sprechen eine klare Sprache: Von den meist 300–400 Hundert Bewohnern der Dörfer sind im Schnitt 40–50 Männer einer Generation nicht von den Schlachtfeldern zurückgekehrt.

Das zweigeteilte Deutschland wird dieses Schicksal vor allem nach dem Zweiten Weltkrieg teilen. Trotzdem hat die Bundesrepublik – so merkwürdig es klingen mag – durch die Vertreibung und Flucht aus dem Osten im Jahr ihrer Gründung in ihrer Fläche bereits eine größere Population als vor dem Krieg.

AACHEN.
AIX-LA-CHAPELLE
DEFILÉ DU 14 JUILLET 1919
LA 5e BATRIE DU 52/252me R.M.A.

1926

An der offiziellen „Befreiungsfeier" im Rheinland am 21. März nehmen auch Reichspräsident Paul von Hindenburg und der Kölner Oberbürgermeister Konrad Adenauer teil.

Eine Volkszählung ergibt, dass rund 62 Millionen Einwohner im Deutschen Reich leben, davon 32,2 Millionen Frauen und 30,2 Millionen Männer.

Deutschland und Frankreich vereinbaren im August ein Handelsabkommen.

Die Reichsregierung beschließt am 15. August, einen neuen Antrag auf Aufnahme in den Völkerbund zu stellen, der am 8. September einstimmig angenommen wird.

Außenminister Gustav Stresemann und sein französischer Kollege Briand konferieren über die Räumung des Rheinlands, die Freigabe der Kohlegruben im Saargebiet und die Möglichkeit der Überweisung von Reichsbahnobligationen zur Linderung der französischen Finanzkrise.

Im Oktober beginnt der Bau des Flughafens Düsseldorf.

Am 26. November spricht Adolf Hitler in der Bonner Beethovenhalle. Drei Tage später referiert Hitler vor einem ausgewählten Kreis von Vertretern der Wirtschaft im Düsseldorfer Hof in Königswinter.

1927

Am 15. Januar startet die „Westdeutsche Rundfunk AG" in Köln ihr erstes Programm.

Die Alliierte Militärkommission beendet am 31. Januar ihre Tätigkeit im Deutschen Reich.

In Köln wird am 28. Februar erstmals seit Kriegsbeginn 1914 wieder ein Rosenmontagszug veranstaltet.

Reichsaußenminister Stresemann und sein britischer Amtskollege Joseph Austen Chamberlain (1863–1937) konferieren im Juni in Genf erfolglos über die Räumung der noch besetzten Gebiete des Rheinlands.

Eröffnung des Nürburgrings in der Eifel.

Der deutsch-französische Handelsvertrag wird nach dreijährigen Verhandlungen am 17. August unterzeichnet. Mit dem Vertrag gewähren Deutschland und Frankreich sich gegenseitig handelspolitische Vergünstigungen.

Baubeginn der Köln-Mülheimer-Rheinbrücke, der seinerzeit größten Kabelbrücke Europas.

1928

Im September vereinbaren, am Rande der Völkerbundversammlung in Genf, Deutschland, Großbritannien, Frankreich, die USA, Belgien und Japan die Wiederaufnahme der Verhandlungen über eine vorzeitige Räumung des Rheinlands und die abschließende Regelung der Reparationen.

Der rechtsgerichtete „Stahlhelm" fordert ein Volksbegehren zur Änderung der Verfassung. Die Position des Reichspräsidenten soll gestärkt, die Rechte der Reichstagsabgeordneten sollen eingeschränkt werden.

Der Maler George Grosz und der Verleger Wieland Herzfelde werden im Dezember wegen Gotteslästerung zu jeweils 2000 Reichsmark verurteilt. Das Urteil bezieht sich u.a. auf die die Gräuel des Weltkrieges thematisierende Grosz-Zeichnung „Christus mit der Gasmaske".

1929

Im Februar ratifiziert der Reichstag mit 288 zu 127 Stimmen den Briand-Kellogg-Pakt zur Ächtung von Angriffskriegen.

Der Antikriegsroman „Im Westen nichts Neues" von Erich Maria Remarque erscheint.

In Paris wird am 6. Juni der von Deutschland akzeptierte Young-Plan unterzeichnet. Er sieht für den Zeitraum von 58 Jahren jährliche Zahlungen in Höhe von rund 2 Milliarden Goldmark vor. Zugleich verzichten die Gläubigerstaaten auf wirtschaftliche Kontrollmöglichkeiten.

25. Oktober: Der „Schwarze Freitag" an der New Yorker Börse leitet die Weltwirtschaftskrise ein. Der Crash an der Wallstreet hat für die deutsche Wirtschaft gravierende Folgen. Die kurzfristigen Auslandskredite werden aus Deutschland zurückgezogen. Es kommt zu massenhaften Konkursen, die Arbeitslosenzahl steigt sprunghaft an.

Im November räumt die französische Besatzung Koblenz.

1930

Unter Reichskanzler Brüning beginnt der Übergang zu den Präsidialkabinetten, die sich auf das Notverordnungsrecht des Reichspräsidenten stützen.

Am 30. Juni verlassen die letzten französischen Truppen das Rheinland.

Bei den Feierlichkeiten in Koblenz am 22. Juli anlässlich des Endes der alliierten Rheinlandbesetzung, bei der auch Reichspräsident Hindenburg anwesend ist, sterben beim Einsturz einer Behelfsbrücke 38 Menschen.

Bei den Reichstagswahlen am 14. September steigert die NSDAP ihre Mandatszahl von 12 auf 107 Sitze. Die KPD erhält 77, die SPD 143 Sitze.

Am 5. Oktober empfängt Reichskanzler Brüning Hitler, Frick und Hermann Göring, um die Nationalsozialisten zu einer Mitarbeit in der Regierung zu bewegen.

Am selben Tag feiern in Koblenz ca. 140.000 Mitglieder des „Stahlhelm" den „Reichsfrontsoldatentag" und fordern die deutsche Wiederaufrüstung.

▶ **Britische Zone, Köln,
28. Juni 1919**

*Tattoo und Parade auf dem Dom-
vorplatz anlässlich der Unterzeichnung des Versailler Vertrags am 28.
Juni 1919.*

*Der Versailler Vertrag teilt die
Rheinprovinz von Nord nach Süd in
die belgische Zone am Niederrhein,
die britische Zone um Köln, die
amerikanische Zone um Koblenz
und der französischen Zone bis zur
Pfalz. Außerdem erhalten die Besatzungsmächte vier Brückenköpfe mit
einem Radius von 50 Kilometer östlich des Rheins bei Köln, Koblenz,
Mainz und Kehl. Östlich der Besatzungszone folgt eine etwa 50 Kilometer breite entmilitarisierte Zone.
Die preußischen Landkreise Eupen
und Malmedy müssen nach verlore-
ner Volksabstimmung an Belgien
abgetreten werden. Das Saargebiet
wird bis 1935 unter Mandat des
Völkerbundes gestellt. Nach der für
das Jahr 1935 vorgesehenen Räumung soll das Rheinland entmilitarisierte Zone werden.*

*Im Hintergrund sind zwei briti-
sche Tanks zu sehen. Die ursprüng-
liche Tarnbezeichnung „Tank" (was
nichts anderes bedeutet als Tank)
wird im angelsächsischen Sprach-
raum bis heute für die Waffengattung Panzer verwendet.*

▶ **Tattoo, Wahn Barracks,
Köln 1919**

*Under new management: Der ehe-
malige Artillerieschießplatz in
Wahn wird von den Briten als Kaserne genutzt. 1920 wird er von
der französischen Armée française
du Rhin übernommen und in „Camp
Fayolle" umbenannt.*

Das Herrenzimmer

Mein Vater und ich fuhren noch viele Male nach Paris. Wir fuhren mit dem Zug durch das heruntergekommene Kohlenrevier zwischen Lüttich und Mons. Und jedes Mal, hinter *Säkongtä*, drückte ich meine Nase am Fenster platt und wartete, bis ich sie sah. Meine Ruine, das Chateau von Baboeuf am sanften Hang oberhalb des Tals der Oise. Dann folgte Noyon, das mein Vater jedes Mal ankündigte und das dann tatsächlich, zu seiner Befriedigung, von der krächzenden Stimme der Lautsprecherdurchsage angekündigt wurde.

Eines Tages gab es eine neue Verbindung. Man fuhr jetzt mit dem Thalys von Brüssel. Das ging alles viel schneller, aber die Anfahrt über Köln und Aachen dorthin dauerte immer noch ewig und wegen der vielen Streiks in Belgien nahmen wir vorsichtshalber einen Zug früher. Die Zeitersparnis war dahin, meine Ruine sah ich nicht mehr und es gab auch kein *Sänkongtä*, Noyon und Compiegne mehr. Dafür rauschten jetzt am Fenster des Zuges in der ewigen Weite der nordfranzösischen Rübensteppe die Soldatenfriedhöfe des Somme-Gebiets an uns vorbei.

Als wir uns das erste Mal auf der neuen Verbindung der belgischen Hauptstadt näherten, hielt der Zug in Brüssel-Nord.

„Hier war dein Oppa Bahnhofskommandant", sagte mein Vater plötzlich zu mir.

„Wann?", fragte ich.

„Achtzehn", sagte er.

Das war eine neue Information für mich, endlich mal.

„War er davor oder danach in den Alpen?", fragte ich ihn.

Wieder bekam ich keine Antwort. Ich ließ ihn in Ruhe. Einen Plan für Paris, ihm irgendwas zu entlocken, hatte ich auch nicht mehr in der Tasche. Ich wollte es drauf ankommen lassen. Irgendwann würde er es mir erzählen. Vielleicht. Aber ich wollte auch nicht locker lassen.

In Paris besuchten wir die üblichen *Revues*, die Folies Bergeres, das Moulin Rouge und wir waren sogar im Crazy Horse. Und wir tranken uns abends durch die Bars und Cafés der Champs-Élysées und ich versuchte weiter das Geheimnis meines Großvaters zu lüften. Er aber blieb stumm, trank seinen Wein, blinzelte verschmitzt mit den Augen und tat seinen Vater mit einer verächtlichen Handbewegung ab. Er hatte seine Mutter über alles geliebt, aber der, den alle in der Familie nur Charlie nannten, war keiner, über den er lange reden wollte.

Als er älter wurde, begann er mit mir über *seinen* Krieg zu reden. Wie viel Glück er gehabt hatte. Wie der Lehrer ihm und seinen Schulkameraden im Oktober 1944 gesagt hatte, dass Werber der SS in die Schule kommen würden und sie sich besser vorher als Gymnasiasten freiwillig zum Offizierslehrgang melden sollten. Er tat es und vielleicht hat es ihm das Leben gerettet. Die Absurdität der deutschen Bürokratie führte dazu, dass er, während viele seiner Altersgenossen in der Ardennen-Offensive getötet wurden, als Arbeitsmann des Reichsarbeitsdienstes den Geburtstag seines Vaters, Karl Konejung, am 16. Dezember 1944 in Krefeld feiern konnte. Dann wurde er in Paderborn als Kavallerist ausgebildet, dies geschah, in Ermangelung von Pferden, auf Fahrrädern. Ende März 1945 kam er nach Kopenhagen zur Offiziersschule. Als der Befehl kam, die Offiziersanwärter zum Endkampf nach Berlin zu verlegen, wies der Leiter der Schule auf einen Führerbefehl hin, der den vorzeitigen Abbruch der Ausbildung untersagte. Die Kriegsgefangenschaft in Flensburg verließ er bereits am dritten Tag.

„Glück," sagte er zu mir, „einfach nur Glück."

Er begann, die Dinge anders zu sehen. Die Zeit bei der *Flak* in Krefeld-Fischeln als Luftwaffenhelfer, die er früher als eine Art Abenteuer dargestellt hatte, hörte sich nun anders an.

„Ich konnte nachts aus der Stellung bis weit ins Ruhrgebiet blicken und sah die englischen Bomber wie brennende Fackeln abstürzen. Und ich musste dran denken, dass in jedem dieser Bomber zehn Jungs saßen, die kaum älter waren als ich". Er sagte das mit Tränen in den Augen. Wir unterhielten uns viel über diese Zeit und über die frühen Jahre in Paris, über sein glückliches Leben, den Aufbruch in eine neue Zeit, die Türen und Tore, die ihm als jungem Mann offen standen. Er hatte sich damit versöhnt, dass ich nicht in seine Kaufmannsschuhe ge-

---

▶ *Hintereingang der britischen Kommandantur, Köln, ca. 1919*
Wachwechsel am Hintereingang des Hotel Excelsior Ernst, Hauptquartier der Britischen Besatzungsmacht.
  Gemäß des deutschen Lieds von der „Wacht am Rhein" wurde die Rheinlandbesetzung durch englische und schottische Truppen auch als „Black Watch on the Rhine" bezeichnet.

▶ *Britische Flotte, Köln, 1919*
Britische Torpedoboote ankern vor der Frankenwerft, im Hintergrund die Deutzer Hängebrücke. Sie sind beflaggt zum Besuch von Marschall Foch in Köln am 17. Mai 1919. Die Torpedoboote der „Rhine Patrol Flotilla" dienen der Sicherung des internationalisierten Rhein-Wasserwegs, auch dies eine Forderung des Versailler Vertrags. Ab 1921 wurde die Flotte auf fünf Boote reduziert und diente vor allem Repräsentationszwecken, 1926 wurde sie nach England zurückverlegt.

▶▶ *Elsenborn, Königreich Belgien, 1922*
Die Soldaten sind andere, aber die Tradition im Lager Elsenborn hat sich erhalten. Auch diese Gruppe belgischer Soldaten, Zivilisten und Zöllner, denen sich eine schöne Frau mit Hut zugesellt hat, lässt sich in Elsenborn mit Schneemann fotografieren.

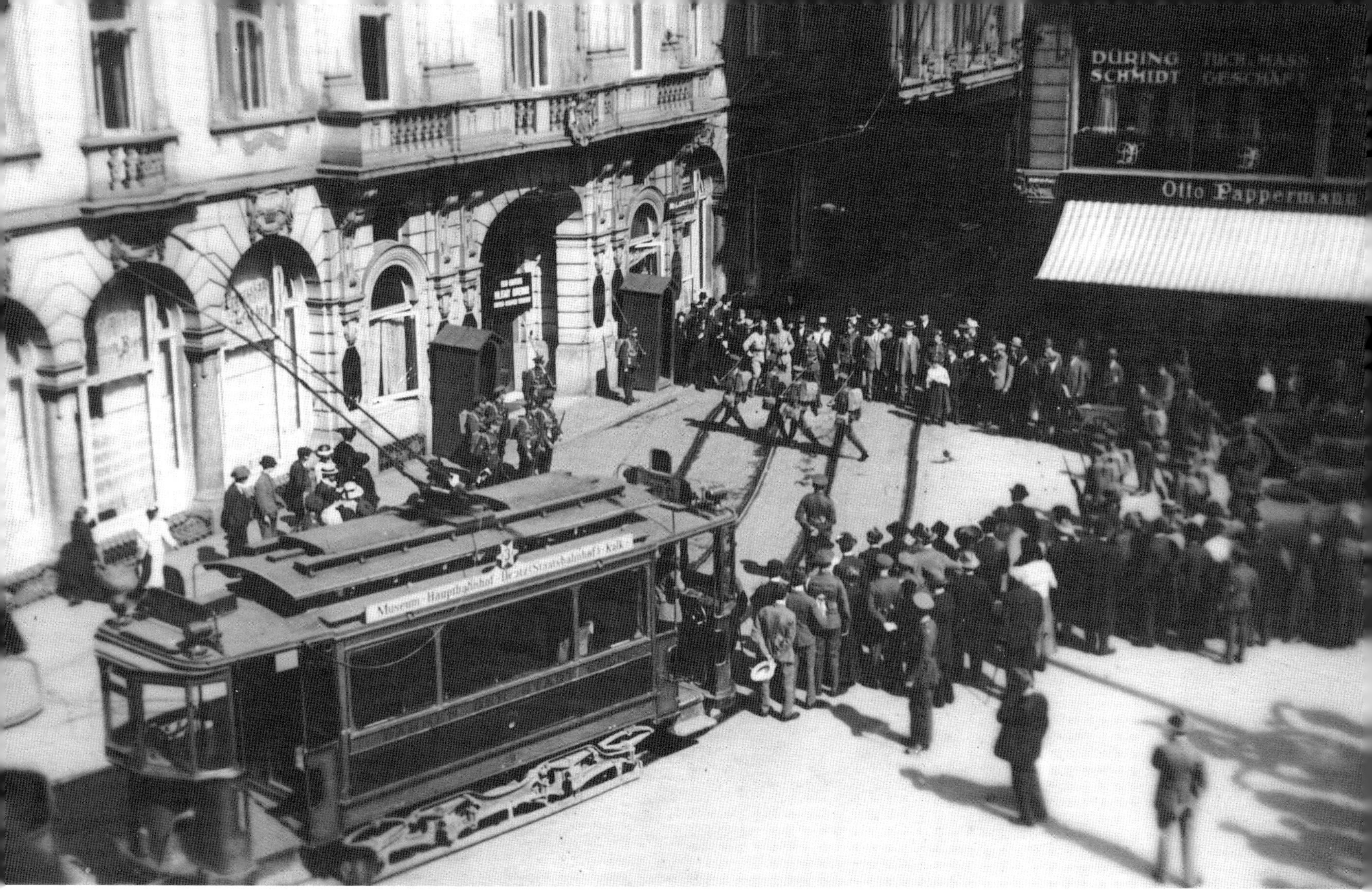
DURING
SCHMIDT
Otto Pappermann
Museum-Hauptbahnhof

32
Maison Kanzler
Elsenborn-Camp

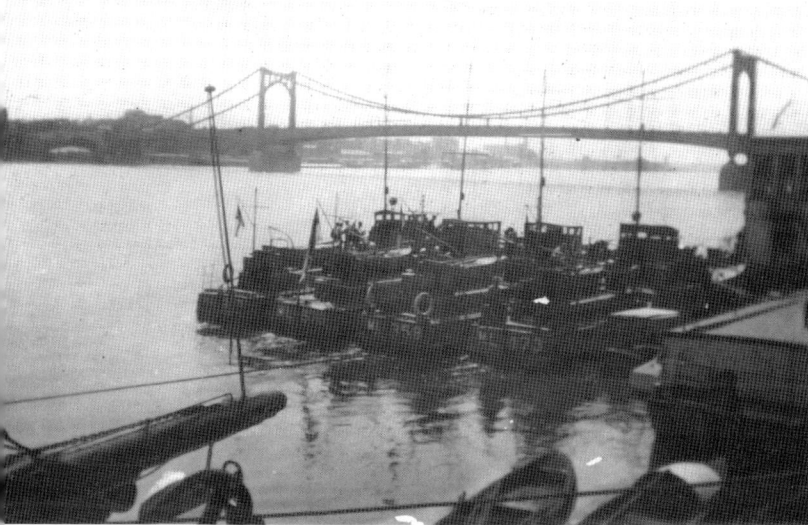

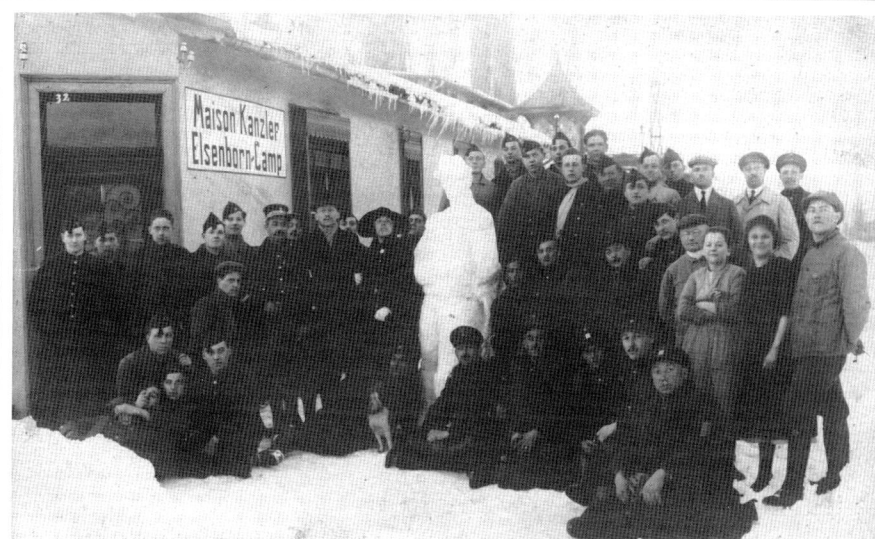

▲ **Schweigeminute, Köln, 11. November 1919**
*Ein ungewohntes Bild für den Rheinländer: Am „Elften im Elften" halten
vor dem Kölner Dom die britischen Besatzungstruppen eine Schweigeminute in Erinnerung des Waffenstillstands vom 11. November des Vorjahres.
Noch heute ist der 11. November in England und den Commonwealth-Staa-
ten als Remembrance Day oder auch Poppy Day und Armistice Day ein
wichtiger nationaler Feiertag.*
*Arbeitsfreier Feiertag ist er in Belgien („Wapenstilstandsdag"), in Frank-
reich („Armistice") und den USA („Veterans Day").*

schlüpft, sondern Künstler geworden war. Nur über meinen
Großvater und seinen Krieg verlor er kein Wort.

Karl Konejung wurde 1895 in Gräfrath bei Solingen geboren.
Er war eines von dreizehn Kindern. Die Mutter der ersten
sieben Kinder verstarb, der Vater heiratete ein zweites Mal, aus
dieser Ehe stammten mein Großvater und fünf weitere Kinder.
Die Familie Konejung ist seit dem 17. Jahrhundert bei Solingen
ansässig, der Legende nach war der erste Konejung im Rheinland ein dänischer Waffenschmied, der sich im Dreißigjährigen
Krieg in Diensten der Armee des Königs Gustav Adolf von
Schweden befand und sich gegen Ende des Krieges in Gräfrath
niederließ. Der Name seines ersten dort getauften Sohnes findet
sich noch heute in den Kirchenbüchern. Die Konejungsche Klin-
genschmiede produzierte fast dreihundert Jahre bis zum Ende
des Zweiten Weltkriegs, bevor sie in Konkurs ging. Und natürlich stellte sie nicht nur Haushaltsmesser und Gabeln her, sondern auch Dolche, Fahrtenmesser und Säbel. Und sie belieferte –
wie alle Solinger Betriebe – die NS-Organisationen, die ein besonderes Faible für Dolche, Fahrtenmesser und Säbel hatten.

Karl Konejung wurde von seinem Vater nicht geliebt, wenn
man überhaupt davon ausgehen kann, dass irgendein Vater im
wilhelminischen Deutschland seine Söhne geliebt hätte. Liebe

im Sinne von Zuneigung, Förderung von Talenten, Liebe im Sinne von Loslassen und freier Entfaltung – das
alles war was für schwache Geister, für Welsche und
Französlinge. Der deutsche Mann brauchte weder Freiheit, Brüderlichkeit noch Gleichheit, sondern kannte
nur wahre, echte deutsche Tugenden – Manneszucht,
Soldatenehre und Nibelungentreue.

In diesem Klima wuchsen mein Großvater und seine
Geschwister auf. Er besuchte die Realschule und war
achtzehn, als der Erste Weltkrieg im August 1914 begann. Er meldete sich als Einjährigen-Freiwilliger zum
Westfälischen Jäger-Bataillon Nr.7., das auch als „Bü-
ckeburger Jäger" bekannt war. Die Jägerformationen
waren kleine mobile Einheiten, die als Voraus- und Auf-
klärungstrupps eingesetzt wurden, über Maschinenge-
wehre verfügten und in der Regel Kavallerie-Divisionen
angegliedert waren. Vermutlich hatte sein Vater beim
Regimentskommandeur ein Wort für ihn eingelegt –
ohne eine solche Schützenhilfe wurde es im Kaiserreich nichts
mit dem Reserveleutnant.

Mein Großvater trat am 5. Januar 1915 seinen Dienst beim
Ersatzbataillon der Jäger 7 in Bückeburg an. Am 30. März
wechselte er zum neu aufgestellten Reserve Jäger Bataillon 20.
Er kämpfte ab dem 30. März 1915 in den Karpaten und in Galizien. Am 26. Juni 1915 wurde er beim Übergang über den
Fluss Dnjestr bei Chodoriw (heute Ukraine) das erste Mal verwundet und befand sich zwei Monate in Lazarettbehandlung.

Vom 25. August 1915 bis zum 6. Februar 1916 war er wieder beim Ersatzbataillon der Jäger 7 in Bückeburg und kehrte
anschließend zum Reserve Jäger Bataillon 20 zurück. Er kämpfte an der Front entlang der Strypa, einem Nebenfluss des
Dnjestr. Dort wurde er am 16. Juni das zweite Mal verwundet
und blieb bis zum 31. Juli 1916 für sechs Wochen in Lazarettbehandlung.

Ab dem 1. August 1916 war er wieder beim Ersatzbataillon
der Jäger 7 und kehrte am 9. Januar 1917 als Leutnant der Reserve zum Reserve Jäger Bataillon 20 zurück, das dort am Fuße
der transsylvanischen Alpen an der rumänischen Front kämpfte.
Vier Wochen später wurde das Bataillon mit der Eisenbahn nach
Westen transportiert. Es kämpfte einen Monat im Oberelsass in
den Vogesen und zwei Wochen an der Aisne in Frankreich.

▶ **Manöver bei Trier, 1921**
*Stolz präsentieren sich diese Artilleristen mit ihrem Geschütz des Modells
„Mortier de 155mm modèle Schneider".*
*Seit ein kleiner korsischer Artillerieoffizier Frankreich zu Größe und
Gloire gebracht und sich selbst zum Kaiser ernannt hatte, waren die Fran-
zosen im Bereich der Feldartillerie führend.*

Anfang April 1917 wurde das Bataillon zurück an die Ostfront verlegt, kämpfte in den Karpaten und nahm anschließend an der Großoffensive zur Rückeroberung der Bukowina teil. Es blieb dort bis zum Oktober des Jahres und wurde dann als Teil des deutschen Alpenkorps während der sogenannten 12. Isonzoschlacht eingesetzt.

Am 19. November 1917 wurde mein Großvater Karl Konejung auf der Höhe 715 oberhalb des Piavetals in den venezianischen Alpen das dritte Mal, dieses Mal durch einen Granatsplitter, schwer verwundet. Er verlor das rechte Auge und das rechte Gehör. Er bekam eine Erstversorgung im bayerischen Feldlazarett 55, wurde am 25. November 1917 nach Trient in ein österreichisches Lazarett verlegt. Vom 30. November 1917 bis zum 10. Februar 1918 befand er sich in der Augenklinik im Reservelazarett in Innsbruck. Vom 11. Februar bis zum 23. April 1918 war er in der Augenklinik der Reservelazarette II und IV in Bonn in Behandlung.

Am 16. August 1918 wurde er, nun einäugig und mit eingeschränktem Gehör, als Adjutant zur mobilen Bahnhofskommandantur 324 Brüssel Nord II versetzt und blieb dort bis zum Waffenstillstand im Dienst.

Er erhielt am 25. Juni 1916 das Eiserne Kreuz Zweiter Klasse, am 26. November 1917 das Eiserne Kreuz Erster Klasse. Weitere Auszeichnungen, die sich aus den Akten ergeben, sind:
- Das Kreuz für treue Dienste 1914, vom Fürstlich Schaumburg-Lippischen Staatsminister und Ordenskanzler seiner hochfürstlichen Durchlaucht Fürst zu Schaumburg-Lippe 1917 verliehen
- Das Verwundetenabzeichen in „Matt-Weiß", 1918
- Die grüne Fangschnur mit dem westfälischen Pferd, 1920
- Die ungarische Kriegserinnerungsmedaille, 1934
- Die Tiroler Landesdenkmünze 1914–1918, 1935
- Die bulgarische Erinnerungs-Medaille für den Weltkrieg 1915–1918
- Die österreichische Kriegserinnerungsmedaille mit Schwertern, 1934
- Das Ehrenkreuz für Frontkämpfer, 1934

Den größtem Raum auf edlem Papier nimmt folgende Auszeichnung ein:

VON SEINER KAISERLICHEN UND KÖNIGLICH APOSTOLISCHEN MAJESTÄT
- Oberstkämmerer
- An den Herrn
- Königlich preussischen Leutnant d.R.b. ResJgB .20
- Karl Konejung

SEINE KAISERLICHE UND KÖNIGLICHE MAJESTÄT
Haben SICH mit allerhöchster Entschließung vom Februar 1918 bewogen gefunden Ihnen das Militär-Verdienstkreuz III. Klasse mit der Kriegsdekoration III. Klasse huldreichst zu verleihen.

Das alles habe ich erst vor kurzem erfahren. Die Unterlagen und seine Kriegsstammrolle fanden sich in einer Schachtel, an die sich meine Mutter erinnerte, als ich die Recherchen zu diesem Buch begann. Sie sind eine der Antworten auf meine Fragen. Aber sie sind nur der Anfang. Er war eben kein Bahnhofskommandant, nur der Adjutant. Was hätte er sonst in seinem Alter in seiner Position auch sonst sein können? Er war nicht über Jahre in den Dolomiten auf einer Bergspitze gewesen und hatte den Alpenkrieg mitgemacht. Er war im Osten eingesetzt. Von den Karpaten hatte man mir später auf Nachfragen erzählt, aber nichts von der Bukowina und Galizien. Und nur das er ein Mal und nicht dass er drei Mal verwundet worden war. Und nichts von der 12. Isonzoschlacht.

▶ *Duisburg, 21. Juli 1922*
Französische Panzerfahrer mit Renault FT17 Kampfwagen vor dem Landgericht am König-Heinrich-Platz in Duisburg während der Besetzung des Sanktionsgebiets.

Die Besetzung des Rheinlands und ab 1921 des Sanktionsgebiets wurde vor allem von Frankreich mit einer Politik der Stärke und der Demonstration der militärischen Macht durchgeführt. Sie war eine klare Antwort auf die deutsche Haltung zur Frage der Reparationen und Kriegsschuld.

Aus der heutigen Sicht kann man den Versailler Vertrag ganz klar als einen Irrweg sehen, und wir alle sind ja klüger, wenn wir vom Rathaus kommen. Doch den friedlichen Schluss eines modernen, totalen Krieges zu finden, der ungeahnte Opfer gekostet hatte, der Volkswirtschaften ruiniert, Städte und Landschaften vernichtet und Schicksale, Hoffnung und Träume von zig Millionen Menschen zerstört hatte, war noch nie versucht worden.

Der Unversöhnlichkeit der Franzosen stand das Unverständnis der Deutschen gegenüber, die die Zerstörungen eines Krieges, der nicht in ihrem Land stattgefunden hatte, nicht sehen wollten.

Der Siegermentalität der Franzosen stand die Sturheit der Deutschen gegenüber, die an dem Glauben festhielten, ihre Armee habe bis zum Schluss siegreich gekämpft und nur aus Edelmut einem Waffenstillstand zugestimmt, der das weitere Blutvergießen beenden sollte.

▶ *Panzermanöver, Düren, 1923*
Auf den ersten Blick wirken die auf dieser Postkarte abgebildeten Panzer fast spielzeugartig. Tatsächlich war der Char Renault FT 17 der revolutionärste Panzer des Ersten Weltkriegs und aufgrund seiner Wannenkonstruktion Grundlage aller späteren Kampfwagen.

Im Jahre 1919 übernahmen französische Einheiten die Kasernen und das bereits angelegte Übungsgelände in der Drover Heide von der „British Army of the Rhine". Nachdem zuerst Zelte errichtet wurden, entstand später am Rand der Heide ein Barackenlager, andere Truppenteile wurden in der ehemals preußischen Kaserne untergebracht.

Düren war während der alliierten Rheinlandbesetzung einer der wichtigsten Militärstützpunkte der französischen Rheinarmee und über die zweigleisig ausgebaute Bördebahn und weiter über die Eifel- und Saarbahn direkt an Frankreich angebunden. Erst 1929 zogen die letzten Einheiten aus Düren und Kreuzau-Drove ab.

Das Übungsgelände in der Drover Heide wurde später von der Wehrmacht und nach dem Zweiten Weltkrieg von der belgischen Armee weiter genutzt. Im Kalten Krieg fand sich hier außerdem eine Nike-Raketenstation. Seit 2004 ist es ein streng geschütztes Naturschutzgebiet und in Teilen für die Öffentlichkeit freigegeben.

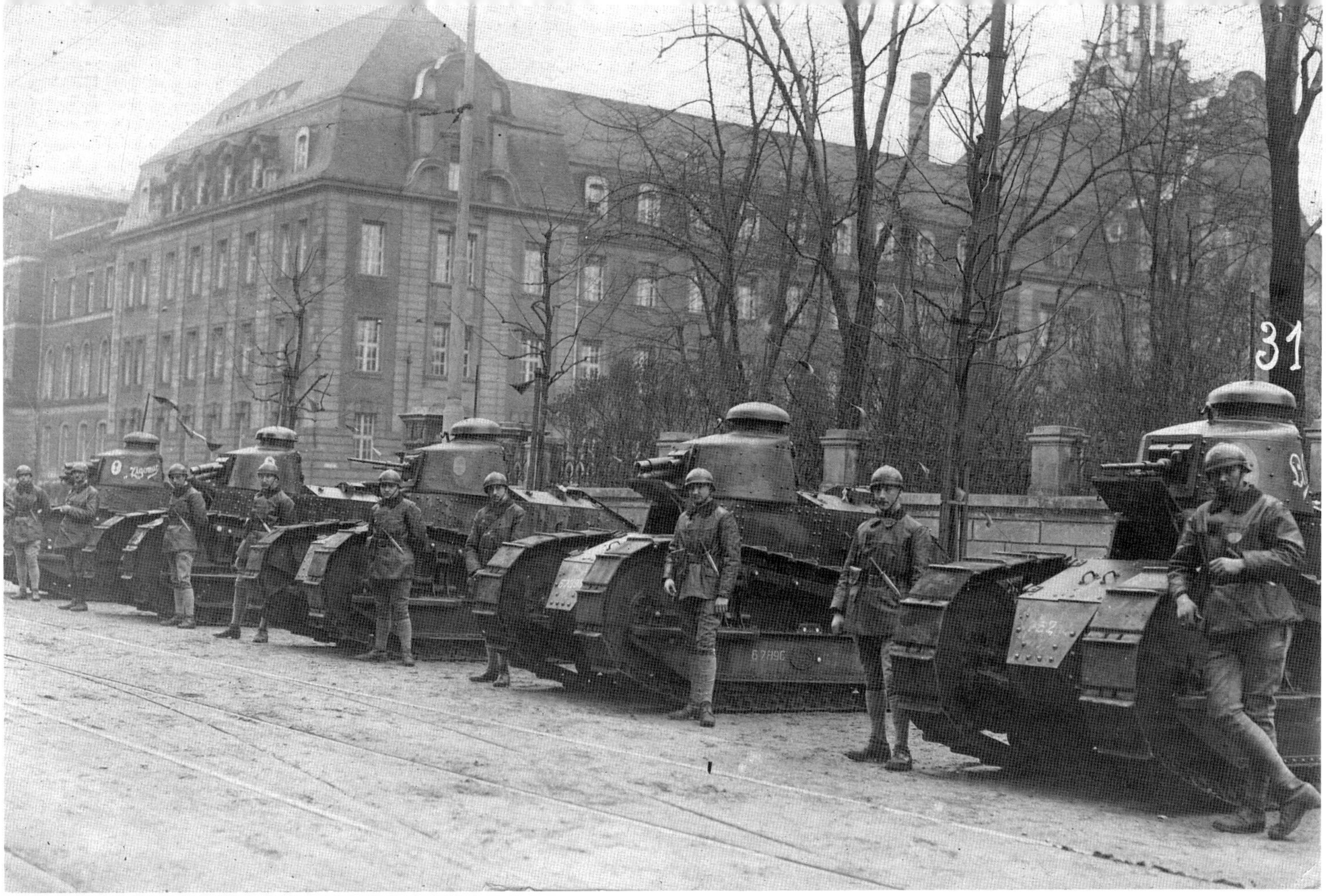
31

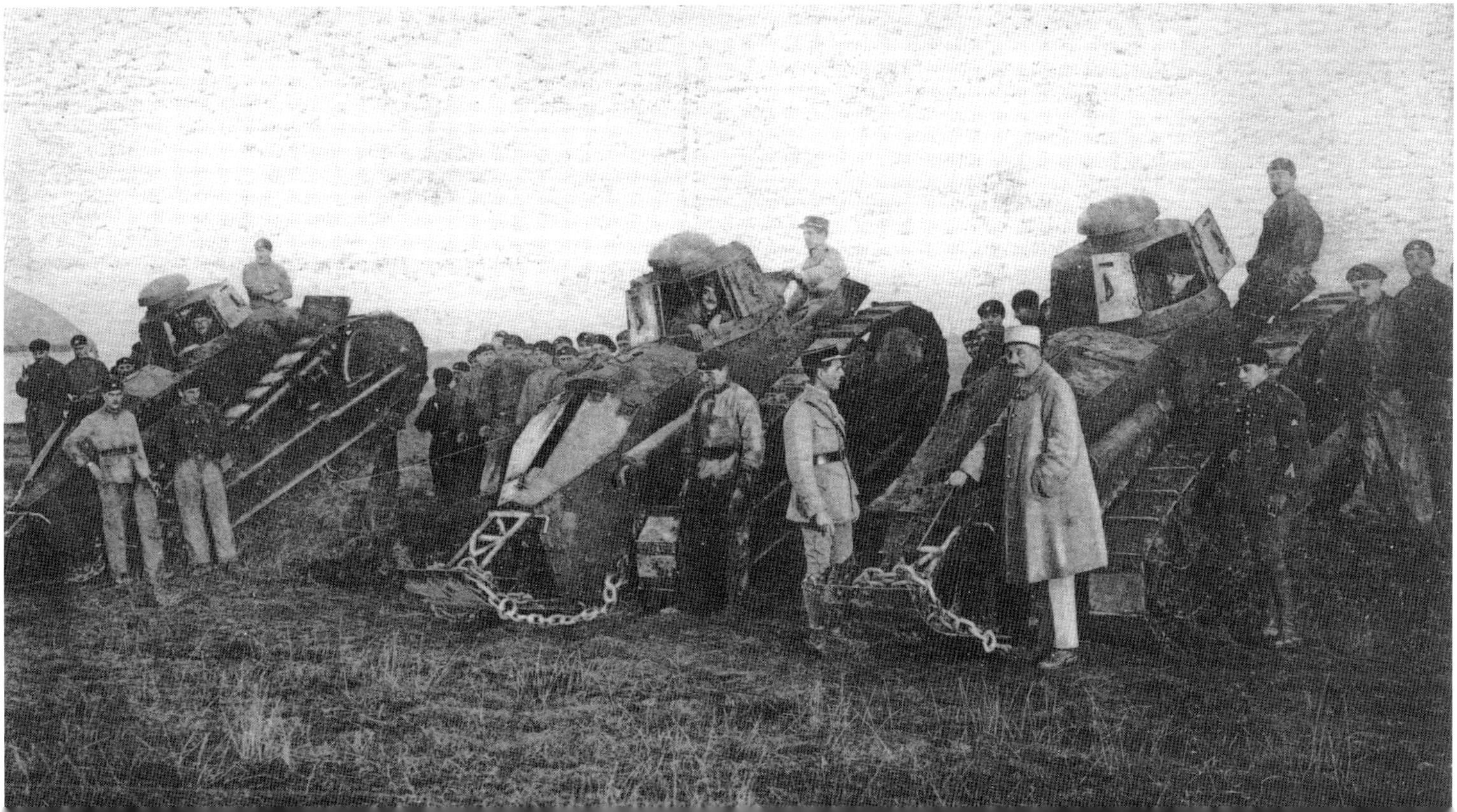

In der Zeit, als ich mit meinem Vater nach Paris fuhr und meine Fragen stellte, war ich auch längere Zeit in Venedig und versuchte mich mit wenig bleibendem Erfolg als Barpianist. Ich nutzte die Zeit tagsüber und schaute mir die reichen Kunstschätze der Lagunenstadt und ihre Museen an. Ich lernte im Guggenheim-Museum den Dadaismus und den Surrealismus lieben. Ich besuchte alle Sehenswürdigkeiten, die sich mir in den Weg stellten. Vom Campanile auf dem Markusplatz aus sah ich an einem klaren Herbsttag die venezianischen Alpen, ich sah den Monte Grappa, das italienische Verdun, mit seinem von Mussolini errichteten Ossarium, das in der Sonne leuchtete. Nie hätte ich damals gedacht, dass dort, nur wenige hundert Meter weiter südlich vom Monte Grappa, mein Großvater seine schwere Verwundung erlitten hatte. Vielleicht war am 19. November 1917 eine ähnliche Fernsicht wie an jenem Tag im November 1984 und das Letzte, was das rechte Auge meines Großvaters sah, waren die Türme von San Marco.

Ich weiß nicht, ob mein Großvater ein Held war. Er hat Orden bekommen. Er ist verwundet worden. Das hat er weggesteckt. Das gehörte zum Männlichkeitsbild jener Jahre. Wie es in ihm drin aussah, davon hatte ich eine wage Vorstellung. Als Kind habe ich mich vor ihm gefürchtet. Jetzt weiß ich, warum. Er war ein schwer traumatisierter Mann.

Das Haus stand in einer ruhigen Straße im Osten der Stadt Krefeld, die sich ab der Jahrhundertwende mit ihrem gehobenen Wohnvierteln Richtung Uerdingen ausdehnte. Schon zu seiner Entstehung im wilhelminischen Deutschland wurden die neuangelegten Straßen, oft Knüppeldämme im niederrheinischen Bruch, nach den großen Helden der preußischen Geschichte benannt. Gneisenau, York, Blücher, bekannte Namen. Es gab einen Bismarckplatz, eine Bismarckstraße, einen Kaiserplatz und einen Kaiserpark, eine Viktoriastraße und natürlich einen Moltkeplatz. Nur wer Roon war, nach dem die Straße, in der das Haus meines Großvaters stand, benannt war, wusste keiner. (Er war Chef des Generalstabs des Armeekorps, das die Preußen 1849 zur Niederschlagung der Revolution in Baden und der Pfalz aufgestellt hatten, und während der Einigungskriege Kriegsminister).

Ein alliierter Luftangriff hatte die Stadt 1943 zu weiten Teilen zerstört, doch durch auftretende Winde war die Bomberflotte wie durch ein Wunder vor der Roonstraße abgetrieben und der Stadtteil und das Haus meines Großvaters verschont worden. Jetzt war Frieden, der aber Kalter Krieg genannt wurde, und die Erwachsenen redeten davon, dass man, wenn die *Soffjets* losschlagen würden, erst gar nicht in den Keller brauche – gegen so eine Atombombe sei man machtlos.

Als wir zurück nach Krefeld kamen und nur noch in den Ferien „an die See" fuhren, wohnten wir im Souterrain der Roonstraße und wenig später in der Nachbarschaft am Moerser Platz. Es war die Zeit, in der ich meinem Großvater am nächsten war. Im obersten Geschoss wohnte der Bruder meines Vaters mit seinen drei Kindern, der älteste Bruder lebte auch in Krefeld. Meine Großmutter, eine kleine, solide und stämmige Westfälin aus Rietberg, wachte wie eine Glucke über ihre 12-köpfige Familie und ließ niemanden gehen, bevor er nicht ihren hervorragenden Apfelkuchen gelobt hatte.

Nur einer fehlte meist. Mein Großvater verbarrikadierte sich in das, was alle nur voller Ehrfurcht „das Herrenzimmer" nannten.

Hier saß er und rauchte. Er grübelte und rauchte. Er schlug die Schlacht am Isonzo neu und er gewann den Krieg. Dann rauchte er wieder. Er verfluchte und verwünschte den Kaiser und er hasste den Kronprinz. Wenn er beide genug verflucht hatte, rauchte er wieder. Dann verfluchte er Kaiser und Kronprinz erneut und rauchte währenddessen. Weil es ihn so aufregte. Weil sie ihn so aufregten. Weil sie ihm seine Jugend genommen hatten. Seine Schönheit. Sein Aussehen, sein Auge, sein Gehör. Weil sie schuld waren, dass er vier Jahre gelitten hatte und dass er um den Sieg betrogen worden war. Er rauchte wieder und er dachte daran, wie sie sich in ihrer Eitelkeit gesonnt hatten und wie er im Schlamm der Schützengräben seine Kameraden hatte krepieren sehen. Er rauchte und sein linkes Ohr konnte noch immer die Schreie der Verwundeten hören. Er nahm ein Streichholz und der zischende Schwefelkopf erhellte das verdunkelte Herrenzimmer wie eine Leuchtkugel. Wenn er keine Zigarre mehr rauchte, nahm er seine Pfeife. Er stopfte sie, nicht bedächtig, sondern schnell, wie eine Waffe im Kampf. Er

---

▶ *Duisburg, 15 März 1923*
Mit Kippe und Akkordeon präsentieren sich diese „Poilus" vor ihrer Baracke. Der Slangbegriff meint in etwa „Die Bärtigen" und entspringt den elenden Lebensbedingungen der Schützengräben. Es ist davon auszugehen, dass in den Feldflaschen kein Wasser, sondern pinard und gnôle ist.

▶ *Duisburg, 1921*
Halbnackte Muskeltiere stellen sich in Duisburg dem Fotografen zum Erinnerungsfoto. Duisburg ist zu diesem Zeitpunkt Teil des Sanktionsgebiets.

Neben den Forderungen des Versailler Vertrags war die Besetzung durch fremde Truppen die größte Schmach für die Bewohner des Rheinlands. Sie ging einher mit Verhaftungen, Requirierungen, Übergriffen und Ausweisungen von preußischen Beamten, die sich Befehlen der Besatzungsmacht widersetzen.

Deutsche, die es wagten, Kontakte zu Besatzungssoldaten zu unterhalten, wurden von „Nationalgesinnten" als Vaterlandsverräter denunziert und verfolgt. Nicht selten kam es dazu, dass Frauen, die ein Verhältnis mit einem Besatzungssoldaten hatten, öffentlich an den Pranger gestellt wurden, sogenannte Scherenkommandos schnitten ihnen die Haare ab.

Somit blieb eine Annäherung zwischen den seit Jahren sich feindlich gegenüber stehenden Nationen nicht nur aus, sondern wurde regelrecht am Kochen gehalten. Der Krieg in den Köpfen ging weiter.

Boulangerie
Souvenir des Anciens
de la classe 2/3 A.
Duisbourg

zündete sie an und dann saß er da und rauchte. Im Nebel des Herrenzimmers saß er als betrogener Kriegsheld.

„Ich habe keinen Krieg verloren, ich wüsste nicht, gegen wen!", sagte er grimmig.

Er dachte an die Demütigungen der Besatzungszeit, an fremde Soldaten, die ihm Vorschriften machten, vor denen er nach Dortmund geflohen war und die ihm selbst dahin gefolgt waren, nach Dortmund! Franzosen! Das durften sie nicht! Das war im Vertrag nicht vorgesehen, schrie er. Und rauchte wieder.

Am Nachmittag öffnete sich die Tür des Herrenzimmers, meine Großmutter nahm ihre robuste Haltung an und stellte sich ihm in den Weg.

„Geh aus dem Haus," sagte sie zu ihm, „geh spazieren! Verschaff dir frische Luft!".

Er ging, aber nur zu Wohlsdorff und er kehrte zurück mit einer neuen Kiste Fehlfarben und schon auf dem Weg konnte er es nicht erwarten und riss die Banderole auf. Wenn er herein kam, hielten wir uns zurück und er verschwand grußlos durch die Tür und betrat seinen Unterstand, sein Herrenzimmer, seine letzte Bastion. Dann schloss er sich wieder ein und wir hörten das Zischen eines Zündholzes.

Er war wie ein Raubtier in einem Käfig, hospitalisiert, aber immer noch gefährlich, zu allem bereit. Er lockte unsere kindliche Neugier, wie ein Tiger im Zirkus, den man in der großen Pause, während in der Manege schon die Gitter aufgebaut wurden, in seinem Käfig sehen konnte und von dem man uns sagte, dass dieser, obwohl dressiert, immer noch zu allem fähig sei. Wir sahen unseren Großvater durch brennende Reifen springen, sahen, wie der Dompteur in seine leere Augenhöhle schauen durfte und seinen Kopf in seinen Rachen legte. Und wir wussten, dass das für ihn nicht gut ausgehen würde. Wir kannten unseren Großvater. Er würde zuschnappen, ohne Warnung. Wir würden das Herrenzimmer nie betreten, ohne Erlaubnis, ohne Passierschein. Sicherlich war es vermint, waren Fallen eingebaut, selbst wenn er weiter weg war als der Zigarrenladen, der am nahen Bismarckplatz lag – nie wären wir heimlich hineingegangen.

Meine Großmutter nahm ihren Putzlappen und öffnete resolut die Türe zum Heiligen Gral. Sie scherte sich nicht darum, ob der Herr Leutnant d. R. a.D. gerade auf dem Weg zu seiner Zigarrenbevorratungsstelle oder im Garten war und jederzeit zurückkommen könnte. Sie wischte den schmierigen gelben Film von den Gegenständen, die Zigarrenasche vom Schreibtisch, leerte die abgestandenen Weingläser und lüftete gründlich das Zimmer, das wie ein Offiziers-Unterstand an der galizischen Front stank. Ihr war es herzlich egal, ob er nachher toben würde, sie hätte kein Problem, ihm den dreckigen Wischlappen einmal durchs Gesicht zu ziehen und ihm seine Grenzen aufzuzeigen. Sie war sein Brussilow, sein Foch, seine Pershing, sie konnte er nicht besiegen. Sie wusste es und sie wusste, warum.

Ohne sie wäre er nicht mehr hier, ohne sie hätte er den Kampf längst aufgegeben.

Sie forderte uns auf, ihr zu folgen und den Käfig des gefährlichen Raubtieres zu betreten. Zögerlich setzten mein Vetter, meine Kusinen und ich einen Schritt näher an die leicht geöffnete Tür zum Reich des Unheimlichen. Unsere Augen suchten vorsichtig durch den schmalen Spalt das Reich des Kriegers nach Utensilien und Relikten des Kampfes ab. Wir waren auf das Schlimmste gefasst und dachten an die Schrecknisse neulich auf der Kirmes auf dem Sprödenthal. Es war nicht die Geisterbahn, die uns eh keine Angst eingejagt hatte mit ihren lächerlichen Pappskeletten, in deren Augenhöhlen schummrige, angemalte Glühbirnen steckten, von denen auch noch einige durchgebrannt waren (Onkel Bodo hatte sich deswegen sogar beschwert und das Eintrittsgeld zurückverlangt, allerdings erfolglos – der Schausteller kam aus seiner Bude und Bodo suchte mit uns schnell das Weite). Es war das Panoptikum, drei Stellplätze weiter, in dem man eine Frau ohne Unterleib und ein vom Blitz erschlagenes Mädchen ausgestellt hatte! Andere Schulkameraden hatten zwar abschätzig gesagt, es wären ja nur Wachsfiguren gewesen, aber die lügten nur und blöfften. Denn es war so schaurig, was dort ausgestellt wurde, dass man eh erst mit Achtzehn hinein durfte. Mein Vetter und ich zählten schon die Jahre bis dahin und hofften, dass dann der Schausteller auch noch die über und über tätowierte Seemannsbraut mit im Programm haben würde, einer der großen Sensationen des Etablissements, wie die örtliche Zeitung verkündet hatte.

▶ **Düsseldorf, Sommer 1922**
Viel vornehmer dagegen präsentieren sich diese französischen Offiziere am Bismarckdenkmal vor der Düsseldorfer Kunsthalle.

Obwohl die alliierte Rheinlandbesetzung sich mit Ausnahme der vier Brückenköpfe östlich von Köln, Koblenz, Mainz und Kehl vertraglich auf das linke Rheinufer beschränkt, marschieren am 8. März 1921 französische und belgische Einheiten in einer Stärke von 5000 Mann in das „Sanktionsgebiet" ein, das die Städte Ruhrort, Duisburg und Düsseldorf umfasst.

Bei der Unterzeichnung des Versailler Vertrags war die endgültige Frage der Reparationsleistungen nicht abschließend geklärt. Als die unerwartet hohe Rechnung im Winter 1921 präsentiert wurde, weigerte sich die Reichsregierung zu zahlen, worauf von den Siegermächten weitere Gebiete als Pfand genommen wurden.

Das Sanktionsgebiet war das Sprungbrett für die spätere Ruhrbesetzung, es wurde erst am 25.08.1925 endgültig geräumt.

▶ **Auf dem Rhein, 1921**
Dieses offizielle Foto der US-Armee zeigt amerikanische Offiziere bei einem Schiffsausflug auf dem Rhein an Bord des Raddampfers Loreley.

De Jure waren die Vereinigten Staaten, da sie den Vertrag von Versailles nicht unterzeichnet hatten, weiterhin mit dem Deutschen Reich im Kriegszustand und somit keine Besatzungs-, sondern Kriegsmacht am Rhein. Dies änderte sich erst mit der Unterzeichnung eines Separatfriedens mit Deutschland im Sommer 1921.

Mit dem Wissen, wozu Menschen fähig sind, näherten wir uns weiter der Höhle der Bestie. Wir erwarteten Schrumpfköpfe besiegter Feinde an den Wänden, Säbel fremder Reiterhorden und vielleicht ein Gewehr; ich hoffte auf eine Kanonenkugel, die ich unbedingt einmal in den Händen halten wollte.

Da! Eine finstere Gestalt, die uns aus glutvollen Augen bedrohlich musterte, war das erste, was wir durch den Türspalt sahen.

„Jetzt kommt doch rein, Kinder", sagte die freundliche und resolute Stimme unserer Großmutter. Wir öffneten die Tür einen Spalt weiter und blickten auf das Portrait eines finsteren Kosaken, in Öl und scheinbar vom Maler unter Lebensgefahr gemalt. Oma Ida nahm die Sache und die Türklinke in die Hand, mit einem Ruck öffnete sie die Tür und mit einem Male standen wir im Reich des finsteren Mannes.

Was für eine Enttäuschung! Die Rollade war hoch- und der Nebel abgezogen, freundliche Sonnenstrahlen durchfluteten den Raum und nichts hätte enttäuschender sein können – außer mein Vetter und ich würden die vielen Jahre bis zum achtzehnten Geburtstag warten, nur um festzustellen, dass dem Panoptikum auf der Sprödenthaler Kirmes die tätowierte Seemannsbraut abhanden gekommen wäre.

Unsere Blicke wanderten durch den Raum. In der linken Ecke stand auf einem kleinen hölzernen Tisch ein Plattenspieler, von uns akustisch schon lange als Quelle ewig krächzender Marschmusik lokalisiert, die abendlich durch die stets verschlossene Verbindungstür ins Wohnzimmer drang. In der Mitte ein großer Schrank, durch dessen Glasfenster man gestapelte Zigarrenkisten sehen konnte. Seine Pfeife lag auf einem Stuhl, dessen einziger Sinn vielleicht darin bestand, dazustehen, damit er seine Pfeife dort ablegen konnte, denn es besuchte ihn ja niemand, dem er ihn als Platz hätte anbieten können. Rechts eine hölzerne Standuhr mit einem ockerfarbenen Zifferblatt. Rechts, seitlich des Fensters, schließlich die Urzelle seines Universums, der Schreibtisch. Er war übersät mit Schriftstücken, verschiedenfarbigen Stiften, runden und mehrfarbigen Radiergummis, Rechenschiebern. Links stand ein Abakus, und überall auf dem Schreibtisch verstreut Tabellen, Tabellen, Tabellen.

„Was ist das", fragte meine jüngste Kusine, „was macht der Opa da?"

„Das ist für seine Horoskope, Kirsten", sagte unsere Oma.

„Was ist das, Horoskope?" fragte meine Kusine ungeduldig.

„Was den Leuten in der Zukunft passiert", sagte Oma Ida.

„Das weiß er?"

„Er rechnet es aus."

„Auch wie das Wetter wird?"

„Eher nicht"

„Und weiß er, ob es wieder Krieg gibt?"

Meine Oma schwieg für einen Moment. Dann winkte sie uns aus dem Zimmer und sagte:

„Wohl kaum."

Wir hörten draußen schlurfende Schritte und folgten schnell ihrer Anweisung. Meine Oma nahm wieder ihre Lappen in die Hand und ihre robuste Haltung ein. Soll der ruhig kommen, dachte sie sich und wischte ein großes Stück Zigarrenasche von der Fensterbank.

Er aber sagte kein Wort. Manchmal schnauzte er sie kleinlaut an, die Kämpfe aber focht er alleine mit seinen Zigarren und seiner Pfeife bewaffnet in seinem Herrenzimmer aus. Waren aber die Schwiegertöchter im Haus, trat er aus seinem Reich, war nun galant, höflich und ganz der preußische Leutnant von damals, aus jener Zeit, die lang vergangen war. Er erzählte von seinen Heldentaten auf den Höhen der Karpaten, von finsteren Russen, derer er sich erwehren musste und vom Heulen der Granaten und Zischen der Gewehrkugeln. Die Schwiegertöchter schauten ihn mit großen Augen an und je mehr sich ihre Wangen röteten, umso mehr geriet er in Fahrt und die Zahl der feindlichen Russen erhöhte sich im Minutentakt. Meine Großmutter ging in ihr Hoheitsgebiet, der Küche, deren Betreten ihm – mit Ausnahme der Morgenzeit zwischen acht und neun Uhr – bei Strafe verboten war und buk Kuchen und kochte Kaffee für die Frauen ihrer Söhne. Dann kam sie in das Wohnzimmer und achtete darauf, dass seine Schilderungen nicht gänzlich aus dem Ruder liefen. Sie wusste, wie das Raubtier zu bändigen war und wenn sie sagte „erzähle, was du an der Piave erlebt hast", verstummte er und schlich in sein Herrenzimmer.

Als Kinder dachten wir, er würde sie hassen. Er war schrecklich zu ihr und sie wehrte sich gegen ihn, wo sie konnte. Als sie im Sterben lag, wurde er noch mal zum verliebten Jüngling. Er weinte an ihrem Bett. Er sagte zu ihr: „Verlass mich nicht."

Ihren Tod hat er nicht überwunden. Sein Leben war leer. Sein Herrenzimmer war nutzlos. Er brauchte keinen Gefechts-

---

Manovers 1920
Germany.

54.

▲ Troisdorf, 1922

Nach dem Elend der Schützengräben weitere trostlose Jahre in Troisdorf. „Unsere Kaserne!" hat der Soldat auf die Karte geschrieben und es ist davon auszugehen, dass er und seine Kameraden es nicht als Luxusherberge betrachtet haben. Statt Rache hatten viele Poilus Heimweh im Herzen. Trotzdem bieten die Kasernen in Deutschland mehr Komfort als die Notbehausungen in den zerstörten französischen Dörfern. Noch heute findet man dort mit geübtem Auge noch einige der zumeist von den Amerikanern gespendeten Holzbaracken, in denen die Landbevölkerung die ersten Jahre nach dem Krieg wohnte. Der Film „La vie et rien d'autre" von Bertrand Tavernier mit Philippe Noiret in der Hauptrolle ist ein sehenswertes Kunstwerk, das in jener langsam wieder zu Leben erwachenden, vom Krieg gezeichneten Landschaft spielt.

stand mehr, aus dem er seinen Krieg gegen die Feinde der Welt führen konnte, es war niemand mehr da.

Also ging er raus, in die Welt, von der er seit Jahrzehnten nur den Weg vom Haus zum Zigarrenladen kannte. Er begann den Krieg noch einmal zu kämpfen. Der Vorgarten wurde zum Gefechtsfeld. Der Nachbar nahm die Züge Kaiser Wilhelms an. Die Menschen fürchteten sich vor ihm. Die Söhne fürchteten sich vor ihm. Wir Kinder sahen ihn nicht mehr. Dann ist er gestorben, einsam. Nicht an seinen Zigarren, an gebrochenem Herzen.

Mit meinem Vater war ich das letzte Mal 2003 in Paris. Wir waren nicht allein, es waren Frauen dabei, meine Mutter und meine Frau. Es gefiel ihm nicht, er hatte das Gefühl, unter Aufsicht zu stehen. Er war alt und über Nacht krank geworden. Seine Krankheit verschlimmerte sich nach der Rückkehr rapide und die Ärzte sagten, er habe noch zwei Wochen zu leben.

Ich ließ alles liegen und stehen und ich kümmerte mich um ihn. Ich hatte ihn in meiner Kindheit und Jugend kaum gesehen

und später waren wir ein Mal im Jahr nach Paris gefahren. Sonst gab es noch Weihnachten vielleicht, und Ostern und seinen Geburtstag. Ich wollte mir Zeit für ihn nehmen. Es war nicht seine Schuld, dass er damals nicht da war. Es war nicht seine Schuld, dass er nicht auf meine Fragen geantwortet hatte. Es war seine Generation, die so erzogen und die so aufgewachsen war.

Er hatte wieder mal Glück. Es waren nicht vierzehn Tage, es waren noch drei Jahre, die er zu leben hatte. Ich habe ihn so oft wie möglich besucht in dieser Zeit, in der wir endlich Freunde wurden. Mehrmals in der Woche fuhr ich nach Krefeld, verfluchte die Autobahnbaustellen, kannte jeden Stau auf der Strecke und freute mich, ihn zu sehen. Manchmal erkannte er mich nicht, manchmal hielt er mich für seinen jüngeren Bruder und fragte nach meinen drei Kindern. Ich sagte ihm nicht, dass ich keine Kinder hatte.

Am Ende seines Lebens wurde er noch einmal ganz wach in seinem Geist. Ich besuchte ihn und er sagte zu mir: „Für dich stehe ich sogar auf."

Er setzte sich auf die Bettkante.

„Du wolltest was wissen", sagte er. „Nimm einen Zettel und einen Stift."

Ich tat, was er sagte.

„Dein Großvater. Über den ersten Krieg hast du ja einiges rausbekommen." Er klang klar und kräftig. „Aber du wolltest wissen, wo er im Zweiten Weltkrieg war."

Ich sagte jetzt nichts, ich hielt den Zettel und den Stift in meiner Hand und mir war schwindelig.

„Schreib auf. Dnjepropetrowsk. Es hieß früher Jekaterinenburg. Er war dort 1942."

Er legte sich wieder hin. Mit einem Schlag war er wieder müde und er sagte nichts mehr.

Ich steckte den Zettel ein, umarmte ihn und verabredete mich für die kommende Woche.

Draußen rannten kreischende Weiber rum und sie erinnerten mich an die Can-Can-Tänzerinnen des Paradis Latin, damals vor über 30 Jahren. Es war Weiberfastnacht. Ich stieg in den Wagen und fuhr nach Hause und ich saß die Karnevalstage stumm am Fuße der Eifel und dachte nach. Ich suchte den Ort, fand ihn auf einer Landkarte, er lag am Dnjepr weit hinten in der Ukraine. Ich verglich die Schreibweise der großen Stahlstadt am Fluss mit dem Namen, den er mir diktiert hatte: Dnjepropetrowsk. Jeder Buchstabe stimmte. Ich würde Fragen haben und ich wollte nach Karneval sofort wieder zu ihm fahren.

Am Aschermittwoch, den 1. März 2003, rief mich meine Mutter an. Mein Vater war am frühen Morgen gestorben.

Er hat mir den Schlüssel in die Hand gegeben. Dnjepropetrowsk. Er liegt vor mir. Ich komme nicht weiter. Ich werde dorthin fahren.

Kriegerdenkmal, Ameln bei Titz
Mit Geschossspuren übersähtes „Kriegerdenkmal für die im Weltkriege 1914–1918 gefallen Helden" bei Titz. Sie stammen von einem Gefecht zwischen versprengten Wehrmachtseinheiten und GIs der 95th US Infantry Division während der „Operation Grenade", dem Rurübergang und Vorstoß zum Rhein der 9. US Armee Ende Februar und Anfang März 1945.

IHREN IM WELTKRIEGE

1914–1918

GEFALLENEN HELDEN

DIE DANKBARE GEMEINDE AMELN

1917   1918

ANTON BRAUN

JOHANN WIRTZ

HUBERT BAU

GERHARD TIRTEY

PETER MOLL

PETER ABELS

Bahnhof Raeren, Provinz Lüttich, Belgien
Die letzten Reste der Vennbahn, aufgenommen im Sommer 2012. Mittlerweile ist die ehemalige Eisenbahntrasse zu einem internationalen Radweg von Aachen nach Luxemburg ausgebaut worden (RAVEL-Route). Aufgrund der Bestimmungen des Versailler Vertrags ist die durch die Bundesrepublik Deutschland führende Radstrecke auch heute noch hoheitliches Gebiet des Königreiches Belgien.

Hochfelder Brücke, Rheinhausen
Ort des Anschlags auf einen belgischen Militärzug mit acht Toten vom 30. Juni 1923. Die alte Duisburg-Hochfelder Eisenbahnbrücke wurde nach der Fertigstellung der neuen Eisenbahnbrücke im Oktober 1927 abgerissen. Die neue Brücke
wurde am 4. März 1945 durch sich zurückziehende deutsche
Wehrmachtstruppen gesprengt. Bis zum 12. Mai 1945 wurde
von amerikanischen Pionieren in Rekordzeit eine dritte Brücke
mit dem Namen „Victory Bridge" errichtet. Über diese Brücke
wurde einer der Söhne von Karl Konejung, Dieter Konejung, im
Juni d. J. in französische Kriegsgefangenschaft gebracht.
   Die vierte, rechts im Bild zu sehende Brücke wurde am
1. Oktober 1949 eröffnet und ist bis heute in Betrieb.

Kriegerdenkmal Huels, Krefeld
Dieses 1931 eingeweihte Kriegerdenkmal erinnert an alt-germanische Grabhügel. Auf einem der vorderen Kreuze befinden sich Namen von Soldaten, deren Todesdaten bis ins Jahr 1929 reichen.

Britischer Militärfriedhof auf dem Südfriedhof, Köln

Der Cologne Southern Cemetery befindet sich auf dem Kölner Südfriedhof und ist womöglich der einzige britische Militärfriedhof weltweit, dessen Areal unmittelbar an einen deutschen Soldatenfriedhof grenzt.

Nach Angaben der Commonwealth War Graves Commission sind etwa 2500 Angehörige der britischen Streitkräfte aus der Zeit des Ersten Weltkriegs hier beerdigt oder, falls vermisst, namentlich erwähnt. Die Hälfte der hier Beerdigten sind in deutscher Kriegsgefangenschaft Verstorbene. Insgesamt starben ca. 12.000 Briten in deutscher Kriegsgefangenschaft. Darüber hinaus ruhen hier noch weitere 500 Tote aus der Besatzungszeit und aus der Zeit des Zweiten Weltkriegs.

Die CWGC weist darauf hin, dass es, mit Ausnahmen, keine gezielten Übergriffe und Misshandlungen von britischen Kriegsgefangenen gab, sich die Bedingungen in den Lagern sich aber sehr unterschieden haben.

Nach ihren Angaben sind die Todesursachen die Folge von im Kampf erlittenen Verwundungen, Arbeitsunfällen und Erschöpfungen sowie Krankheiten. Als häufigste Ursache wird die Thypus-Epidimie von 1915 und die ab 1918 grassierende Spanische Grippe genannt.

Im angrenzenden Areal finden sich 2500 Gräber von deutschen Weltkriegsopfern, 4000 Gräber von Ziviltoten des Bombenkrieges im Zweiten Weltkrieg und weitere Gräber von in Kölner Lazaretten verstorben Wehrmachtssoldaten.

Etwas weiter findet sich der Italienische Ehrenfriedhof, auf den in den 1920er Jahren 1900 verstorbene Kriegsgefangene umgebettet wurden.

Rote Funken, Postkarte, Köln, 1923

Postkarte der Kölner Funken-Infanterie, Funkentanz vorführend, anlässlich des hundertjährigen Bestehens. Tatsächlich ist der Karneval zu dieser Zeit vom Oberpräsidium der Rheinprovinz verboten.

Der Postkartenschreiber notiert daher auch kurz und bündig:

„1923 ist kein Karneval! Die Not der Zeit erlaubt allerdings nicht, die schönen Tage des Karnevals zu feiern."

Wie auf dem Foto bei genauer Betrachtungsweise zu sehen, handelt es sich um eine Aufnahme aus der Vorkriegszeit, erkennbar an der Pickelhaube des Wachmanns, der die Szenerie am Rande betrachtet.

Gelände der Espagit bei Hallschlag, Eifel

Durch die günstige Eisenbahnanbindung Richtung Frankreich aufgrund der vor dem Krieg gebauten strategischen Eisenbahnen der Eifel beschloss die amerikanische Besatzungsmacht, die abertausenden Giftgasgranaten, die noch an der Westfront lagerten, in der Sprengstofffabrik Espagit in der Schnee-Eifel zu entsorgen. Am 29. Mai 1920 kam es zu einem folgenreichen Explosionsunglück, bei dem das Werk völlig zerstört wurde. Die zu entschärfenden Granaten wurden bis zu fünf Kilometer ins Umland geschleudert. Nach einer oberflächlichen Räumung ließen die Behörden buchstäblich Gras über die Sache wachsen. Erst Anfang der 1990er Jahre begann das Land Rheinland-Pfalz mit der endgültigen Räumung, wobei der Kern des Werkes nur oberflächlich abgesucht und anschließend mit Erdreich überdeckt wurde. Nach Angaben des Journalisten F. A. Heinen wurden noch 6316 Granaten teils schwerster Kaliber, darunter 506 „kampfstoffverdächtig", sowie 5,1 Tonnen Sprengstoff und fast 37 Tonnen Zündladungen geborgen. Die Entsorgung dieser Altlast des Ersten Weltkrieges kostete 56,7 Millionen Euro.

La Garde au Rhin
Tirailleurs Algeriens

Pont de Bonn – Dans le lointain les 7 Montagnes

▲ *Französische Propagandapostkarte, Bonn, 1922*
„Die Wacht am Rhein – Tirailleurs Algeriens. Im Hintergrund das Siebengebirge". In Anspielung auf die frühere Husarengarnison und die rote Kopfbedeckung der algerischen Besatzungstruppen hatte die Bonner Bevölkerung schnell eine spöttische Bezeichnung parat: „Blummepotthusare".

▶ *Propagandaplakat, Deutsches Reich, ca. 1923*
Eines der zahllosen antifranzösischen Propagandaplakate, die die „Schwarze Schmach am Rhein" anprangern. Weitere Motive sind u.a. die „Germania am Marterpfahl", die durch eine halbnackte, gefesselte und schutzlos Hyänen ausgelieferte blonde junge Frau allegorisiert wird, oder gestellte Filmszenen, die Vergewaltigungen von deutschen Frauen durch farbige Besatzungssoldaten zeigen. Geschickt werden Rassismus, sadomasochistische Fantasien mit der angeprangerten Wehrlosigkeit der entwaffneten deutschen Männer kombiniert.

Das Plakat von Walter Riemer wäre es wert, einer psychoanalytischen Betrachtung unterzogen zu werden. Allein die phallusartige Darstellung und die Position des Gewehrkolbens sprechen Bände.

Ein erschütterndes Schicksal erleiden die etwa 400 afrodeutschen Besatzungskinder, die im Dritten Reich als „Rheinlandbastarde" stigmatisiert und ab 1937 zwangssterilisiert werden.

Es sollte auch nicht unerwähnt bleiben, dass das Deutsche Heer im ersten Weltkrieg in Afrika selber Kolonialtruppen einsetzte und nach dem Verlust der Kolonien ehemalige afrikanische Kämpfer nach Deutschland auswanderten, so dass die Herkunft der afrodeutschen Kinder sich nicht zwingend aus der Stationierung französischer Kolonialsoldaten ergibt. (Bildquelle: Library of Congress)

Protest
der deutschen Frauen gegen
die farbige Befatzung am Rhein

▲ Düsseldorf-Reisholz, 1922

Belgische Besatzungssoldaten am Bahnhof Reisholz an der Bahnstrecke Köln-Düsseldorf. Als Siegermacht des Ersten Weltkriegs verfügt Belgien bis 1926 über eine eigene Besatzungszone, die in etwa dem Gebiet des Niederrheins entspricht.

Die Besetzung durch belgische Truppen war für viele Rheinländer ein Schock, denn wie konnte dieses kleine Land, das man 1914 in nur wenigen Wochen unterworfen hatte, jetzt eine Siegermacht sein? Manche mögen sich an die eigenen Repressalien gegen belgische Zivilisten, die Ausplünderung des Landes, die Ermordung der 6.000 Zivilisten und die Verschleppung von 140.000 belgischen Zwangsarbeitern erinnert haben – soweit es darüber überhaupt ein Bewusstsein gab.

Die belgischen Truppen ließen in den ersten Monaten der Besetzung wenige Gelegenheiten aus, Rheinländer Demütigungen auszusetzen. So war zum Beispiel in Krefeld das Grüßen der belgischen Fahne auch für normale Bürger Pflicht, das Singen vaterländischer Lieder bei Strafe verboten (Wir erinnern uns an den dumpfen Gesang der Deutschen beim Einmarsch, diese Regelung schien durchaus verständlich).

Wie oft ist der Besiegte erstaunt, wenn er plötzlich ein Quantum der bitteren Medizin schlucken soll, die er anderen über Jahre verabreicht hat.

Die bewaffneten Schützen im Vordergrund tragen den französischen Stahlhelm Model Adrian. Meist kann man belgische Soldaten an der Kopfbedeckung ihrer Offiziere erkennen. Diese tragen Schirmmützen nach britischem Vorbild.

◄ **Koblenz, 1923**

Nach dem Abzug der 3. US-Armee beziehen französische Besatzungstruppen in Koblenz und auf dem Ehrenbreitstein Quartier.

▶ **Düsseldorf, ca. 1922**

Sechs Tirailleurs algériens posieren auf einer Parkbank für den Fotografen. Der Einsatz von „farbigen" Kolonialtruppen wird als besondere Schmach empfunden und jeder, der nicht ganz weiß um die Nase ist, wird für einen „Neger" gehalten. Noch heute sitzen die Mythen tief und in vielen Orten wird in Chroniken von „schwarzen Truppen" gesprochen, obwohl es sich nachweislich um nordafrikanische Einheiten aus Marokko, Tunesien und Algerien handelt.

Jenseits der beabsichtigten oder nicht beabsichtigten Demütigung des Erbfeindes steht jedoch die Tatsache im Vordergrund, dass Frankreich mit einer Bevölkerung von nur 39 Millionen (gegenüber 67 Millionen Deutschen) die Hälfte seiner wehrfähigen Männer durch Tod und Verwundung verloren hatte und personell buchstäblich ausgeblutet war. Vermutlich wird der Einsatz von Kolonialtruppen bei der Rheinlandbesetzung sogar lediglich im Verhältnis der Kolonialtruppen zur Gesamtarmee bestanden haben. Während der Ruhrbesetzung verzichtete General Degoutte sogar gänzlich auf ihren Einsatz, was nicht verhindert hat, dass unzählige deutsche Propagandazeichnungen „schwarze" Soldaten im Ruhrgebiet zeigen.

◄ **Parade, Düsseldorf, 4. Mai 1921**

Am 4. Mai 1921 nimmt General Hennocque auf der Bismarck-Allee vor dem Denkmal Kaiser Wilhelm I. zu Ehren des hundertsten Todestags von Napoleon I. eine Parade von französischen Fahrradeinheiten ab.

„Wie aufregend", berichtet ein französischer Kavallerie-Offizier der New York Times an diesem Tag, „ in einer Stadt zu Ehren Napoleons eine Parade abzuhalten, in der vor 100 Jahren (sic!) der größte französische Kavallerist, Murat, zum Herzog von Berg ernannt wurde!"

Am folgenden Tag wurde am Napoleonshügel, der 110 Jahre zuvor für den französischen Kaiser im Hofgarten aufgeschüttet wurde, damit dieser die Einzugsparade von dort abnehmen konnte, ein Salut von 101 Kanonenschüssen abgefeuert.

Der Großvater der Großtante des Autors war damals, 1811, dabei und erzählte es ihr, als sie noch ein kleines Kind war. Sie wiederum erzählte es dem Autor am Tag, als sie hundert wurde. Ein historisches Erlebnis über nur eine Mittelsperson 200 Jahre später überliefert.

▶ **Bonn, Mai 1921**

Soldaten des 130. Régiment d'artillerie lourde (Schwere Artillerie) sind in der Stifts-Schule in Bonn einquartiert, in der Mitte der Koch. Die Übungen und Manöver werden auf dem ehemals preußischen Schießplatz Wahn abgehalten.

◄ **Düsseldorf, 1921**

Chasseur Alpins mit berittenem Offizier vor dem Kaufhof in Düsseldorf am 13. Mai 1921. Wir wissen nicht, wie der freundliche Herr auf dem Pferd geschaut hätte, wenn der Fotograf ein deutscher Zivilist gewesen wäre.

130. RAL
RÉSERVISTES Cl. 19
de
STIFTS-SCHULE
BONN am RHEIN

Duisburg, 1922

Alles klar bei der belgischen Truppe. Gruppenfoto beim Kartoffelschälen.

Die Erinnerungen an die Rheinland- und Ruhrbesetzung sind heute weitgehend aus dem kollektiven Bewusstsein verdrängt, für den Nichteingeweihten bietet sich auf den ersten Blick nur eine dürftige Quellenlage. Der Sammelband „Der Schatten des Weltkriegs", herausgegeben von Gerd Krumeich und Joachim Schröder sei daher besonders zu empfehlen, denn er bietet einen hervorragenden Einblick in dieses Nachspiel des großen Krieges.

In der Weimarer Republik und im Dritten Reich wurde der Kampf an Rhein und Ruhr jedoch zur Legende und zum Kampf zwischen Nationalisten und „Französlingen" stilisiert und es wurden unzählige propagandistische Schriften publiziert, die vor allem nach dem Zweiten Weltkrieg den Blick auf die Dinge verstellt haben.

Koblenz, Januar 1923

Da die US-Regierung den Versailler Vertrag nicht unterschrieben hat, zieht sie ihre Besatzungstruppen im Januar 1923 aus den besetzten Gebieten zwischen Koblenz und Bonn ab, die daraufhin von den Franzosen übernommen werden. Militärzug mit US-Soldaten bei der Ausfahrt am Koblenzer Hauptbahnhof. Er wird über die bekannten strategischen Bahnen Richtung Westen geführt, die Einschiffung erfolgt in Cherbourg.

Eschweiler, 1921

Tirailleurs algériens mit ihren französischen Offizieren in der Eschweiler Kaserne. Auch die Geschichte der französischen Kolonialtruppen ist eine Geschichte des Rassismus und reicht über den Zweiten Weltkrieg und den Algerienkrieg bis in die heutige Zeit. Eine hervorragende Darstellung dieses Themas ist der Film „Tage des Ruhms" von Rachid Bouchareb aus dem Jahre 2006.

Erst im gleichen Jahr wurde am Douamont bei Verdun ein Denkmal für die 600.000 muslimischen Soldaten, die für Frankreich im Ersten Weltkrieg kämpften, eingeweiht.

Trompeter, Düsseldorf, 1922

Belgische Trompeter üben für eine Parade. Außer den Pressebildern und Portraitbildern von Soldaten wie diesem findet sich kaum Fotomaterial aus privater Hand, das belgische oder französische Soldaten zeigt. Der einfache Grund ist das von der Besatzungsmacht ausgesprochene Fotografierverbot, dessen Verletzung mit empfindlichen Strafen geahndet wurde. In der Zeit der Hyperinflation, als Filme ohnehin auf dem freien Markt kaum käuflich zu erwerben waren, überlegte man es sich daher dreimal, für welchen Schnappschuss man seine Freiheit riskieren wollte.

Trier, 4. Februar 1925

Diese Baskenmützen sind offizieller Teil der Uniform der Chasseur Alpins, die als Elitetruppen der französischen Armee gelten. Sie sind vergleichbar mit den damaligen Jägerbattaillonen der preußischen Armee.

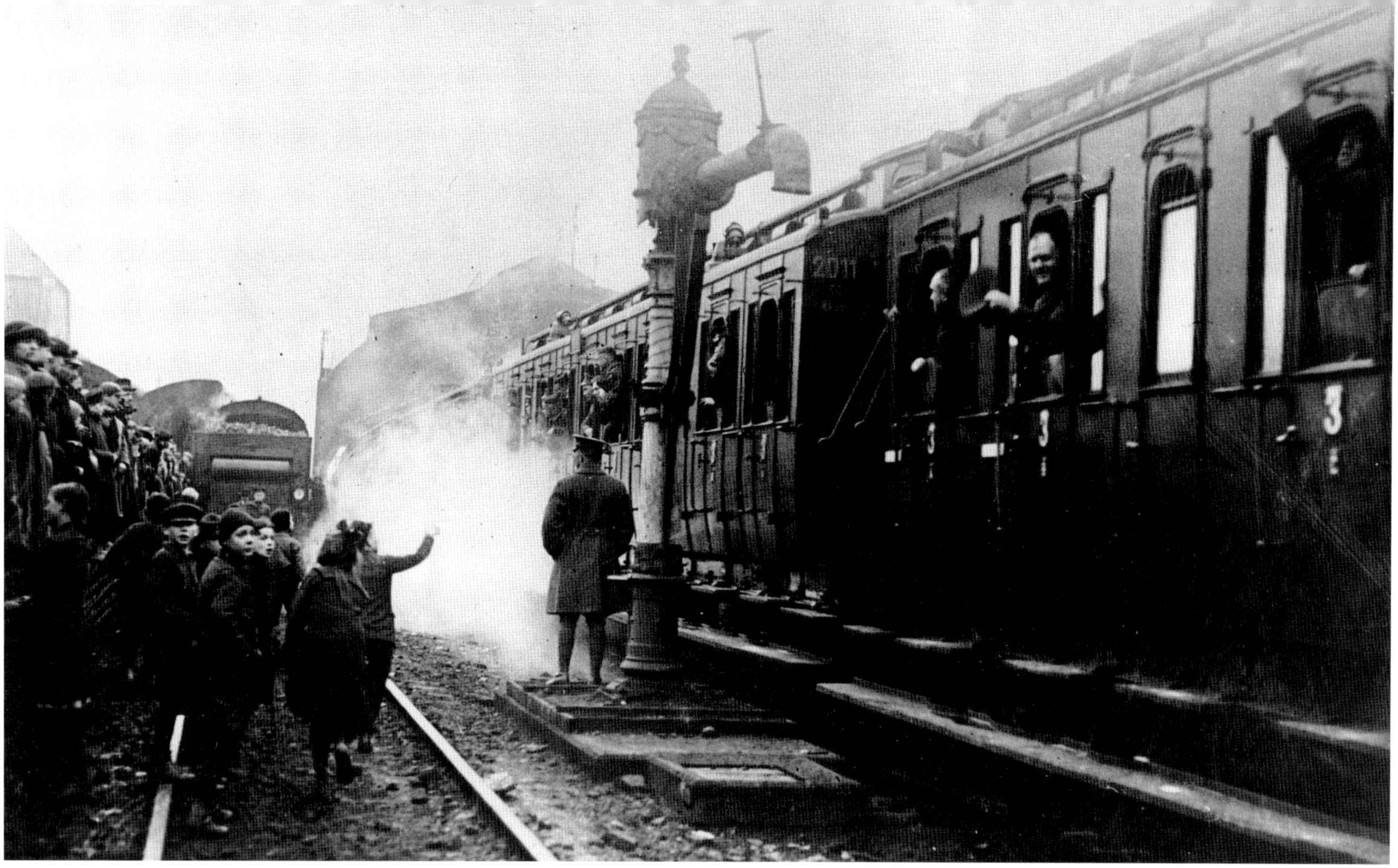
2011
3

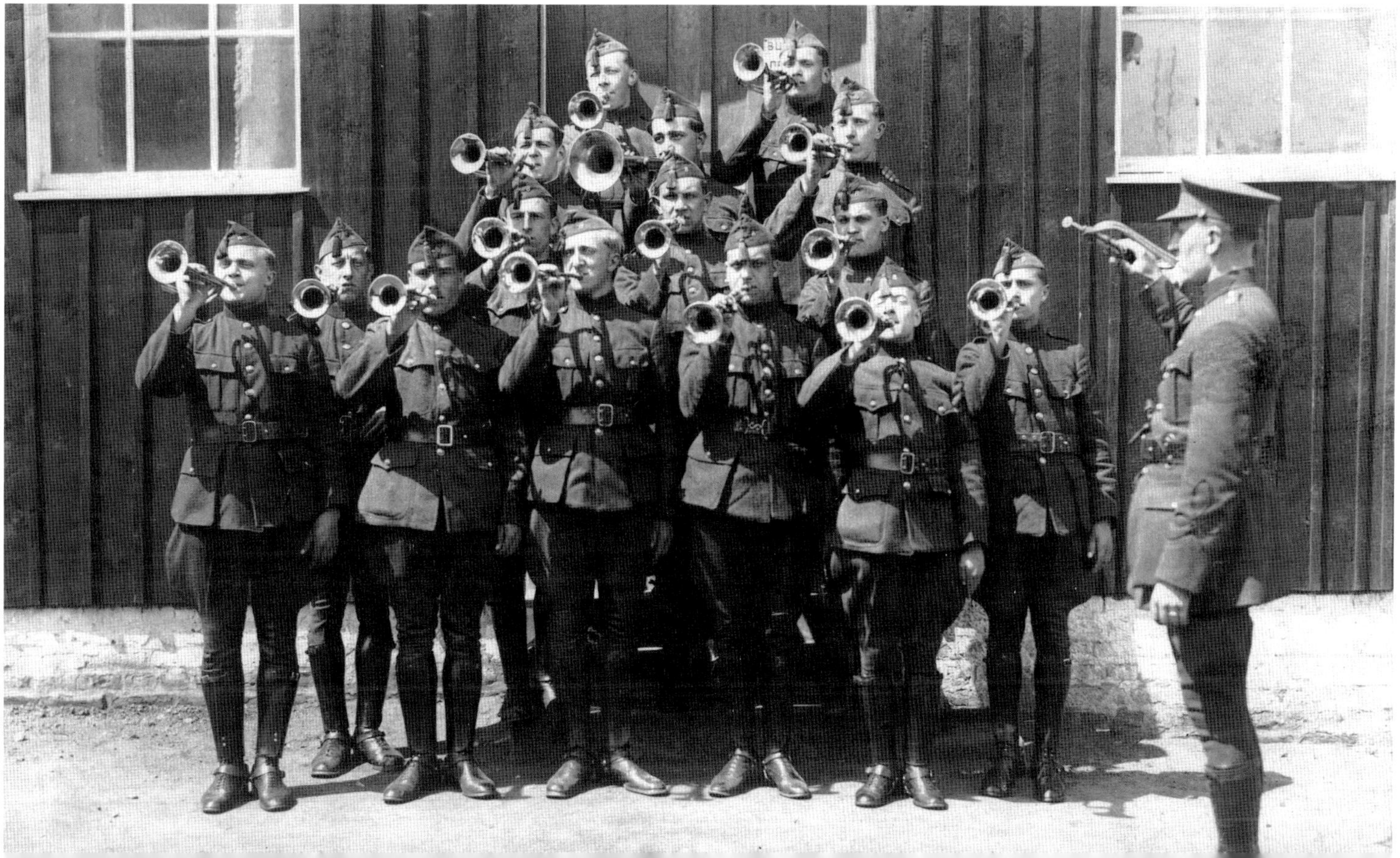

Rathaus, Aachen, 1923

Bereits Ende 1918 kommt es zu ersten separatistischen Bewegungen, die unter dem Motto „Los von Berlin" eine rheinische Republik fordern. Während die britische Besatzungsmacht sich entschieden gegen diese Bestrebungen wehrt, um einen weiteren Einfluss Frankreichs auf dem Kontinent zu verhindern, wittern belgische und französische Politiker eine Chance, über eine neutrale und als Wirtschaftszone angegliederte Rheinrepublik den Rhein doch noch als Ostgrenze zu gewinnen.

Höhepunkt der Separatismusbestrebungen ist das Krisenjahr 1923, in dem es zu Rathausbesetzungen in Aachen, Krefeld, Düren und anderen Städten des besetzten Gebiets kommt. In Koblenz wird das Schloss besetzt, im Oktober ruft dort Josef Friedrich Matthes die „Rheinische Republik" aus, als Fahne dient die grün-weiß-rote Trikolore der Cisrhenanischen Republik der Revolutionsjahrs 1797.

Massiv unterstützt werden die Separatisten vom französischen Hochkommissar und Präsidenten der Rheinlandkommission, Paul Tirard, der sie als „Inhaber der tatsächlichen Macht" bestätigt.

Im weiteren Verlauf kommt es zu Plünderungen und Morden, der Aufstand gipfelt in der „Schlacht am Aegidienberg" im Siebengebirge, in dessen Verlauf nach französischen Militärunterlagen über 120 Menschen getötet werden.

Heillos zerstritten und in Ermangelung weiterer Unterstützung durch die französischen Besatzer, die diese auf Druck der Briten zurückziehen, bricht die Bewegung Ende 1923 zusammen.

Die grün-weiß-rote Trikolore ist heute, zusammen mit Westfalenpferd und der lippischen Rose, Landesfahne und Wappen von Nordrhein-Westfalen.

Düsseldorfer Blutsonntag, 30. September 1923

Das Jahr 1923 ist reich an gewalttätigen Auseinandersetzungen und Umsturzversuchen, der bekannteste ist der Hitler-Ludendorff Putsch vom 9. November 1923. Im Rheinland versuchen im Herbst die separatistischen Bewegungen, die Macht an sich zu reißen. Für den 30. September ist in Düsseldorf eine große Kundgebung geplant, bei der der Separatistenführer Friedrich Matthes die Rheinische Republik ausrufen will. Die französische Besatzungsmacht unterstützt die „Rheinbündler" durch die kostenlose Nutzung von Sonderzügen der Regiebahn, über 10.000 Anhänger strömen daraufhin in die Stadt. Die Anordnung der deutschen Behörden, diesen Tag zu einem „Toten Sonntag" zu machen, mit der Hoffnung, die Aufständischen würden sich in einer menschenleeren Stadt bewegen, erfüllt sich nicht. Im Gegenteil strömen an diesem warmen Tag weitere tausende Schaulustige in die Stadt. Das vor einigen Jahren wiederentdeckte französische Filmmaterial zeigt beeindruckende Bilder sowohl des Aufmarsches, als auch von den sich anschließenden Ereignissen, die als „Düsseldorfer Blutsonntag" in die Geschichte eingehen. Bei Schießereien zwischen grüner Polizei und bewaffneten Separatisten kommt es zu sieben getöteten Zivilisten, drei toten Polizisten und 146 Verletzten.

Wie und warum diese Eskalation der Gewalt begann, lässt sich bis zum heutigen Tage nicht mehr klären. Wie in ähnlichen Fällen ergriff die französische Besatzungsmacht auch hier eindeutig Partei für die Separatisten und stellte eine Reihe von Schutzpolizisten in der Folge unter Anklage.

▲ Ruhrgebiet, 1920
Mit dem Kapp-Lüttwitz-Putsch und dem darauf folgenden Generalstreik erlebt die Revolution ein letztes Aufbäumen. Im Ruhrgebiet formiert sich eine bis zu 50.000 Mann starke „Rote Ruhrarmee". Mit der Niederschlagung des Aufstands kommt es zu Todesurteilen, Massenerschießungen und Grausamkeiten, die an Exzesse und Gräueltaten aus anderen Bürgerkriegen erinnern.

▲ **Zerstörungen, Aachen, 1923**

Eine ganze Serie von Bildern dokumentiert die Zerstörungen des im Oktober 1923 von Separatisten besetzten Rathauses.

▼ **Bürgerwehr, Ort unbekannt, 1920**

Während des Kapp-Lüttwitz Putsches 1920 liegt diese Einheit einer Bürgerwehr im Feld und wartet auf ihren Einsatz. An ausgebildetem Personal mangelt es nicht, denn von den 13,5 Millionen Soldaten der Deutschen Heere haben ca. 8,5 Millionen den Krieg überlebt – Männer, die teilweise über Jahre ans Töten gewöhnt wurden und für die der Umgang mit Waffen das Selbstverständlichste der Welt ist. Viele der traumatisierten Frontkämpfer finden nach dem Krieg keinen Weg zurück ins bürgerliche Leben, das ohnehin von Revolution, Inflation und Reaktion bedroht wird.

▲ Freikorpssoldaten, Düsseldorf, 1919/20

Während des Spartakisten-Aufstands in Düsseldorf 1919 lassen sich diese Freikorpssoldaten im Atelier des Hofphotographen J. Hahne in der Roßstraße portraitieren.

In der Zeit der deutschen Revolution werden die Freikorps von der Reichsregierung und dem sozialdemokratischen Innenminister Noske zur Niederschlagung der Räteorganisationen eingesetzt. In den Freikorps sammelten sich nach dem Untergang des Kaiserreichs vor allem politisch motivierte ehemalige Frontsoldaten, oft aus den Sturmtrupp-Abteilungen, die sich mit der Niederlage nicht abfinden und einen dauerhaften Kampf gegen die Weimarer Republik führen wollten.

Die angeordnete Auflösung der Marine-Brigade Ehrhardt führt direkt zum Kapp-Lüttwitz-Putsch. Nach dessen Niederschlagung wurden die Freikorps gemäß den Bestimmungen des Versailler Vertrags aufgelöst. Viele Freikorps-Kämpfer machten später Karriere in nationalsozialistischen Organisationen.

Bei den hier abgebildeten Freikorpskämpfern könnte es sich um Angehörige des „Freikorps Lichtschlag" aus dem Raum Hagen handeln, das aufgrund seiner brutalen Vorgehensweise im Ruhrgebiet oft auch als „Freikorps Totschlag" bezeichnet wurde.

Im Umfeld der Freikorps während der deutschen Revolution 1918/ 1919 kämpften in Berlin und München auch reguläre Einheiten des preußischen Heeres, wie die Garde-Kavallerie-Schützen-Division, die verantwortlich für die Ermordung von Karl Liebknecht und Rosa Luxemburg war und sich am Kapp-Lüttwitz-Putsch beteiligte. Sie bestand aus dem Freikorps Lützow, dem Lehr-Regiment und sieben Kavallerie-Regimentern, darunter auch das 2. Westfälische Husaren-Regiment Nr. 11, die Krefelder „Tanzhusaren".

▲ Barrikade, Düsseldorf, 1920
Barrikade während der Spartakisten-Kämpfe in Düsseldorf.

Bereits im November 1918 kam es zur Bildung eines Arbeiter- und Soldatenrates in Düsseldorf. Während anderenorts die Revolution blutig niedergeschlagen wurde, kam es im Verlaufe des ersten Halbjahres zu weiteren Aufständen des Spartakus-Bundes in Düsseldorf mit dem Ziel, eine Räterepublik nach sowjetischem Vorbild zu errichten.

Nachdem die Stadt vom Freikorps Lichtschlag erobert und der Vollzugsrat abgesetzt worden war, kam es im April des Jahres zu wiederholten bewaffneten Auseinandersetzungen zwischen Spartakisten und reaktio-

nären Freikorps-Truppen. Auf dem Höhepunkt des Generalstreiks an Rhein und Ruhr wurde im Stadtteil Oberbilk sogar schwere Artillerie eingesetzt. (Bildquelle: LVR-Zentrum für Medien und Bildung, Düsseldorf / Julius Söhn)

▶ „Hotel du poux qui téte" Düsseldorf, 1923
Dieser französische Besatzungssoldat träumt von der Heimat. Seine Behausung an diesem Düsseldorfer Bahnhof hat er im Poilu-Argot „Hotel zur Kopflaus" genannt.

Duisburg, Hochfelder Brücke, 30. Juni 1923

Die Anschläge während der Ruhrbesetzung wurden meist von Mitgliedern des Freikorps Hauenstein verübt, die unter dem Decknamen „Organisation Heinz" agierten und sich selber mehrerer Fememorde an „Franzosenspitzeln" rühmten. Die Untergrundkämpfer wurden von der Mehrheit der Bevölkerung im Ruhrgebiet abgelehnt, da die Besatzungsmacht in der Regel auf solche Anschläge mit scharfen Repressalien antwortete, während der passive Widerstand, also Streiks und Arbeitsverweigerung als legitimes Mittel im Kampf gegen die Besetzung angesehen wurden. Eines der Mitglieder der Hauenstein-Gruppe, Albert Leo Schlageter, wurde am 9. Mai 1923 von einem französischen Militärgericht wegen Bildung einer kriminellen Vereinigung, Spionage und der Ausführung von vier Sprengstoffanschlägen zum Tode verurteilt und am 26. Mai in der Golzheimer Heide bei Düsseldorf hingerichtet.

Schlageter wurde von den Nationalsozialisten zum Mythos und Nationalhelden hochstilisiert, selbst Karl Radek als Vertreter der Kommunistischen Internationale nannte ihn den „Märtyrer des deutschen Nationalismus". Ob Schlageter auch der Beschaffer des Sprengstoffes für das Duisburger Attentat war, konnte nie nachgewiesen werden. (Siehe auch Bilder Seiten 7 und 190)

Bitburg, Eifel, 1923

Das „Centre d'instruction" in Bitburg ist Ausbildungszentrum der französischen Cheminots mobilisés.

Aufgrund ihres passiven Widerstands werden viele Reichsbahner samt Familien aus den besetzten Gebieten abgeschoben, so dass große Teile des linksrheinischen Streckennetzes und viele der Hauptstrecken im Ruhrgebiet von den Franzosen und Belgiern in Eigenregie übernommen werden – daher der bis heute bekannte Namen „Regiebahn". Durch die Unkenntnis der ortsfremden Bahner und durch stillen Boykott oder aktive Sabotage kommt es zu schweren Unfällen und Streckenausfällen. Da die Eifelbahn die Hauptschlagader vom französischen Mutterland zum Ruhrgebiet war, waren die Auswirkungen der Ruhrbesetzung bis hierhin zu spüren.

Oppum, 25. April 1923

Die von den belgischen Soldaten liebevoll „Mimmi" genannte deutsche Lokomotive ist in Oppum eine Böschung heruntergerutscht. Oft waren solche Unglücke Folge stiller Sabotage, etwa einer „aus Versehen" falsch gestellten Weiche, oder bewusst vertauschter Beschriftungen in den Stellwerken. Die französische Militärregierung reagierte äußerst hart auf die Anschläge und verurteilte eine Reihe deutscher Bahnbeamter zur Verbannung auf die berüchtigten Gefängnisinseln in der Karibik.

▲ Ruhrgebiet, 1923

Immer wieder lassen sich die Besatzungssoldaten auf dem Höhepunkt der Ruhrkrise in Trinklaune mit Bier-, Wein- oder Schnapsflaschen abbilden und entsprechen, so wie diese Herren, so gar nicht dem Bild von den düster-lüsternen Welschen, die deutschen Frauen an die Wäsche gehen und eher streunenden Hunden zu fressen geben statt hungernden deutschen Kindern ein Stück Brot – wie es die deutsche Propaganda täglich darstellt.

Doch die Ruhrbesetzung ist tatsächlich ein Nachspiel des Weltkriegs, in dem auf beiden Seiten unerbittlich vorgegangen wird. Auf den immer mehr in offene Gewalt ausufernden deutschen Widerstand reagiert die französische Besatzungsarmee mit harten Repressalien und Verhaftungen. In der Zeit von 1923 bis 1924 führen die Auseinandersetzungen zu etwa 140 Toten auf deutscher Seite.

Während die Herren vorne trinken, scheint in Ermangelung der deutschen Sprache keiner erkannt zu haben, welche Botschaft ein deutscher Arbeiter im Hintergrund auf der Tür hinterlassen hat:

„Gott straf den Kapitalismus“.

▶ **Duisburg, 25.4.1923**
Belgische Soldaten und ein kleiner Junge vor der Turnhalle der „Sportvereinigung Victoria 99", die sie als Kaserne nutzen.

▶ **Jünkerath, Eifel**
Wieder wird Jünkerath Dreh- und Angelpunkt, dieses Mal der französischen Nachschubstrecke von Lothringen in das Ruhrgebiet.
Mit der Besetzung des Ruhrgebiets, in dem nach Ausrufung des passiven Widerstands durch die Reichsregierung das Kriegsrecht gilt, wird über die linksrheinische Besatzungszone der Belagerungszustand ausgerufen. Bahnanlagen, Brücken und Bahnhöfe werden rund um die Uhr durch ein massives Militäraufgebot unter Waffengewalt geschützt.

▶ **Hammer Brücke, Düsseldorf, 1923**
Im Erinnerungsalbum hat der französische Soldat dieses Foto untertitelt mit: „Allemagne occupée – Les Ponts de chemin de Fer entre Dusseldorf et Oberkassel". Mit der doppelten Bogenbrücke ist die alte Hammer Brücke gemeint, deren Sicherungstürme heute noch stehen.

Die Beerdigung der Krupp-Opfer in Essen „a. d. Ehrenfriedhof"

▲ Ehrenfriedhof, Essen, 10. April 1923

Zum blutigsten Zwischenfall mit insgesamt dreizehn deutschen Todesopfern kommt es am Karsamstag, dem 31. März 1923, in der Essener Krupp-Fabrik, als ein Trupp französischer Soldaten, angeführt von einem jungen Leutnant, fünf Lastwagen requirieren soll. Nachdem sich ihnen erste Arbeiter in den Weg stellen, schrillen über anderthalb Stunden die Werkssirenen und locken immer mehr Arbeiter, aber auch Schaulustige zur Werkshalle. Es kommt zu Rangeleien, die von Verhandlungen unterbrochen werden, dann wieder werden Lokomotiven an die Halle gefahren, deren Dampf durch zerbrochene Scheiben in das Innere dringt und die Soldaten zunehmend in Panik versetzten. Schließlich verliert der Offizier die Nerven und lässt feuern, es kommt zum Blutbad.

Statt den Vorfall zu untersuchen, lässt der französische Stadtkommandant Jaquemot die Mitglieder des Kruppschen Direktoriums verhaften, was die Stimmung weiter aufheizt. Die Trauerfeier am 10. April wird zu einer Demonstration des Widerstands. Jedoch wird sie vor allem von Kommunisten genutzt, um mit massiver Präsenz und einem Meer roter Fahnen der Feier ihren Stempel aufzudrücken.

Obwohl keinerlei Nachweise erbracht werden, verurteilen die französischen Militärgerichte mehrere Mitglieder der Werksleitung zu zehn bis zwanzig Jahren Haft, was wiederum in Deutschland zu lautstarker und diesmal wohl auch berechtigter Empörung führt.

In der Augen der Weltöffentlichkeit war es neben dem ehemals überfallenen Belgien jetzt Frankreich, das seine Unschuld verlor und sich dem Vorwurf des Chauvinismus und Revanchismus stellen musste.

La C M 3 aux patates dans la Ruhr. Essen. 1923

▲ Essen, 1923

Die Compagnie de mitrailleuses Nr. 3 beim Kartoffelschälen auf einem Zechengelände.

Da die deutsche Reichsregierung mit den Zahlungen und der Lieferung von Reparationsgütern im Verzug ist, wird die Ruhrbesetzung zum Mittel der französischen und belgischen Regierung, um die ausbleibenden Güter direkt zu beschlagnahmen. Moralisch sehen sich beide Staaten im Recht und verweisen auf die jahrelange Ausbeutung der belgischen und französischen Kohlegruben durch die deutsche Kriegspartei. Vor allem deren Zerstörung kurz vor Kriegsende, die dazu führte, dass zum Zeitpunkt der Ruhrbesetzung die meisten Gruben des nordfranzösischen Reviers noch nicht wieder funktionstüchtig waren, wird als Argument aufgeführt.

▼ Duisburg, 1923

„La mitraille aux patates" kann man übersetzen mit „Maschinengewehrabteilung beim Kartoffelschälen". Nimmt man aber das Wörterbuch „L'Argot des Poilus" zur Hand, ergeben sich vielfache Doppeldeutigkeiten, die unübersetzbar sind.

Unbestätigten Gerüchten zufolge sollten die französischen Besatzungssoldaten das weit verbreitete Schimpfwort „Boche" für die Deutschen vermeiden, um in der ohnehin aufgeheizten Stimmung nicht noch Öl ins Feuer zu gießen, und auf die eher harmlose Bezeichnung „Kartoffel" ausweichen.

La mitraille aux «patates»

▲ Sankt Goar, August 1926
Französische Pioniere des 12eme Régiment du Génie bei einem Brücken-
baumanöver am Rhein. Der Militärführung geht es vor allem darum, dem
Reich auch nach der beendeten Ruhrbesetzung Stärke und Entschlossenheit
zu demonstrieren und zu zeigen, dass man jederzeit zu einem neuen Ein-
greifen bereit ist. Im Hintergrund Sankt Goarshausen.

▼ Sankt Goarshausen, August 1926
Militärische Prominenz am Rhein: Marechal Joffre geht über die fertig ge-
stellte Pontonbrücke auf das rechte Rheinufer nach Sankt Goarshausen. Im
Hintergrund Sankt Goar.

▶ Hauptbahnhof Düsseldorf, 1923

Ankunft der 4. Sektion der Eisenbahnerbereitschaft aus Versailles in Düsseldorf. Der passive Widerstand und die Streiks und Arbeitsverweigerungen der deutschen Eisenbahner, die damit die Kohlelieferungen verhinderten, verlangten nach immer mehr französischen Eisenbahnern, den cheminots mobilsée, im besetzten Gebiet.

Nachdem der passive Widerstand bereits im Herbst 1923 aufgegeben wurde, setzte sich auch auf französischer Seite die Erkenntnis durch, dass mit der Ruhrbesetzung schlichtweg kein Blumentopf und auch keine Kohle mehr zu gewinnen sei – beide Seiten waren an das Äußerste ihre wirtschaftlichen Kräfte gelangt.

Mittlerweile hatte die neue Regierung unter Führung des Reichskanzlers und späteren Außenministers Stresemann mit der Einführung der Rentenmark die Inflation gestoppt und mit der Ratifizierung des Dawes-Plan 1924 die Frage der Reparationszahlungen geklärt. Bis August 1925 wurde das Ruhrgebiet und das seit 1921 besetzte Sanktionsgebiet von den französischen Truppen geräumt, der belgische Abzug hatte bereits früher begonnen.

Im Zuge der Aussöhnungspolitik in der Ära Stresemann kam es zu einer vorsichtigen Annäherung an Frankreich, es begann die Phase der Weimarer Republik, die heute allgemein unter dem Begriff „Die goldenen Zwanziger Jahre" bekannt ist.

▶ Duisburg, 1923

Eine französisch-belgische Armeebücherei mit täglich aktuellen Zeitungen aus der Heimat.

Wie für die deutschen Soldaten im Weltkrieg sind auch für die Besatzungssoldaten die Feldpost und Zeitungen ein unverzichtbares Bindeglied zur Heimat.

Während des Ruhrkampfs, der neben dem passiven Widerstand immer mehr Formen eines Untergrundkrieges annimmt, werden auch Buchhandlungen zu Zielen von Anschlägen und Übergriffen.

▶ Duisburg Hochfelder Brücke, 30. Juni 1923

„Liebe Marguerite,

… hiermit sende ich Dir authentische Bilder des Attentats von Duisburg und ich umarme Dich und die ganze Familie, Dein Bruder Georges"

Der Anschlag am 30. Juni 1923 mit einer Zeitzünderbombe auf einen belgischen Militärzug mit Soldaten, die gerade zum Heimaturlaub fuhren, ist sicherlich der schwerwiegendste einer Serie von über 250 Sprengstoffanschlägen, die nicht nur im Ruhrgebiet, sondern auch im Rheinland und der Pfalz verübt wurden. Acht belgische Soldaten werden getötet, dreißig weitere zum Teil grausam verstümmelt.

Auf dem Transparent im Bild:
> **1000 Jahre**
> Deutscher Rhein, er soll
> Deutschlands Strom, nicht
> Deutschlands Grenze sein!

▲ Blaskapelle am Rhein, 1925

Unter der Parole von Ernst Moritz Arndt, der die Franzosen in seinen Schriften abwertend Römlinge, Romknechte und Mischlinge nannte, die mit den Franken aber nun rein gar nichts mehr zu tun hätten und denen er als Siedlungsraum allerhöchstens die Gebiete südlich der Loire zubilligte – denn nördlich des Flusses handelt es sich ja eigentlich um germanische Franken – bereiten sich diese Musiker zum patriotischen Blasen anlässlich der 1000-Jahr Feiern vor.

Hier eine kleine Textprobe des frankophoben Arndt:
> *Das ganze Deutschland soll es sein!*
> *Das sei der Ruf, der Klang, der Schein,*
> *Der junge und der alte Schluß,*
> *Der Blücher, der Arminius!*
> *Das soll es sein!*
> *Das ganze Deutschland soll es sein!*
> *Das ganze Deutschland soll es sein!*
> *So klingt's vom Belt bis über'n Rhein.*
> *Der Römer sank, der Römling sinkt,*
> *Wo Stahl in deutschen Fäusten blinkt.*
> *So soll es sein!*
> *So war, so soll das Deutschland sein!*

▲ Gefallenendenkmal bei Remscheid, 26. Juli 1930
Kinder fahren auf einem Sonntagsausflug zum Gefallenendenkmal in Lütt-ringhausen.

Wenn wir dieses Bild sehen, können wir uns damit beruhigen, dass die-se Erstklässler im Jahre 1930 zwar einen patriotischen Ausflug mit Leh-rern zu einem Totendenkmal machen, aber aufgrund ihres jungen Alters noch beide Elternteile haben. Ganz anders sieht es aber bei den Kindern und Jugendlichen aus, die zum Zeitpunkt dieser Aufnahme zwischen 11 und 17 Jahre alt sind. Nach neuesten Schätzungen gab es nach dem Ersten Weltkrieg in Europa an die 6 Millionen Kriegswaisen, eine genaue Zahl für Deutschland liegt nicht vor. Die Geschichte der Kriegswaisen ist heute in der kollektiven Erinnerung verblasst. Hat sich eigentlich nie einer ge-fragt, warum Emil, der Held aus Kästners „Emil und die Detektive" (1929) keinen Vater hat?

▼ Urbans Burghof, Köln, ca. 1925
Französische Besatzer in Zivil vergnügen sich bei einem Bier in Urbans Burghof auf der Hohe Straße. Zu Urbans Gastgewerbe-Imperium gehörte auch das Hotel Ewige Lampe auf der Komödienstraße, das auf dem Bild auf Seite 147 gut zu sehen ist.

▼ Königswinter, ca. 1925
Während im besetzten Rheinland Flugverbot herrscht, träumen diese Aus-flügler bei einem animierten Flug über Königswinter von Europa.

▶ **Köln, ca. 1920**

*Touristen und Besatzer bei einer
Stadtrundfahrt durch Köln. Das
Jahrtausendbauwerk Kölner Dom
ist Magnet und Anziehungspunkt
von Offizieren aller Armeen. US-
General Joe Collins schreibt in seinen Memoiren, wie er als junger
Leutnant der Army of Occupation
im Porzellanladen gegenüber des
Doms eine hübsche Vase für seine
Frau kauft. 25 Jahre später findet
er den Porzellanladen in Trümmern, nachdem das von ihm kom-
mandierte 7. US-Corps die Stadt
Anfang März 1945 eingenommen
hat.*

▶ **Karneval in Düsseldorf,
11. Februar 1925**

*Nach der Aufhebung des „Karne-
valsverbots" durch das Oberpräsidium des Rheinlands, das am 31.
Dezember 1924 durch das preußische Ministerium des Innern bestätigt wurde, war der Karneval – in
geschlossenen Räumen – wieder
möglich, wie dieses Bild einer ge-
mischten Düsseldorfer Gesellschaft
noch zu Zeiten der französischen
Besatzung zeigt.*

   *Noch heute tragen viele rheini-
sche Karnevalsvereine das Jahr der
Neugründung in ihrem Vereinsnah-
men, wie die KG Treuer Husar
Blau-Gelb von 1925 e.V., oder das
Reiterkorps Jan von Werth von
1925 e.V.*

◀ **Köln, Januar 1926**
Unter großer medialer Aufmerksamkeit – man beachte die zahlreichen Kameras – zelebrieren die Briten vor dem Hotel Excelsior Ernst die Räumung der von ihr besetzten Zone, die mit einem Jahr Verzögerung stattfindet.

Nachdem sich in Frankreich Kriegsminister Maginot mit dem Konzept der – später nach ihm benannten – starren Verteidigungslinie mit vorbereitetem Gefechtsfeld durchgesetzt hat, zieht auch die Grande Nation nach und nach ihre Truppen ab, 1930 wird auf der Festung Ehrenbreitstein die Trikolore eingeholt. Mit dem gleichzeitigen Abzug der belgischen Streitkräfte ist die Besatzung beendet, das Rheinland jedoch bleibt entmilitarisierte Zone ohne deutsche Militärpräsenz und belegt mit dem Verbot des Festungsbaus.

◀ **Schlageter-Marsch, Düsseldorf, Pfingsten 1926**
Nach dem Abzug der französischen und belgischen Besatzer ist das Uniformverbot im unbesetzten Gebiet aufgehoben. Männer und ehemalige Frontsoldaten des Stahlhelm-Bundes marschieren in Düsseldorf zu einem Schlageter-Marsch zu Ehren des in der Golzheimer Heide von den Franzosen hingerichteten Untergrundkämpfers. Schlageter wird in den kommenden Jahren zur Ikone der rechtsradikalen Bewegungen, vor allem der Nationalsozialisten, die ihn für sich reklamieren, obwohl Schlageter niemals Parteimitglied war. Im Dritten Reich gibt es über hundert Schlageter-Eichen, Schlageter-Brücken, Schlageter-Türme, Schlageter-Straßen, -Steine, -Wiesen, -Plätze.

▶ **Rhein bei Sankt Goar, ca. 1930**
An einem Fahrkartenschalter nach dem Abzug der französischen Besatzungstruppen: „Der letzte Utscheböbbes de la grande nation".

„Utscheböbbes" oder „Utschebebbes" ist ein mundartliches Schimpfwort für Personen afrikanischer Herkunft und leitet sich angeblich vom Herkunftsort der marokkanischen Besatzungssoldaten ab, die hier am Rhein stationiert waren.

Nach eingehenden Recherchen des Autors kann bestätigt werden, dass die Kolonialsoldaten tatsächlich aus der marokkanischen Garnisonsstadt Oujda (gesprochen etwa wie „Udschda") stammten, was zumindest diese Behauptung stützt.

Wie sich aber auch hier wieder sehen lässt, weist die Geschichte des letzten gewalttätigen Jahrhunderts noch ein weites Aufgabenfeld für jeden vor, dem daran gelegen ist, Legenden und Mythen gerade zu rücken. Und wenn er damit anfängt zu erklären, was der Unterschied zwischen Afrikanern und Arabern ist.

▲ Frontsoldatentag, Ehrenbreitstein, 1930

*Nachdem die letzten Besatzungstruppen bereits fünf Jahre vor der Frist ab-
gezogen sind, findet kurz darauf der 11. Frontsoldatentag des Stahlhelm-
bundes auf der Festung Ehrenbreitstein in Koblenz statt. In vorderster Linie
dabei sind Prinz Eitel Friedrich und sein Bruder Kronprinz Wilhelm – jetzt
als Friedrich von Preußen und Wilhelm von Preußen – sowie hochrangige
Mitglieder des Stahlhelmbundes.*

*Während Eitel-Fritz zum Gegner der Nationalsozialisten wird, sucht Wil-
helm ihre Nähe und wird 1933 Mitglied der Motor-SA, die im darauffol-*

*genden Jahr in das Nationalsozialistische Kraftfahrkorps übernommen
wird. Seine Hoffnung, mit Hilfe der Nazis doch noch deutscher Kaiser zu
werden, verfliegt jedoch wie flüchtiges Benzin aus einer defekten Tanklei-
tung. Auch Versuche, sich dem deutschen Widerstand als neuen Repräsen-
tanten anzubieten, bleiben, wie wir aus den Geschichtsbüchern wissen, un-
gekrönt.*

*Die Mutter des Autors hatte 1945 in der Evakuierung in Bad Kissingen
die Gelegenheit, Ihre (ehemalige) Majestät als Nachbarn auf der Straße
grüßen zu dürfen.*

▲ Stahlhelm – Bund der Frontsoldaten, Mönchengladbach, 1930
Männer des Stahlhelmbundes posieren vor der Abfahrt zum Frontsoldatentag vor dem Bismarck-Denkmal auf dem Königsplatz gegenüber des Hauptbahnhofs.

Überall in Deutschland organisieren sich ehemalige Soldaten in Front-kämpfer-Verbänden. Am lautesten operiert der „Stahlhelm –Bund der Frontsol-daten". Er wird zum paramilitärischen Sammelbecken der rechtsextremen Be-wegungen, aus dem sich viele spätere Nationalsozialisten rekrutieren. Im Kampf um die Deutungshoheit sieht sich der Stahlhelmbund als einziger wah-rer Vertreter der deutschen Frontsoldaten, während er den republikanischen Verbänden jedes echte „Soldatenthum" abspricht. Gemeint sind damit vor allen der den Sozialdemokraten nahestehende „Reichsbanner Schwarz-Rot-Gold" und der „Reichsbund jüdischer Frontsoldaten".

Das zur Verfügung stehende Zahlenmaterial gibt jedoch eine interessante Auskunft: Während in den republikanischen Verbänden die Anzahl der Mit-glieder mit Fronteinsatz bei bis zu 90 Prozent liegen, so sind beim „Stahlhelm" nur bei etwa der Hälfte der Mitglieder ehemalige Frontkämpfer.

Der Stahlhelm ist also auch als ein Rekrutierungsverband gewaltbereiter junger Männer ohne Kriegserfahrung zu sehen, wie auf diesem Bild deutlich sichtbar wird, denn die meisten dieser jungen Männer sind weit unter 30 Jah-re alt. Sie identifizieren sich mit den Zielen der Organisation, die in erster Li-nie eine gewalttätige Revidierung des Versailler Vertrages vorsehen. Neun Jah-re nach dieser Fotoaufnahme beginnt mit dem Überfall auf Polen der Zweite Weltkrieg.

▼ Veteranen, ca. 1925
Veteranentreffen des Reserve-Jäger-Bataillons Nr. 20 in Minden, Westfalen. Karl Konejung versteckt sich irgendwo in der Menge. Als ehemaliger Offizier und EK-1-Träger müsste er eigentlich in der ersten Reihe zu finden sein. Viel-leicht überfielen ihn aber auch dort die Dämonen des Krieges und er stand einsam im Hintergrund am Rande des Waldes.

Literatur

Allen, Henry T., Mein Rheinlandtagebuch, Berlin 1923

Banks, Arthur, A Military Atlas of the First World War, Reprint 2007, Barnsley, UK, 2007
Berlin 1993

Cepl-Kaufmann, Gertrude; Krumeich, Gerd; Sommers, Ulla (Hrsg.), Krieg und Utopie – Kunst, Literatur und Politik im Rheinland nach dem Ersten Weltkrieg, Essen 2006

Dülfer, Jost; Krumeich, Gerd (Hrsg,), Der verlorene Frieden. Politik und Kriegskultur nach 1918, Essen 2002

Editions Terres Ardennaises und Geschichtsverein des Kreises Euskirchen, Occupations – Besatzungszeiten, Charleville-Mézières und Euskirchen 2007

Ehlert, Hans; Epkenhans, Michael; Groß, Gerhard P., Der Schlieffenplan – Analysen und Dokumente, 2. durchges. Aufl., Paderborn 2007

Fischer, Fritz, Griff nach der Weltmacht. Die Kriegszielpolitik des kaiserlichen Deutschland 1914/18, Düsseldorf 1961/ 2009

Galerie der Stadt Stuttgart und Nationalgalerie Staatliche Museen Preußischer Kulturbesitz, Dix, Ausstellungskatalog, Berlin 1991

Haffner, Sebastian, Der Verrat. 1918/19 – als Deutschland wurde, wie es ist, Berlin 2002

Haffner, Sebastian, Die sieben Todsünden des Deutschen Reiches im Ersten Weltkrieg,
Hamburg 2004

Hecht, Ben, Revolution im Wasserglas – Geschichten aus Deutschland 1919, Berlin 2006

Heinen, F. A., Die Todesfabrik, Aachen 2000

Hirschfeld, Gerhard; Krumeich, Gerd; Renz, Irina (Hrsg.), Enzyklopädie Erster Weltkrieg, 2. durchgesehene Auflage, Paderborn 2004

Hirschfeld, Gerhard; Krumeich, Gerd; Langewiesche, Dieter; Ullmann, Hans-Peter (Hrsg.), Kriegserfahrungen, Essen 1997

Horne, John; Kramer, Alan, Deutsche Kriegsgreuel 1914 – Die umstrittene Wahrheit, Hamburg 2004

Jentsch, Ralph, George Grosz –Deutschland, ein Wintermärchen, Ostfildern 2011

Kandler, Udo, Die Eifelbahnen Köln-Trier und ihre Nebenstrecken, Fürstenfeldbruck, 1990

Keegan, John, Der Erste Weltkrieg: Eine europäische Tragödie, München 2000

Knipping, Andreas, Eisenbahnen im Ersten Weltkrieg, Freiburg 2004

Kraus, Karl, Die letzten Tage der Menschheit, Erstausgabe, Wien 1922

Krumeich, Gerd (Hrsg.), Versailles 1919. Ziele – Wirkung – Wahrnehmung, Essen 2001

Krumeich, Gerd; Schröder, Joachim (Hrsg.), Der Schatten des Weltkriegs – Die Ruhrbesetzung 1923, Essen 2004

Lankheit, Klaus und Steffen, Uwe (Hrsg.), Franz Marc. Briefe aus dem Feld, 3. Aufl., München, 1993

Mann, Heinrich, Der Untertan, Taschenbuch, 17. Auflage, Frankfurt am Main 1996

Marenberg, Günter, Die Vennbahn. Heimatblätter des Kreises Aachen, Aachen 1994

Müller, Thomas, Imaginierter Westen. Das Konzept des „deutschen Westraums" im völkischen Diskurs zwischen politischer Romantik und Nationalsozialismus, Bielefeld 2009

Offizier-Vereinigung des Infanterie Regiments Nr. 160 (Hrsg.), Geschichte des 9. Rhein. Infanterie-Regiments Nr. 160 im Weltkriege 1914-1918, Zeulenroda 1931

Offiziersvereinigung „Bund Bergischer Husaren" (Hrsg.), 2. Westfälisches Husaren-Regiment Nr. 11. 1914-1918, Oldenburg/ Berlin 1929

Pawley, Margaret, The Watch on the Rhine, New York 2007

Qualtinger, Helmut, Helmut Qualtinger liest aus Karl Kraus Die letzten Tage der Menschheit, Hörbuch, Wien 1985

Reichsarchiv (Bearb.), Der Weltkrieg, Bd 1. Die Grenzschlachten im Westen, Berlin, 1925

Reichsarchiv (Bearb.), Der Weltkrieg. Das deutsche Feldeisenbahnwesen, Bd. 1, Berlin 1928

Schlemmer, Martin, Los von Berlin – Die Rheinlandbestrebungen nach dem Ersten Weltkrieg, Köln 2007

Schlüter, Karl (Bearb.), Das Reserve-Jäger-Bataillon Nr. 20, Lippstadt 1921

Tuchman, Barbara, August 1914, Ungekürzte Neuausgabe, Frankfurt am Main 2001
überarbeitete und erweiterte Fassung der Erstausgabe von 1964, Bergisch Gladbach 2001

von Felgenhauer, Hans; Müller-Loebnitz, Wilhelm, (bearbeitet unter Benutzung der amtlichen Quellen des Reichsarchivs), Das Ehrenbuch der Rheinländer, München 1930

Zuckmayer, Carl, Als wär's ein Stück von mir, Lizenzausgabe, Stuttgart 1966

WWW:
http://www.erster-weltkrieg.clio-online.de/
http://de.wikipedia.org/wiki/Erster_Weltkrieg
http://www.rheinische-geschichte.lvr.de/Seiten/home.aspx
http://www.dhm.de/lemo/html/wk1/

Ortsbildregister